貿易戦争の政治経済学

資本主義を再構築する

STRAIGHT TALK ON TRADE
IDEAS FOR A SANE WORLD ECONOMY
DANI RODRIK

ダニ・ロドリック

岩本正明 訳

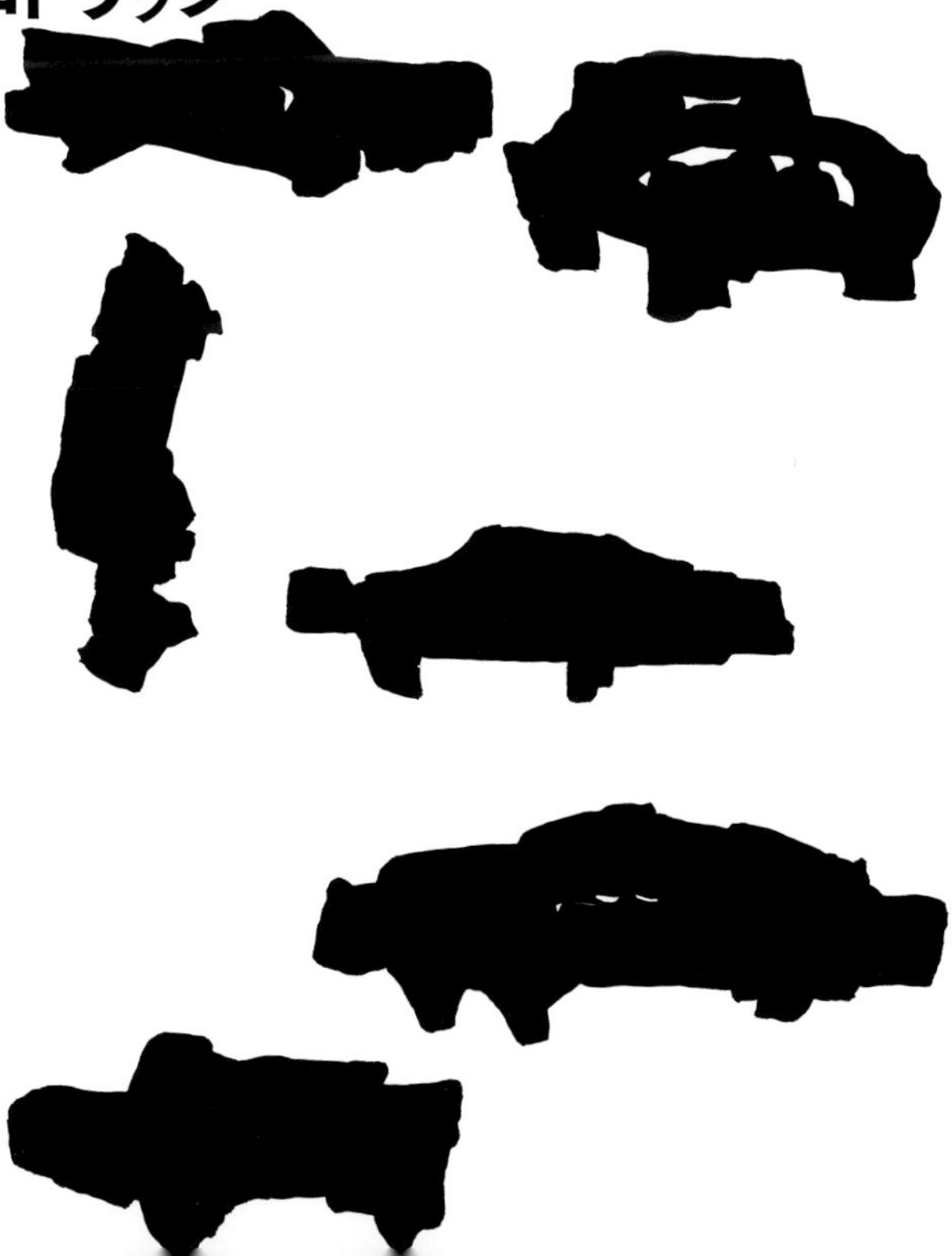

白水社

貿易戦争の政治経済学——資本主義を再構築する

我が子どもたち、デニス、オディール、デルフィンへ捧げる。
世の中はもっと良くなるという自信をいつも与えてくれる存在だ。

貿易戦争の政治経済学＊目次

装画＝佐貫絢郁　　装幀＝コバヤシタケシ　　組版＝鈴木さゆみ

序

ドナルド・トランプの米国大統領選での勝利は世界中を震撼させたが、それは果たして〔自由貿易をいたずらに擁護した〕経済学者に責任があるのだろうか？　大統領選の雌雄を左右するほどの影響力を持っていればと彼らは思うかもしれない（が、そこまでの影響力はない）。経済学者がトランプを勝利に導いた（もしくはそれを阻止した）わけではないかもしれないが、確実に言えることが一つある。もし彼らがグローバリゼーションの旗振り役の側につくのではなく、経済学の教えにもっと忠実であれば、公の議論の場においてより大きな――そしてよりポジティブな――影響力を持っていたに違いないということだ。

およそ二十年前のことになるが、拙著 *Has Globalization Gone Too Far?* が刊行された際、私はある著名な経済学者に裏表紙に載せる推薦文を書いてもらえないかと打診したことがある。その本の中で、私は各国の政府がより協調して対応しなければ、行き過ぎたグローバリゼーションは社会を分断し、富の不均衡を悪化させ、国内における社会契約を毀損すると主張した。今では広く受け入れられている議論だ。

その経済学者は推薦文を書くのをためらった。必ずしもその本の中の分析に異論があったわけではなかったが、私の本が「無教養な人たちに〔自由貿易に対する〕攻撃材料」を与えることになることを懸念した。保護主義者がその本の中で議論されているグローバリゼーションの負の側面をつかまえて、自分たちの浅狭で自己本位なアジェンダを援護するために利用するというのだ。

ほかの親しい経済学者からも同じような反応があった。彼らの一人は私の口頭発表の後にためらいがちに手を挙げ、次のような質問をした。あなたの議論が悪用されて、あなたが公然と非難しているデマゴーグやポピュリストに資することになるという心配はないのでしょうか？

公の議論の場で、我々とは考え方を異にする人々が我々の議論を自分たちの都合のいいように利用するといったリスクは常に存在する。ただ私に理解できなかったのは、なぜ多くの経済学者がそうしたリスクを暗に理由として、貿易をめぐる議論をある特定の方向に歪めなければならないと考えているのかということだ。まるで貿易をめぐる議論においては、一方の立場だけに無教養な人たちがいるという暗黙の前提に立っているように思える。どうやら世界貿易機関（ＷＴＯ）のルールや貿易協定に不満を唱える人々は恐ろしい保護主義者であり、それを支持する人々の方が常に善良な立場にあるという考え方のようだ。

実際には、多くの熱心な自由貿易の支持者の行動も、同じように浅狭で自己本位なアジェンダに突き動かされている。より厳格な特許のルールを求める製薬会社、海外市場への制限のないアクセスを求める銀行、特別な仲裁裁判所を求める多国籍企業。彼らも保護主義者と同じくらい公益には無関心だ。つまり、経済学者は自分たちの議論を微妙に変化させることによって、実質的にはある自己本位な集団――「無教養な人たち」――よりも、ほかの自己本位な集団を支持しているにすぎないのだ。

自由貿易を擁護し、ただし書きを長々と説明しないというのが経済学者の間で広く共有された暗黙のルールだった。その結果、奇妙な状況が作り上げられた。経済学者が扱う貿易の標準モデルでは通常、大きな富の分配効果が見られる。つまり、「貿易がもたらす利益」の裏側で、ある特定の製造業者や労働者の所得が失われるのだ。さらに経済学者は、市場の失敗――労働市場の機能不全、信用市場の不完全性、知識や環境の外部性、独占など――によって、貿易から利益を得られないこともあることを認識していた。

また、特許ルールの厳格化や健康・安全基準のすり合わせなど、国境を越えて国内の規制にまで影響を与えるような貿易協定においては、経済的な利益は基本的に不確実であることも認識していたのだ。

それにもかかわらず、貿易協定をめぐる議論の際には、経済学者は比較優位や自由貿易の素晴らしさをオウムのように繰り返し喧伝する役割を担わされてきた。今では北米自由貿易協定（NAFTA）や中国のWTO加盟が、米国で最も直接的に影響を受けた集団にもたらした富の分配効果は大きかったということが明らかにもかかわらず、経済学者は一貫して富の分配効果に対する懸念をできるだけ矮小化しようとしてきたのだ。貿易協定がもたらす総利益は、少なくとも一九九〇年代以降は相対的に限定的だったにもかかわらず、彼らはそうした利益を大げさに誇張してきた。アダム・スミスやデイヴィッド・リカードが例えば、知的財産ルールや投資規制に関する環太平洋パートナーシップ協定（TPP）の詳細を読めば、あの世で嘆くに違いないにもかかわらず、経済学者は今日の貿易協定が「自由貿易協定」であると言い張るプロパガンダを支持してきた。

貿易に関してすべてを正直に話そうとしなかったことで、経済学者は大衆からの信用を失うにとどまらず、保護主義者のナラティブ〔ある価値観や考え方の拠り所となる言説〕を助長することになった。経済学者が必要な区別やただし書きを省略することなく、貿易のあらゆる側面をきちんと説明することを怠ったことで、貿易にはまるであらゆる種類の負の影響があるように見せかけることが容易になったのだ。そうした影響のほとんどは間違っているにもかかわらずだ。

例えば、確かに格差の拡大は貿易によってもたらされた部分もあるかもしれないが、あくまで格差拡大という大きなトレンドの一つの要因にすぎない（テクノロジーと比較すれば、ほぼ間違いなく相対的に小さな要因だった）。もし経済学者が貿易の負の側面をもっと率直に説明していれば、貿易をめぐる議論においては嘘をつかない仲介者としてもっと信頼されていたかもしれないのだ。

同様に、労働者の権利が保護されていない国から輸入することによって、分配の公平性に関して深刻な疑問が生じることを経済学者が積極的に認めていれば、社会的ダンピングについてしっかりとした情報に基づいた議論が国民の間でできたかもしれない。貧困国での低賃金に関しては、単に生産性の低さを反映したケースと労働者の権利を侵害しているケースがあり、この二つをきちんと区別することができたかもしれない。そうすれば、そうした懸念とは関係のない大部分の真っ当な貿易が「不公平な貿易」という誹りを免れたかもしれないのだ。

また同様に、もし経済学者が失業などのマクロ経済的な問題をもたらすことはないという前提に立つ貿易モデルに固執せず、為替操作や貿易不均衡、失業などの問題について警告する批評家の言葉に耳を傾けていれば、貿易協定が雇用に及ぼす負の影響についての過度な批判に反論する上で、より優位な立場に立てたかもしれない。

つまり、経済学者がセミナールームで見せるようなただし書きや不確実性、懐疑的な態度を公の場でも見せていれば、世界経済のより良い擁護者になりえたかもしれないのだ。残念ながら、保護貿易論者から自由貿易を擁護しようとする熱意は裏目に出た。もし貿易に関して馬鹿げた主張をするデマゴーグに多くの人たちが耳を傾けているのだとすれば——実際、より大きな影響力を持つようになっている——、少なくともその責任の一端は学界の貿易擁護者にある。

原題（*Straight Talk on Trade*）に反して、本書で扱うテーマは貿易だけではない。経済学者がより公正かつ真理に基づいた議論ができるはずだった複数の分野に関して、事実関係をはっきりさせることを目的としている。貿易はその中心であり、それらの分野すべてで起きていることを象徴するような事象ではあるものの、金融のグローバル化やユーロ圏、経済発展の戦略に関する政策議論においても同様の過ちが見受けられる。

私が一般読者向けに書いた最近の論考の中で、人気の高かったものの大半を本書に収めている。テーマはグローバリゼーションや経済成長、民主主義、政治、経済学と多岐にわたる。Project Syndicate〔複数の新聞や雑誌に専門家の論考や分析を配信する組織〕向けに毎月掲載しているコラムなど様々な作品がもととなっており、そのほとんどに関してオリジナルのテキストにあまり手を加えていない。情報を更新し、一冊の本としてのつながりを持たせ、出典と参考文献を一部加えただけだ。所々、話の流れをよりスムーズにするためにオリジナルの内容を整理し直している部分もある。本書の最後にオリジナルのテキストの掲載媒体をすべて列挙している。

世界経済に関しては、より正直で偽りのないナラティブが求められている。結果的に大衆から反発が起きても動じないよう備えることができる、さらに言えばそうした反発の可能性を減ずるようなナラティブこそが求められているのだ。我々は果たしてどうすればそうしたナラティブを構築できたのだろうか？　本書ではそのやり方を解説し、さらにこれからもっと前に進むため、健全なグローバル化を進めつつ、国内経済がよりうまく機能するために必要なアイデアを提供している。

第一章　より良いバランスを取り戻す

米国において、グローバルな貿易体制に対する評判はこれまで決して芳しいものではなかった。世界貿易機関（WTO）も北米自由貿易協定（NAFTA）や環太平洋パートナーシップ協定（TPP）などの地域経済協定も、一般国民の間で強い支持を得られることはなかった。ところが様々なグループが反対していたものの、彼らは一致団結して行動を起こさない傾向にあった。

そうした背景を利用し、第二次世界大戦の終結以降、政策立案者は次々と貿易協定を締結することができた。世界の経済大国は常に貿易交渉を行っている状態で、二つの大きな世界規模の多国間貿易協定、つまり関税及び貿易に関する一般協定（GATT）とWTOを設立した条約を締結した。さらに二国間で、もしくは各地域の国々の間で五百以上の貿易協定が締結された。その大多数は一九九五年にWTOがGATTに置き換わってからのものだ。

今日では、国際貿易は政治の議論の場において中心議題の地位にまで昇格しており、これは一つの変化と言える。直近の米国大統領選では、立候補者のバーニー・サンダースとドナルド・トランプがいずれも貿易協定への反対を選挙綱領の柱とした。さらにほかの候補者の論調からも判断すると、グローバリゼーションを擁護することは、今の政治情勢においては選挙での敗北を引き寄せる自殺行為と言えるほどにまでなっている。今回の大統領選挙ではトランプが勝利を収めたが、自由貿易に強硬に反対し、貿易協定は米国が損をして他国を利するものだと主張して再交渉を約束したことが、その勝利の少なくとも一翼を担ったのかもしれない。

トランプなどのポピュリストが貿易を論じる際に使うレトリックは極端かもしれないが、国民が自由貿易に対して潜在的に抱えている不満が本物であることを否定する者はほとんどいない。グローバリゼーションの恩恵は、国民全員には行きわたっていない。製造コストの低い中国やメキシコから輸入品が流入したことで、多くの労働者とその家族の生活は破壊された。[1] 一方で、グローバリゼーションによって大きな恩恵を受けたのは、市場の拡大をうまく利用した資本家とスキルの高い専門家だった。グローバリゼーションは先進国において格差が拡大した唯一の要因ではなく、最大の要因でもないが、大きな要因の一つではあった。一方、経済学者は近年の貿易協定が経済全体にもたらした大きな利益を見つけ出そうと努めてきた。[2]

貿易が特に政治の場で槍玉に挙げられやすい理由は、公平性を歪める懸念が生じやすいからだ。その点で、格差の拡大をもたらすもう一つの大きな要因——テクノロジー——とは異なっている。例えば、競合相手がより良い製品を開発して市場に投入した結果、私が仕事を失っても、不平不満の原因とはなりにくい。ところが競合相手が国内であれば違法であること——例えば、労働者が集団で組織を作ったり、交渉することを禁ずる——を行っているある外国の企業にアウトソーシングした結果、私を競争で打ち負かした場合、不平不満を主張することは正当化されるかもしれない。人々が気にする傾向にあるのは格差の拡大そのものではない。問題とされるのは、異なる基本ルールの下で競争を強いられることによって生じる、不公平な格差の拡大である。[3]

二〇一六年の大統領選の選挙活動中、バーニー・サンダースは労働者の利益がより反映されるよう貿易協定を再交渉すると訴えた。ところがそうした主張はすぐに反論に遭った。貿易協定を停滞、もしくは後退させれば、貧困国が輸出主導の成長によって貧困から脱する可能性がますます低くなり、世界で最も貧しい人々が被害を被るというのだ。通常は穏健な人気ニュースサイトVox.comでは、「ほかの国に住んでいる貧しい人にとっては、バーニー・サンダースが発した言葉の中で最も身の毛がよだつ言葉だ」という見出しが躍った。(4)

ところが、先進国における社会や公平性の問題により配慮した貿易ルールを構築することが、必ずしも貧困国における経済成長と両立しないというわけではない。グローバリゼーションを声高に主張する人々は、この問題を既存の貿易体制を進めるのか、それとも世界の貧困をそのまま放置するのかといった極端な二者択一に落とし込むことで、自分たちの大義にも大きなマイナスの影響を与えている。革新主義者は望ましくないトレードオフを自分たちに強いているが、それも不必要なことだ。

貿易がいかに発展途上国に利益をもたらしてきたのかに関する標準的なナラティブは、彼らがこれまで経験したこととの中で最も大きな特徴を無視している。中国やベトナムなどグローバリゼーションをてこに経済成長を成し遂げた国々は、輸出を促進するだけではなく、既存の貿易ルールに違反するような政策も断行しており、臨機応変に多様な戦略を採ってきたのだ。企業に対する補助金や国内部品調達要件、投資規制、さらに輸入障壁すらも、高付加価値産業を新たに育成する上では極めて重要だった。(5) 一方で、自由貿易のみに依拠した国々（メキシコが真っ先に思い浮かぶ）では経済の不振が続いた。(6)

つまり、TPPのように既存の貿易ルールをさらに強化するような貿易協定が、発展途上国に与える恩恵は一様ではないのだ。もし中国が一九八〇年代から九〇年代にかけてWTOが求めるような貿易ルールに縛られていれば、目を見張るほどうまくいった産業化戦略を遂行することはできなかっただろう。TPPによって、ベトナムは今後も米国市場へのアクセスをある程度保証されるものの（米国側の既存の貿易障壁はすでにかなり低い）、その見返りに国内企業への補助金や特許ルール、投資規制に関しては制約を甘んじなければならなくなるだろう。

過去の歴史を振り返っても、貧困国がグローバリゼーションから大きな恩恵を受けるには、先進国がそれらの国に対する貿易障壁を大きく引き下げる、もしくは障壁を撤廃しなければならないと示唆する証拠はない。実際、これまで輸出主導の成長に最も成功した国々――日本、韓国、台湾、中国――が成長した期間に米国と欧州諸国が課していた輸入関税は今よりも高く、それなりの水準だった。

つまり、豊かな国における格差の拡大とそのほかの国における貧困の両方を懸念している革新主義者にとっては朗報だが、それら二つの問題を同時に改善することは可能だということだ。ただそのためには、我々は貿易協定に取り組むアプローチを抜本的に変えなければならない。

賭けの代償は極めて大きい。グローバリゼーションを誤ったやり方で進めれば、米国だけではなくほかの先進国――特に欧州――と大多数の世界の労働者が住む中低所得国にも甚大な被害をもたらす。経済の開放と政策の自由度の間で、うまくバランスを取ることが極めて重要なのだ。

瀬戸際の欧州

経済統合を大きく進めることが、統治と民主主義にどういった課題をもたらすのか？　その答えは、欧州を見れば一目瞭然だ。欧州の単一市場と単一通貨の試みは、私が自著の中で「ハイパーグローバリゼーション」と名付けた現象におけるユニークな実験を代表するものだ。(7) 経済統合に関しては広範囲に進める一方、政治統合は限定的で、実験の結果広がった両者の間の隔たりは、民主国家においては過去に経験したことのない水準まで拡大した。

金融危機が世界を襲い、欧州の実験がいかに不安定な足場の上でなされていたのかが露見すると、巨額の対外債務を抱えていた経済弱国はすぐに救済が必要となった。欧州の各機関と国際通貨基金（ＩＭＦ）はすでに解決策を用意していた。それは構造改革だ。確かに緊縮財政は痛みを伴うが、労働市場や商品市場、サービス市場における自由化などの構造改革を積極的に断行することで、その痛みは耐えうるものとなり、患者は自分の両足で再び立てるようになるというのが彼らの言い分だ。本書でこれから説明するが、こうした希望的観測ははなから間違っていた。

ユーロ危機が欧州の政治的民主国家に大きな被害を与えたことは認めざるをえない。欧州のプロジェクトに対する自信は損なわれ、中道派の政党は弱体化し、過激主義の政党、特に極右が大きく支持を広げる結果となった。また、それほど正しく認識されてはいないものの、少なくとも同じくらい重大だったのが、ユーロ圏には属していない国における民主主義の発展の可能性に与えたダメージだ。悲しいことだが、その他の国にとって欧州はもはや民主主義の輝ける指針ではなくなったのだ。欧州連合（ＥＵ）は、加盟国の一つであるハンガリーが権威主義体制に転落することを阻止できなかった。そのような国家共同体が、共同体外部の国の民主主義の発展を助長し、強化することが果たして可能だろうか？　例えばトルコを見れば、何が起こるのかが容易に見て取れる。トルコでは「欧州のくびき」から解放されたことで、エルドアン大統領が強硬な手段を繰り返すことが可能になった。また、それほど直接的ではないものの、アラブの春が頓挫したのもその影響と言える。

誤った経済政策によって、最も深刻な被害を受けたのはギリシャだった。統合の深化に伴うトリレンマに苦しめられた国で顕在化するあらゆる兆候が、ギリシャの政治に垣間見られた。ハイパーグローバリゼーションと民主主義、国家主権のすべてを同時に手に入れることはできない。せいぜい得られるのはそのうちの二つだけだ。(8) ユーロ圏のほかの国もそうだが、ギリシャもそれら三つをすべて諦めようとしなかった。だがその結果、そのいずれの利益も享受できなくなった。次々と新たな政策を打ち出して時間稼ぎをしてきたものの、いまだに泥沼から抜け出せていない。緊縮財政と構造改革によってギリシャが自国の経済を健全な状態まで回復できるのか、まだ答えは出ていないのだ。

歴史を振り返れば、ギリシャ経済の健全化については懐疑的にならざるを得ない根拠がある。一方で金融市場と海外の債権者、もう一方で国内の労働者、年金受給者、そして中間層。この両者の求める利害が衝突する際、民主主義の国では通常、ローカルである国民が最終的な決定権を握っている。

本格的なギリシャによる債務不履行が引き起こすことになる経済面での影響がそれほどひどくはないと思えるくらい、政治的な結末はさらに悲惨なものとなるかもしれない。ユーロ圏が崩壊すれば、第二次世界大戦後の欧州の政治的安定の要であった欧州統合のプロジェクトは、回復不能な傷を負うことになる。重債務国である周辺国だけではなく、統合のプロジェクトを主導してきたフランスとドイツのような中核国すら不安定になるだろう。

悪夢のようなシナリオは、一九三〇年代に起きたように政治的な過激思想が勝利することだ。ファシズム、ナチズム、そして共産主義の誕生は、十九世紀末以降に進行したグローバリゼーションに対する大衆の反発が原因だった。拡大するマーケットの力と国際派のエリートによって権利を剝奪され、脅かされていると感じたグループの不安に彼らはつけ込んだのだ。

自由貿易と金本位制は、社会改革やネーション・ビルディング〔国民を一致団結させることを目指してナショナル・アイデンティティを確立すること〕、文化復興など国内で優先すべき事項の優先度を引き下げることを要求していたが、経済危機と国際協調の失敗によって、グローバリゼーションだけではなく既存の秩序を支えるエリートも弱体化した。私のハーヴァード大学の同僚であるジェフ・フリーデンが書いているように、こうした状況が二種類の異なる過激主義の台頭を許したのだ。公平性と経済統合の選択に迫られ、急進的な社会改革と経済の自給自足を選んだのが共産主義者。そして自国主義とグローバリズムの選択に迫られ、ネーション・ビルディングを選んだのがファシズムやナチズムの信奉者とナショナリストだった。(9)

幸運にも、ファシズムや共産主義などの独裁体制はいまでは時代遅れになっている。ただ、経済統合と国内政治の間にある変わらない緊張関係は、これまでもずっとくすぶり続けてきた。欧州の単一市場は欧州の政治共同体よりずいぶん前に形成されており、経済統合が政治統合をリードしてきたのだ。

その結果、経済の安全性や社会の安定性、文化的アイデンティティが脅かされても、国内の一般的な政治的プロセスでは対処できないのではないかという懸念が次第に膨らんだ。国の政治機構ががんじがらめになり、効果的な処方箋を提供できなくなったのだ。一方、欧州の機関にはまだ国民の忠誠心を集めるほどの求心力が備わっていない。

中道派の失敗によって、最大の恩恵を受けたのは極右だ。フランスではマリーヌ・ルペン率いる国民戦線が再び人気を取り戻し、二〇一七年には大統領選で勝利を狙えるほどの巨大な政治勢力にまで台頭した。また、ドイツ、デンマーク、オーストリア、イタリア、フィンランド、オランダでも右派のポピュリスト政党がユーロ圏に対する国民の怒りにつけ込んで票を伸ばし、国内の政治制度において彼らが裏で権力を握っているようなケースも見られる。

そうした国民の反発は、ユーロ圏諸国だけに限らない。〔ユーロ圏に加盟していない〕北欧諸国でも、ネオナチにルーツを持つ政党であるスウェーデン民主党が社会民主党以上の支持を集め、二〇一七年初頭の全国規模の世論調査ではトップの支持率を獲得した。そしてもちろん英国では、経済学者が悲惨な結果をもたらすと警告したにもかかわらず、〔EUの本部がある〕ブリュッセルに対する反感と国の自律を求める思いがEUからの脱退につながった。

極右の政治運動は伝統的に、国民が抱く反移民の感情に訴えかけるものだ。ところがユーロの問題に加えて、ギリシャやアイルランド、ポルトガルなどの国を救済したことが、彼らに新たな攻撃材料を提供した。極右はユーロに対してもともと懐疑的だったが、実際に起こった出来事によってその正しさが証明される形となった。マリーヌ・ルペンはユーロから単独で撤退するかどうか聞かれた際、自信に満ちた態度で次のように答えた。「数カ月後に私が大統領になっているころには、ユーロ圏はおそらく存在していないでしょう」。

一九三〇年代と同じように、国内の有権者が経済、社会、文化に関して求めている要望に中道派の政治家が適切に応えることができない状況の中で、国際協調における失敗が事態の悪化に拍車をかけた。欧州のプロジェクトとユーロ圏の動向が大きく議論の方向性を左右していたため、ユーロ圏がぼろぼろになると、エリートの正統性はさらに深刻なダメージを受けることとなった。

欧州の中道派の政治家は「さらなる欧州の統合」を進める戦略に傾倒してきたが、国内の不安を払拭するにはあまりにも駆け足だった一方、欧州全体の政治共同体を創設するにはスピード感が足りなかった。不安定で緊張関係の伴う中間路線を、あまりに長い間続けてしまったのだ。結果的には実行不可能だった欧州の未来図に固執することで、中道派のエリートは欧州統合の理想自体を危険にさらした。

欧州危機に対する短期的な処方箋と長期的な解決策、この二つを大まかに区別するのは難しくない。この問題に関しては、後の章で議論する。最終的には、欧州はこれまでに何度も直面してきた選択に、再び向き合わなければならなくなるだろう。つまり、政治的統合に乗り出すか、それとも経済的統合を後退させるのか、そのどちらかを選ばなければならないのだ。どうすれば加盟国の経済的・政治的ダメージを最小限に抑える形で、友好的に結論にたどり着けるのか？　今回の危機の対応を誤ったことで、その答えは非常に見えづらくなっている。

発展途上国における流行

過去二十年間は、発展途上国にとっては良き時代だったと言える。米国と欧州が金融危機や緊縮財政、ポピュリストの巻き返しで混乱している間、中国とインド率いる発展途上国は過去に類を見ないペースの経済成長と貧困削減を成し遂げてきた。この時期に限っては、ラテンアメリカ、サハラ以南のアフリカ、そして南アジアも東アジアの成功の列に加わることができた。ところが新興国市場はその宴のピークにもかかわらず、頭上に二つの暗雲が垂れ込めている。

まず第一に、欧州や米国、東アジアに急速な経済発展をもたらした産業化の道を、今の低所得国は同じようにたどることができるのだろうか？　第二に、先進国が二十世紀に確立したような近代的な自由民主主義の制度を、今の低所得国は発展させることができるのだろうか？　これら二つの質問に対する私の答えは、おそらくノーだと言わざるをえない。

政治に関して言うと、自由民主主義の政治制度を確立し、維持していくには、非常に特別な前提条件を必要とする。自由民主主義の制度の下で便益を得る人々は通常、選挙民主主義の国や独裁国家のケースとは違い、人や資源を自分たちの味方につけていないというのが最大の難点だ。先進国でさえ最近では自由民主主義の社会規範に則って社会を運営するのに苦慮しているのも、おそらく驚くべきことではない。長期間にわたって自由がしっかりと根付いた伝統のない国が、自然と行き着く先は専制政治だ。専制政治は政治の発展だけではなく、経済の発展の上でも悪い影響をもたらす。

経済成長に行き詰まると、民主主義の発展はより難しくなる。我々の時代における最も重要な経済現象の一つは、私が「早すぎる脱工業化」と名付けたプロセスだ。(10) 製造業の自動化やグローバリゼーションによって、現代の低所得国は先行した東アジア諸国と比べて、産業化の機会があっという間に過ぎ去る。以下に論じる理由から、もし製造業が伝統的に強力な成長のエンジンでなかったならば、これはそれほど悲観することではない。

今では明らかになっていることだが、ほとんどの新興市場に通ずるたった一つの成長パターンがあるわけではない。中国やベトナム、韓国、台湾など製造業の奇跡を起こした国とは違い、近年の成長の優等生は近代的な輸出志向の国内産業を幅広く発展させたわけではなかった。ほんの少し調べれば、産業の転換ではなく内需の拡大によって高成長を実現し、一時的な商品市場の高騰や持続不可能な公的債務、もしくは（より一般的だが）民間債務によって、その成長を加速させた国があることがわかる。確かに、新興市場にも多くの世界水準の企業があり、中間層の規模は間違いなく拡大している。ただこうした国では、生産性の高い企業で雇われている労働者はほんの一部であり、生産性の低い非公式企業が残りの大多数の労働力を吸収している。

自由民主主義は、発展途上国には訪れないのだろうか？　それとも今日の先進国とは異なる形で導入されていくのか？　もし産業化が失速した場合、発展途上国にはどのような成長モデルが残されているのか？　早すぎる脱工業化は、労働市場と社会的包摂〔あらゆるタイプの国民全員を社会を構成する一員として取り込むこと〕にとってはどういった意味を持つのか？　こうした将来の新たな課題を克服するために、発展途上国は公的部門と民間部門、両方の活力を生かす新しい創造的戦略が必要とされている。

貿易原理主義の時代の終焉

我々の時代が抱える「極めて重要な課題は、開かれかつ拡大を続ける国際貿易システムを維持していくことだ」。あいにく、世界貿易システムの「自由の原則はますます激しい攻撃にさらされている」。「保護主義がますます幅を利かせるようになった」。「貿易システムが機能停止になる……つまり、あの恐怖の一九三〇年代がリプレイされるように、貿易システムが崩壊する危険性が高まっている」。

これらのセリフは、ビジネス・金融系のメディアに掲載された反グローバリゼーションの気運を憂慮するここ数年の発言の中から一部抜粋したものだろう。そうあなたが考えてもある意味仕方ないが、実際は三十六年前の一九八一年に書かれたセリフだ。[11]

当時の問題は、先進国を襲ったスタグフレーションだった。そして世界のマーケットを追い回している——さらに次々とシェアを奪っている——貿易戦争における敵国は、中国ではなく日本だった。米国と欧州は日本の自動車や鉄鋼に対して貿易障壁を設け、「輸出自主規制」を課すことで対応した。忍び寄る「新たな保護貿易」をめぐる議論は激しさを増していた。

ところがその後に起きたことは、貿易制度に対するそうした悲観論を一蹴するような展開だった。世界の貿易規模は縮小するどころか、一九九〇年代と二〇〇〇年代には爆発的に拡大した。その背景にはWTOの創設や二国間・地域レベルの貿易・投資協定の広がり、そして中国の台頭があった。グローバリゼーション——というよりむしろハイパーグローバリセーション——の新たな時代が幕を開けたのだ。

今振り返って考えると、一九八〇年代の「新たな保護主義」の動きは過去の歴史から大きく断絶したものではなかった。政治学者のジョン・ラギーが書いたように、制度の崩壊というよりは制度のメンテナンスと呼ぶ方がふさわしい。当時の輸入「セーフガード」や「自主的な」輸出規制（VERs）

はその場限りのものであり、新たな貿易関係の到来が突きつける〔国内の利益の〕分配や調整面での課題に対応するために必要な措置だった。[12]

その当時にオオカミ少年を演じた〔保護貿易の過ちを警告した〕経済学者や貿易の専門家は結局、間違っていた。もし政府が有権者の求めに応じずに彼らの忠告に耳を貸していれば、事態はさらに悪化していただろう。当時の人には経済に悪影響のある保護主義のように見えた政策は、政治的な圧力が過度に高まる事態を未然に防ぐために必要なガス抜きだったのだ。

今日のグローバリゼーションに対する大衆の反発に対しても、外部の専門家は同じような懸念を感じているのだろうか？　例えば、ＩＭＦは成長の鈍化とポピュリズムが保護主義の台頭につながるかもしれないと最近、警告を出している。ＩＭＦのチーフエコノミストであるモーリス・オブストフェルドによると、「貿易の統合を拡大するという見通しを擁護することは極めて重要だ」。[13]

これまでのところ、各国の政府が断固とした態度で開放経済から手を引こうとしている兆候はほとんど見られない。トランプ大統領は貿易をめぐって騒動を引き起こすかもしれないが、彼は口で言うほど大それたことはしないことがわかっている。globaltradealert.org というウェブサイトは、保護主義政策に関するデータベースを管理しており、保護主義が徐々に広がっているという主張を裏付けるデータとして頻繁に引用されている。保護主義的な政策を視覚で表すインタラクティブ・マップをクリックしてみれば、花火の爆発を確認できるだろう（世界中のいたる国に赤い円が出現している）。自由貿易の政策をクリックすると同じくらい緑の円が出現することを確認するまでは、不安になるような絵柄だ。

今回の保護主義的な動きで特異な点は、ポピュリスト政党が以前よりも力を持ち、選挙での勝利により近いところまで来ているということだ――一九八〇年代以降、グローバリゼーションが新たな段階まで進化したことに対する反応という側面がある。つい最近まで、英国がEUから脱退する、もしくは米国で共和党の大統領が貿易協定を破棄し、メキシコからの移民を標的に国境に壁を建造し、海外移転した企業に罰則を課すと公約するなど誰が予想しただろうか？　国民国家が再び、自らを取り戻そうとしているように思える。

ただし、一九八〇年代の教訓に照らせば、適度な開放経済を維持することに資するのであれば、ハイパーグローバリゼーションからの多少の揺り戻しは必ずしも悪いことではない。特に我々は、国際貿易や国際投資よりも自由民主主義に必要な要件を優先する必要がある。多少のリバランスをしたとしても、開かれたグローバル経済の余地は大きく残されている。実際は、開かれたグローバル経済を可能にし、維持する方向に作用するだろう。

ドナルド・トランプのようなポピュリストが危険なのは、彼が掲げる貿易に関する具体的な提案ではない。彼の統治指針となっている排外主義的、反自由主義的な綱領だ。彼の経済政策では、どうすれば米国と開かれた世界経済が共存繁栄できるかに関する一貫したビジョンにはなっていないという現実もある。

今日の先進国において主流派の政党に突きつけられている極めて重要な課題は、ポピュリストのお株を奪うようなナラティブとともに、そのようなビジョンを考え出すことだ。それら中道右派、中道左派の政党に求めるべきことは、あらゆる犠牲を払ってでもハイパーグローバリゼーションを救うことではない。自由貿易を支持する人々は、彼らが政治的な支持を集めるために、非伝統的な政策を採用したとしても理解を示すべきだ。

各党の政策は、公平性や社会的包摂を求める思いが動機となっているのか、それとも排外主義的・人種差別主義的衝動が動機となっているのか？　彼らは法の支配や民主的な熟議を強化したいのか弱めたいのか？　また、彼らは開かれた世界経済（基本原則は各国で異なるが）を維持するよう努めているのか、今よりも閉鎖的な経済を求めているのか？　我々はこれらの点に注目して目を凝らさなければならない。

二〇一六年のポピュリストの反乱を受けて、過去数十年続いた慌ただしい貿易協定の締結ラッシュにはほぼ終止符が打たれた。発展途上国はより小規模な貿易協定を締結しようとするかもしれないが、交渉段階の二つの大規模な地域貿易協定であるＴＰＰと大西洋横断貿易投資パートナーシップ協定（ＴＩＰＰ）は、米国大統領にドナルド・トランプが選ばれた時点でほぼ頓挫したようなものだ。

それら二つの貿易協定が立ち消えになったとしても、悲観に暮れるべきではない。我々が直面している政治面、テクノロジー面での新たな現実を認識して、グローバリゼーションと経済発展を改めてゼロから考え直し、自由民主主義の要件を最優先にすることについて、誠実で信念に基づいた協議を始めるべきなのだ。

より良いバランスを取り戻す

ハイパーグローバリゼーションが抱える問題は、それが大衆の反発につながりやすい達成不可能な夢物語だということだけではない。結局、市場が依拠する規制・法律上の取り決めを定めることができるのは、いまでも国民国家だけなのだ。エリートや専門家がハイパーグローバリゼーションの妄想にとりつかれることで、国家の正統な経済的・社会的目的――経済的繁栄、金融の安定、社会的包摂――の達成が困難になるということの方がより深刻な欠点と言える。

我々の時代は、以下に挙げるような疑問を抱えている。貿易と金融において、どの程度のグローバリゼーションを我々は許容すべきなのか？　輸送と通信の革命によって明らかに地理的な距離がなくなった時代においても、国民国家の存在を擁護する論拠はあるのか？　国家はどの程度、主権を国際機関に譲り渡す必要があるのか？　貿易協定は果たして何をもたらすのか、そしてどうすれば我々は貿易協定をより良いものにすることができるのか？　グローバリゼーションはどの段階まで行くと民主主義を蝕むのか？　国民として、国家として、我々は国境の向こうの国や人々に対してどのような責任を負うのか？　どのようにすれば、その責務を最善の形で果たすことができるのか？

こうした疑問すべてに答えるためには、我々は国家の統治とグローバルな統治、その二つの間の健全かつ良識のあるバランスを取り戻さなければならない。それぞれの国民国家が自国の社会契約を策定し、自国の経済戦略を考えることができる十分な自律を持つ多元的な世界経済が必要なのだ。世界経済を「グローバル・コモンズ」（世界の共通財）と捉える従来の世界観――我々全員が手を取り合わなければ、経済が破滅に至るという世界観――は、非常に誤解を生むものだと私は主張したい。もし我々の経済政策が失敗したとすれば、それは国際的な理由ではなく主に国内の理由によってそうなるのだ。経済の分野において国家が世界の利益に資する最善の方法は、自国内の経済を秩序あるものにすることだ。

グローバルな公共財の規定が不可欠な気候変動のような分野では、グローバル・ガバナンスは引き続き非常に重要だ。また、グローバルなルールを設けることで熟議と決定のプロセスがより民主的になり、国内の経済政策の改善に役立つこともある。ただ、社会をより民主的にするグローバルな協定は、我々の時代の特徴とも言えるグローバリゼーションを促すような協定とは大きく異なる様相を呈するだろうというのが私の意見だ。

次章では、我々の政治と経済の中心を占める存在でありながら、過去数十年間批判にさらされてきた国民国家について議論して行きたい。

第二章　国家の仕組み

二〇一六年十月、英国のテリーザ・メイ首相はグローバル市民というアイデアをこけおろした際、多くの人々を憤慨させた。「もし自分が世界市民であると信じているのであれば、あなたはどこの国の市民でもありません」と彼女は言い放ったのだ。

彼女の発言は、金融メディアや自由主義のコメンテーターから嘲笑と警告を浴びせられた。あるアナリストは彼女に次のように教示した。「この時代に最も立派な市民のあり方とは、バークシャーの行政教区の幸福だけではなく、地球の幸福に身を捧げることだ」。経済誌エコノミストは、「反自由主義」に舵を切る発言だと伝えた。ある学者は啓蒙思想の価値観を拒否したとして彼女を非難し、彼女のスピーチにおける「一九三三年の残響」を警告した。(1)

私は「グローバル市民」がどのようなものかを知っている。私自身がその完璧な見本と言える。私はある国で育ち、別の国に住んでおり、両国のパスポートを持っている。私は世界の経済問題について文章を書き、仕事で遠く離れた国まで赴く。私を自国民として認めている二つの国以外の国を移動して過ごすことの方が多い。職場の親しい仲間の多くは同じように外国生まれだ。私は国際ニュースを熱心にチェックする一方、地元の新聞にはほとんど手をつけないままだ。スポーツでも、私は地元のチームの成績は全く把握していないが、大西洋の向こう側にあるサッカーチームの献身的なファンだ。

ただ、私はメイ首相の言葉には共感できる。彼女の言葉には本質的な真理が隠れており、そのことを軽視することが、いかに我々——世界の金融、政治、官僚のエリート——が国民から乖離し、彼らの信頼を失ったのかを如実に表している。

経済学者と主流派の政治家は、大衆の反発はグローバル主義のエリートたちから見捨てられ、取り残されたと感じている大衆の不平不満を巧みに利用したポピュリストと排外主義的な政治家によって煽られたもので、悲しむべき進歩の後退と見る傾向にある。ところが、今日ではグローバリズムは後退しており、国民国家はその健在ぶりを誇示している。

長い期間にわたって、知識人の間では国民国家が時代に合わなくなってきているとのコンセンサスが幅を利かせている。グローバル・ガバナンス——国際的なルールと国際機関によって、不可逆的に思える経済グローバリゼーションの潮流と世界主義的な感覚の広がりを補強する必要があるという考え方——が流行しているのだ。

グローバル・ガバナンスという言葉は、我々の時代のエリートの間ではマントラのように唱えられている。彼らによると、技術革新と市場の自由化によってもたらされた財、サービス、資本、情報の国境を越えた移動が世界中の国々を相互に密接に結びつけ、いずれの国も自国の経済問題を独力では解決できなくなっているというのだ。我々にはグローバルなルール、グローバルな協定、グローバルな機関が必要というわけだ。こうした主張はいまでは幅広く受け入れられており、この主張に楯突くのは太陽が地球の周りを回っていると主張するようなものだ。

どのような経緯でこうした考え方に至ったのかを理解するために、知識人が国民国家に反対する論拠とガバナンスにおけるグローバリズムに賛同する理由を詳しく見て行こう。

国民国家が非難の的に

国民国家はもはや、二十一世紀の現実にはそぐわない古い概念だと完全に思われている。国民国家は伝統的な政治的垣根を越えた非難の対象であり、経済における自由主義者と社会主義者が手を取り合って非難する、数少ない存在の一つとなっている。レオン・トロツキーは一九三四年、「どうすれば各国に住む国民が文化発展の完全な自由を引き続き維持しながら、欧州の経済統合が保証されるのか？」と問うた。その答えは国民国家を廃止することだった。「この疑問に対する解決策は……国民国家が課している足かせから生産力〔労働力と生産手段〕を完全に解放することによって得られる」(2)。ユーロ圏が抱える現在の苦悩と照らし合わせると、トロツキーの答えは驚くほど現代的に聞こえる。

今日の多くの道徳哲学者も記述的にではなく規範的に〔研究アプローチについて使われる言葉で、記述的とは研究者の思想や価値観を排して事実を客観的に検証しようとする態度。規範的とは研究者の思想や価値観が入り込むことを許容し、理想を考察しようとする態度〕、国境が時代にそぐわないと考える自由主義的な経済学者ほとんどの「新古典派」の経済学者が首を縦にふる答えだ。の輪に加わっている。ピーター・シンガーは次のように述べている。

もし我々が自分の行為を正当化しなければならない集団が種族、もしくは国家であるならば、我々の倫理観も種族主義的、もしくは国家主義的になるだろう。ところがもし通信革命がグローバルな聴衆を作り出したのであれば、我々は世界全体に向けて自身の態度を正当化する必要があるのかもしれない。こうした変化は、この地球上に住む全人類の利益に資する新たな倫理観の重要な基盤を生み出す。非常にきれいごとのように聞こえるが、こうした態度はこれまでの倫理観

ではなかった態度だ。(3)

さらにアマルティア・センは次のように述べた。

国家の政治上の分割（主に国民国家）をある意味で根元的なものと見なし、対処すべき現実的な制限としてだけではなく、倫理観と政治哲学における必要最低限の分割であると捉える見方には、どこか専制政治的な考え方が潜んでいる。(4)

センとシンガーは国境を邪魔なもの、ビジネスと通信の進歩によって世界がより密接に相互に結びつく中で克服できる、そして克服すべき現実的な障害だと考えたのだ。

一方、経済学者は世界経済の完全な統合を阻む取引コストを生じさせているものとして、国民国家を嘲った。政府が輸入関税や資本規制、ビザなどの制限を国境の通過の際に課し、商品やお金、人が世界中を駆けめぐるのを妨げる存在であるからだけではない。もっと重要な点は、主権者が複数いることで管轄権が分断され、それに伴い取引コストが生まれるからだ。今日では貨幣や法制度、規制のやり方の違いがグローバル経済の統合の最大の障壁となっている。表立った貿易障壁が取り下げられるにつれ、そうした取引コストの相対的な重要性は増した。輸入関税はいまでは貿易コスト全体のほんの一部でしかない。ジェイムズ・アンダーソンとエリック・ヴァン・ウィンクープはそうしたコストが、先進国では輸入関税自体の十倍の規模に当たる驚愕の百七十パーセント（従価税ベースで）に上ると推定した。(5)

経済学者に言わせると、これは札束を道端に捨てるような行為だ。管轄権の分断を取り除けば、戦後の時代に進んだ多国間関税自由化に匹敵するような大きな利益を世界経済は貿易によって得られるだろうと彼らは主張する。つまり、世界貿易の検討課題においては、衛生基準や植物衛生基準から金融規制に至るまで、あらゆる規制制度をそろえようとする取り組みにますます重点が置かれている。これはEUが共通市場という夢を実現するために、単一通貨への移行が重要だと感じた一つの背景だ。経済統合を実現するためには、国民国家が自国通貨を発行し、異なる規制を制定し、異なる法的基準を課す権力を抑え込む必要があったのだ。

国民国家はいまだ健在

国民国家の消滅は、これまでずっと予想されてきた。政治学者のスタンリー・ホフマンは一九六六年、「世界秩序を研究する者全員にとって重要な問題は、国民国家の運命だ」と書いている。[6]『危機に瀕する主権』というのは、レイモンド・ヴァーノンが一九七一年に出版した古典的名著のタイトルだ。[7]これら二人の研究者は最終的には国民国家の消滅という見方に冷や水を浴びせているものの、彼らの論調は当時いかにこうした見方が流行っていたのかを反映している。(ホフマンが焦点を合わせた)EUであれ(ヴァーノンが扱った)多国籍企業であれ、国民国家は自分よりも大きな存在の発展に圧倒されていると広く考えられていたのだ。

ところが国民国家は簡単には衰退しない。非常に立ち直りが早いことがわかり、いまでも世界の所得分布の最も大きな決定要因であり、市場を支える機関が主に所属する場所であり、個人が愛着と所属意識を最も感じている共同体なのだ。いくつかの事実を見てみよう。

私は世界の不平等の決定要因について学生が感じている直観を調べるために、授業の初日に貧しい国の金持ちか豊かな国の貧乏人か、どちらになりたいかを学生に聞くことにしている。自分自身の消費水準だけを考え、金持ちは国内の所得分布の上位五パーセント、貧乏人は下位五パーセントを意味すると説明する。さらに豊かな国とは一人当たり所得の国際比較分布で上位五パーセント、貧しい国とは下位五パーセントに入る国だと説明する。こうした基準をもとに判断した上で、大多数の学生は貧しい国の金持ちになりたいと答えるのが一般的だ。

彼らの直観は実は大きく間違っている。この定義でいくと、豊かな国の貧しい人は貧しい国の金持ちよりおよそ五倍も豊かなのだ。[8] 学生たちの判断を誤らせたのは、視覚上の幻想だ。彼らが貧しい国で見たことのあるBMWに乗り、大きな門構えの大邸宅に住んでいるような大金持ちは、全人口のほんのわずかにすぎないのだ。彼らに考えてもらった上位五パーセントよりも、はるかに少ない人数だ。上位五パーセント全体の平均を考えてみると、所得水準は大きく下がる。

学生たちはこの質問によって、世界経済が物語っている特徴を初めて理解した。我々の経済的運命は主にどこで（どの国で）生まれたかで決まり、所得分布の階層のどこに属するかは二次的な要因にすぎないのだ。より専門的だがより正確な言葉で言うと、世界の不平等は国内ではなく、それぞれの国の間の格差によってほとんど説明されるということだ。[9] グローバリゼーションによって国境の重要性がなくなったという議論はこれでおしまいだ。

二番目に、国家に対するアイデンティティの役割について考えてみよう。人々は国境を越えた一体感と地元に対する連帯感をますます感じており、この間に挟まれて国民国家への愛着は薄れているのではないかとあなたは想像するかもしれない。どうやらそんなことはないようだ。国家に対するアイデンティティは世界の僻地においてさえも変わらず健在で、世界金融危機やその後に広がったポピュリストの反発を受けてそうなったわけではない。

国家に対するアイデンティティがいまでも健在であることを確認するために、ワールド・バリューズ・サーベイを見てみよう。これは五十七カ国に住む八万人以上を対象にした調査だ（http://www.worldvaluessurvey.org/）。この調査では、回答者は地方、国、世界に対して抱く愛着の強さに関して様々な質問を受ける。「私は自分自身を〔国名〕の国民と見なします」という言明に対して「同意」もしくは「強く同意」と答えた割合を計算することで、私は国への愛着の強さを測った。同様に、「私は自分自身を世界市民と見なします」という言明に「同意」もしくは「強く同意」と答えた割合から、世界への愛着の強さを測る。正規化を図るために、前の二つの言明に対する肯定的な答えの割合から、「私は自分自身を地元のコミュニティの一員と見なします」という言明に対する肯定的な答えの割合を差し引いた。つまり、地元への愛着との相対比較で国と世界への愛着の強さを測ったということだ。二〇〇四～〇八年にかけて行われた調査の結果も参考にした。欧米の金融危機以前の調査結果であり、景気後退がもたらす紛らわしい影響を切り離すことができるからだ。

全世界、米国、欧州、中国、インドを個別に調査の標本とした結果を図2・1にまとめている。国家に対するアイデンティティの強さが「グローバル市民」としてのアイデンティティの強さを大きく上回ったのは、それほど目を見張るような結果ではない（ほぼ予想されていた結果だ）。驚くべき結果は、国の方が地元コミュニティよりも人々の共同体意識を取り込む力が明らかに強かったということだ。国家に対するアイデンティティを認める割合（正規化した数値）からそのことが読み取れるはずだ。これはすべての標本に当てはまることで、特に米国とインドでその傾向が最も強い。どちらかと言えば、地元への愛着が国家への愛着を上回ると予想された二つの大国だ。

そのほか印象的だったのが、欧州の市民がいかにEUに対してほとんど愛着を持っていないかということだ。図2・1からわかるように、欧州統合と制度づくりの長い歴史にもかかわらず、欧州の人々

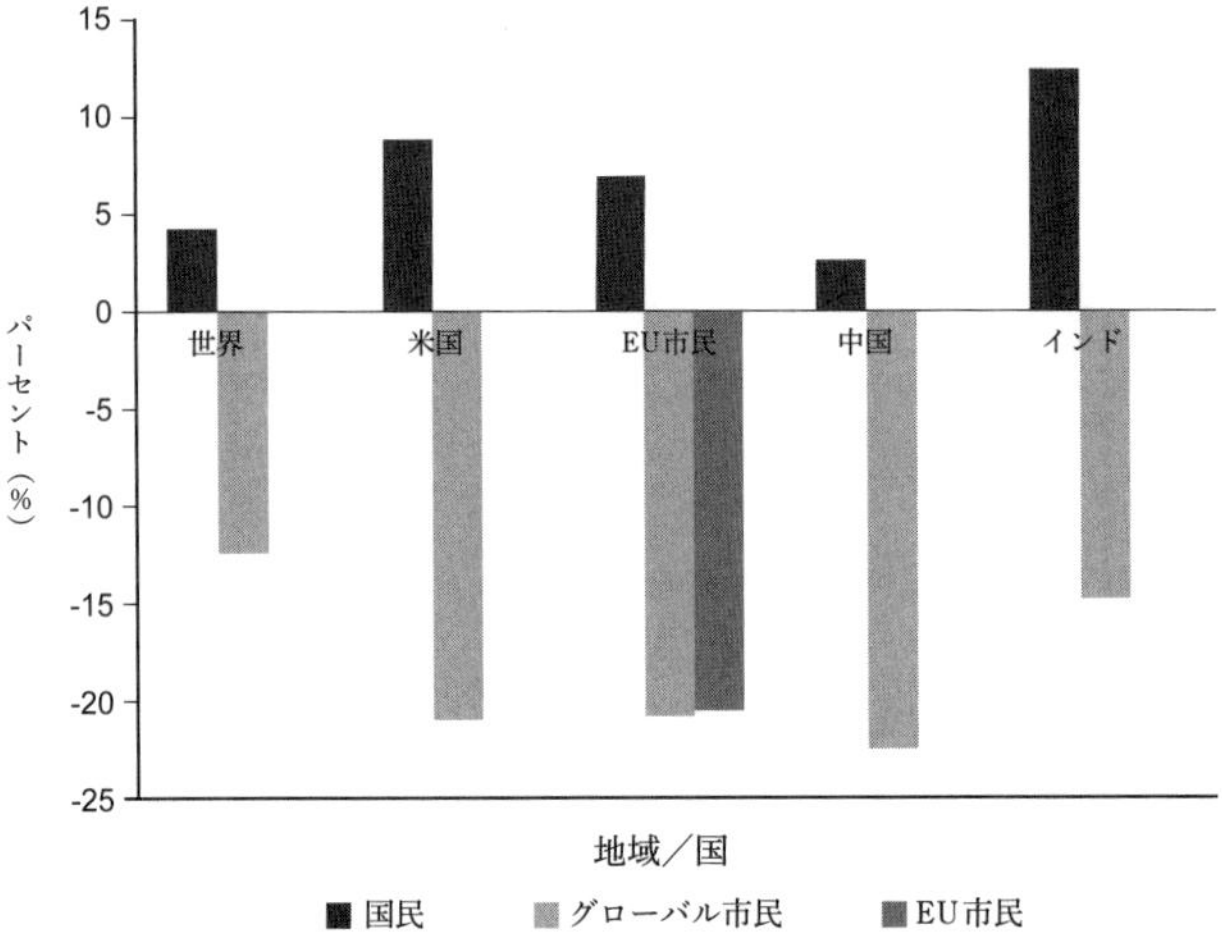

図2・1　国民、グローバル市民、EU市民（地元コミュニティへの愛着との相対比較）。「私は自分自身を［国名］の国民と見なします」という言明と「私は自分自身を世界市民と見なします」という言明に「同意」もしくは「強く同意」と答えた割合から、「私は自分自身を地元のコミュニティの一員と見なします」という言明に対する肯定的な答えの割合を差し引いた。

Source: D. Rodrik, "Who Needs the Nation State?" *Economic Geography*, 89(1), January 2013: 1–19.

が抱くＥＵの一員としての意識は世界市民としての意識と同じくらい希薄なようだ。

二〇〇八年以降、世界への愛着がさらに薄れてきているとわかっても、特に驚くべきことではない。特に欧州の一部の国の間で、グローバル市民としての意識は大きく希薄化した。ドイツではマイナス十八パーセントからマイナス二十九パーセントに、スペインではマイナス二十パーセントからマイナス二十二パーセントに下がった（二〇〇四〜〇八年の期間と二〇一〇年〜一四年の期間の調査結果を比較した数字だ）。

これらの調査は、一般国民をさらに分類したサブグループの違いを見えにくくしていると反

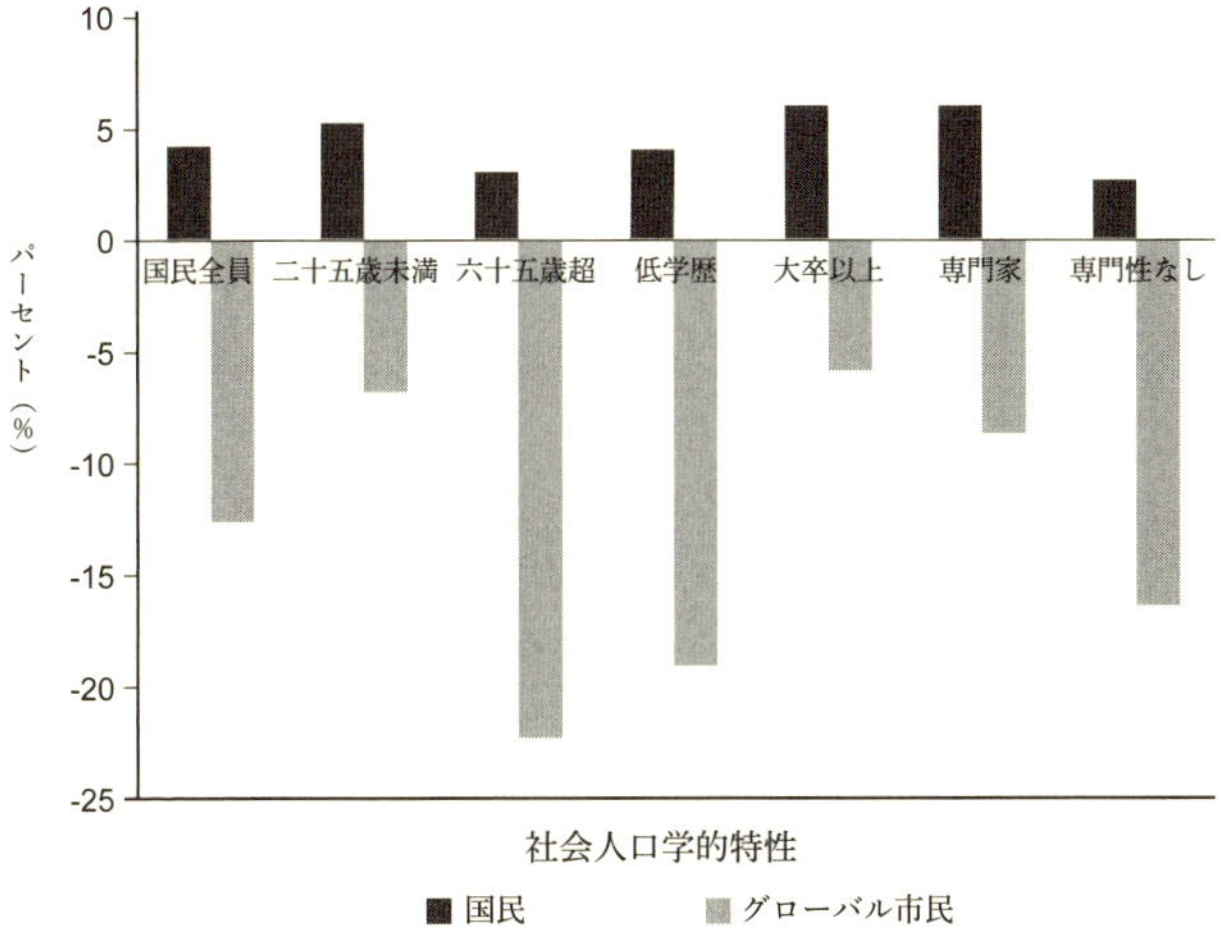

図2・2　社会人口学的特性の影響。「私は自分自身を［国名］の国民と見なします」という言明と「私は自分自身を世界市民と見なします」という言明に「同意」もしくは「強く同意」と答えた割合から、「私は自分自身を地元のコミュニティの一員と見なします」という言明に対する肯定的な答えの割合を差し引いた。

Source: D. Rodrik, “Who Needs the Nation State?” *Economic Geography*, 89(1), January 2013: 1–19.

対する人もいるかもしれない。主に若くて専門的スキルを持ち、学歴の高い人々の方が国家の枠に縛られず、よりグローバルなものの考え方や愛着を持つことが予想されるだろう。図2・2が示すように、これらの特徴を持つグループの人々には確かに予想された傾向が見られる。ところが一般国民との違いは思ったほど大きくはなく、全体像は変わらないのだ。大学で教育を受けた専門的スキルを持つ若い（二十五歳未満）人々の間でも、国家に対するアイデンティティが地元への愛着を上回り、世界に対する愛着をさらに大きく上回る。

最後に、二〇〇八年の世界金融危機後の経験で、国民国家がいまでも重要な存在であるのかという疑問に対して残った疑いは、完全に払拭されたはずだ。経済のメルトダウンを阻止するために介入しなければならなかったのは、国家の政策立案者だった。銀行を救済し、市場に流動性を供給し、財政刺激策を敢行し、失業手当を支給したのは政府だった。イングランド銀行のマーヴィン・キング総裁が記憶に残る言葉で表現したように、銀行の活動はグローバルだが、破綻するのは国内だ。

ＩＭＦや新たにメンバーを拡大して発足したＧ20は、単なる議論の場にすぎない。ユーロ圏において、危機をどのように収束させるかを決めたのはベルリンやアテネなど各国の首都で下された決断であり、ブリュッセル（やストラスブール）での行動ではなかった。そしてあらゆる過ちの責任を最終的に負った――またほんの少しの正しい政策の功績を与えられた――のは、各国の政府だったのだ。

国民国家の規範的擁護

歴史を振り返ると、国民国家は経済や社会、政治における進歩と密接に結びついてきた。内紛に伴う暴力を抑制し、各地方のコミュニティを越えた結束の輪を広げ、大衆市場や産業化を促し、人的資源と金融資源の動員を可能にし、代表制政治制度の普及を助長した。[10]今日の「破綻国家」の場合、内戦や経済的衰退の運命をたどるというのがお決まりのパターンだ。安定し、繁栄している国に住む人々には、国民国家の樹立がそうした難題を克服する上で果たした役割は見過ごされやすい。国民国家はそうした難題をすでに克服してしまったがゆえに、知識人からの恩寵を失ったという側面もある。

領土的制限のある政治的実体として、国民国家は本当にグローバリゼーション革命の観点から望ましい経済的、社会的目標の達成を妨げる存在なのだろうか？　それともそうした目標を達成するために、引き続き不可欠な存在なのだろうか？　つまり今でも存在し、まだ衰えていないと述べるにとどまらず、より信念に基づいた擁護をすることが可能なのだろうか？

まずは、私が用いる専門用語の定義を明確にさせてもらう。国民国家（nation-state）という言葉は、言外にナショナリズムを想起させる。私の議論において重きを置いているのは「nation（国民、民族）」や「nationalism（ナショナリズム）」の部分ではなく、「state（国家）」の部分だ。特に空間的に境界の定められた管轄権の及ぶ実体としての国家に関心を持っている。この観点から、私はnationはstateから派生したものだと見ている。その逆ではない。フランス革命の理論家の一人であるシィエス師が述べたように、「nationとは何か？　それはコモン・ローを共有し、同じ立法府によって代表される人々の集団のことだ」[11]。私はnationとは何か、すべてのnationが自身のstateを持つべきか、いくつのstateがあるのかといった議論には関心がない。

そうではなく、なぜ強固な国民国家が特に世界経済にとって有益なのかといったことに関する、本質的な議論を展開したい。国民国家の多様性が価値を減ずるものではなく、価値を増やすものであるということを明らかにしたいのだ。私の議論の出発点は、市場はルールを必要とし、グローバル市場はグローバルなルールを必要とするということだ。経済活動が国という母体から完全に解き放たれた真のボーダレスな世界経済は、その市場のグローバルな規模に見合う、国境を越えてルールを制定する機関を必要とする。ただそれは実現可能だったとしても、望ましいことではないだろう。市場を支えるルールにもいろいろな形があるからだ。つまり、様々な制度上の取り決めが実験し合い、競争し合うことが引き続き望ましいのだ。また、制度の形式に関してはそれぞれの共同体でニーズや選好が異なっている。歴史的、地理的要因から、それぞれのニーズと選好をすり合わせられる限度は今後も限られる。

確かに国民国家が世界経済を分断させる要因であることは否定しないが、その垣根をなくそうとする試みは逆効果だというのが私の主張だ。そうした試みがより健全な世界経済を作ることも、より良いルールを生み出すこともないのだ。

図2・3の上半分にあるように、私の主張は一般的なグローバリズムのナラティブとは対照的だと捉えることができる。グローバリズムのナラティブによると、輸送技術と通信技術の革命が促した経

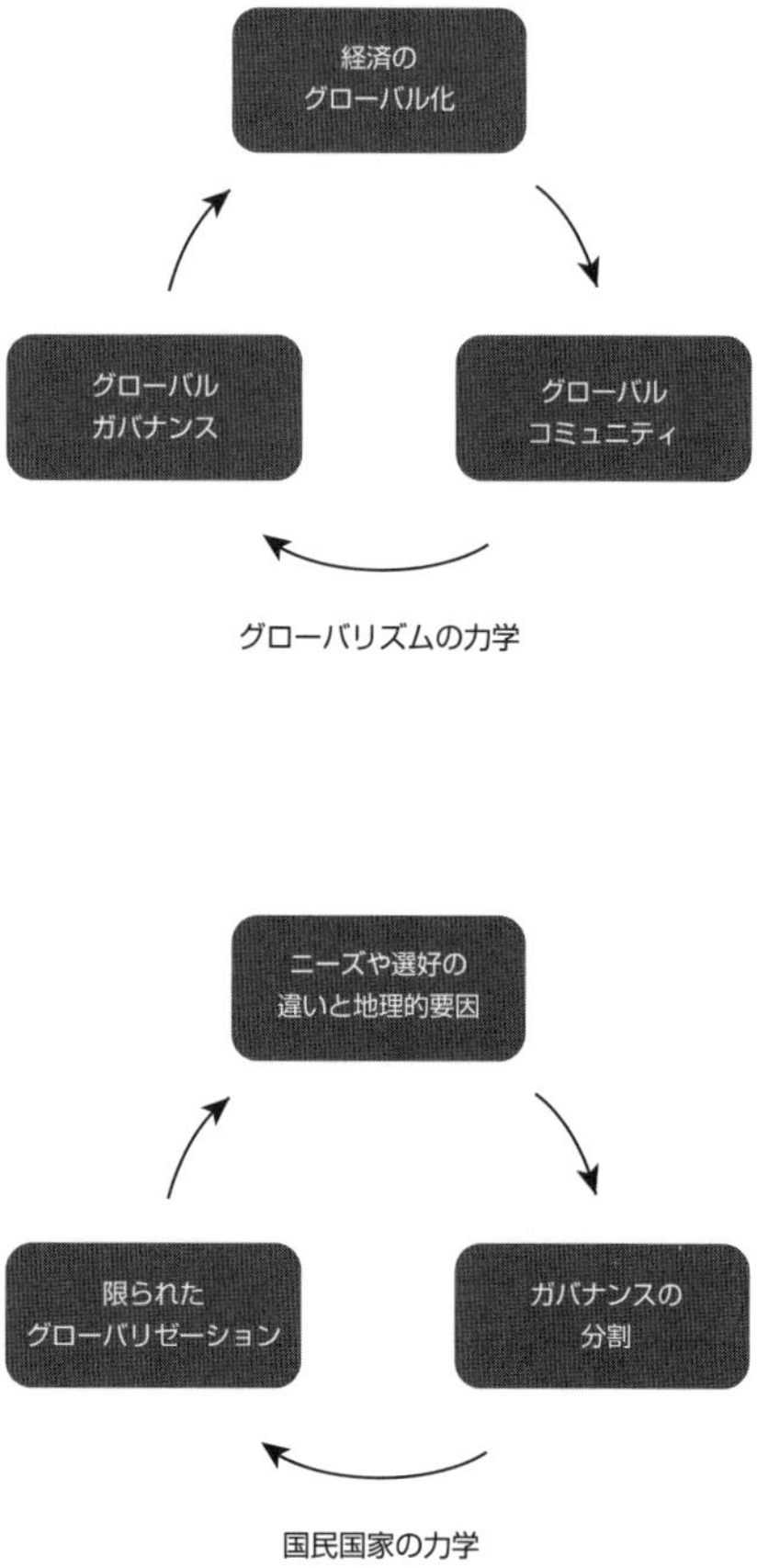

図2・3　もう一つの強化作用を持つ力学

Source: D. Rodrik, "Who Needs the Nation State?" *Economic Geography*, 89(1), January 2013: 1–19.

済のグローバル化は、各国の人々の間の社会的・文化的障壁を取り除き、グローバル・コミュニティを育むものだ。その上でグローバルな政治共同体、つまりグローバル・ガバナンスの樹立を可能にし、経済統合をさらに強化する作用が働く。

（図2・3の下半分で示している）私が提唱するもう一つのナラティブは異なる力学を重視しており、政治的には分割され、経済的にも完全にはグローバル化されていない世界を維持する方向に作用する。この力学に従えば、地理的な距離に加えて、各国で選好が異なり制度も一様ではないという事実から、多様な制度が必要となる。制度の多様性は、経済の完全なグローバル化を阻害する要因だ。そして不完全な経済統合は、各国間の違いや距離の役割をさらに強固なものにする。（私が提唱するように）この二番目の力学が非常に強いときに最初の力学に従って世界を管理しようとすると、問題ばかりが生じることになる。

ハイパーグローバリゼーションの不毛な追求

市場は市場以外の制度に依存している。市場は決してそれ自身で創造し、規制し、安定化し、正統化することができないからだ。隣人との物々交換よりも複雑な市場取引は、輸送、通信、ロジスティクスへの投資、契約の履行、情報の提供、詐欺の防止、安定し信頼できる交換手段〔貨幣や小切手など〕、社会規範に則った富の分配を行う取り決めなどを必要とする。機能的で持続可能な市場は、様々な制度によって守られている。そうした制度が規制や富の再分配、金融と財政の安定、係争管理など極めて重要な機能を担っているのだ。

これまでは主に、国民国家がこうした制度の機能を提供していた。国民国家は戦後一貫して、グローバル市場の発展を阻害してきただけではなく、多くの意味においてグローバル市場の発展を容易にしてきた側面もあるのだ。一九七〇年代まで世界経済を統制してきたブレトンウッズ体制の底流に流れる基本哲学は、国家――先進国だけではなく新たに独立した国も含めて――は自国の経済を管理し、自国の社会契約を保護することのできる政策の裁量を必要とするというものだ。各国間の資金の自由な移動を制限する資本規制は、グローバルな金融制度に固有の要素だと見なされていた。貿易の自由化は、工業製品だけ、産業化した国だけに限られていた。製造コストの低い国からの織物や衣類の輸入が輸入国の産業や一部地域で失業を生み出し、国内の社会契約を脅かした際に、こうした制限も特別な制度として生み出された。

こうした制限の下でも、国境をまたいだ貿易量と投資額はものすごい勢いで増えていった。それはブレトンウッズ体制の制度が、健全な国内の政策環境を支えていたという理由が大きい。実際、経済のグローバル化は主要な貿易・金融センターが整備しているルールに大きく依存したものだった。ジョン・アグニューが強調したように、各国の金融制度、中央銀行、金融規制の慣習が金融のグローバル化の土台を形成していたのだ。[12] 貿易においては、市場の開放を普及させたのはGATTのルールではなく、国内の政治取引だった。

国民国家はグローバリゼーションを可能にしたものであると同時に、そのさらなる進行を阻害する最も大きな存在でもあった。グローバリゼーションと健全な国内政策を両立できるかは、この二つの間の緊張関係をうまく制御できるかに左右された。一九二〇年代のようにグローバリゼーションの方向に傾きすぎると、市場を支える制度を次第に損なっていく。一九三〇年代のように国家の方に肩入れしすぎると、国際貿易の利益を失うことになる。

一九八〇年代以降、イデオロギーのバランスは市場優先の方向に大きく傾いた。その結果、国際社会は私が「ハイパーグローバリゼーション」と名付けたものに向けて突き進んだ。[13]つまり、貿易と資本の移動を妨げるあらゆる取引コストを取り除くことに邁進したのだ。貿易の分野においては、その最大の成果がＷＴＯの創設だった。貿易ルールは今ではサービス、農業、補助金、知的財産権、衛生・植物検疫基準など、以前は国内の政策領域と考えられていた分野にまで適用範囲を広げている。金融の分野では、資本移動の自由が例外ではなく標準と見なされ、規制当局は金融の規制と基準を世界レベルですり合わせることに心血を注いでいる。大半のＥＵ加盟国は、まず最初にお互いの為替相場の変動範囲を制限した後、最終的には単一通貨の採用に踏み切っており、そうした動きの最先端を走っている。

その結果なにが起きたのかというと、グローバル・ガバナンスが未整備なまま、国内の統治機構が弱体化してしまったのだ。グローバリゼーションに傾倒したここ数十年のアプローチの欠陥は、すぐに明らかになった。その一つは、国内での政治的な議論や政治によるコントロールがはるかに及ばない、超国家的な領域にルール作りを押し付けたことから生じた。民主主義の赤字（民主的な統制が欠如している状態）や正統性の欠如、国民の声や説明責任が蔑ろにされていることに対して、国民の不満が繰り返し叫ばれるようになったのだ。こうした不満は、ＷＴＯやブリュッセルに本部を置く機関に対して絶えず付きまとうようになった。

ルール作りが国内にとどまる分野においては、別の種類の問題が浮上している。経済発展の段階が異なり、制度上の取り決めも大きく異なっている国との貿易量が増えることによって、国内の格差拡大につながり、経済の安定性も損なわれた。より壊滅的な影響をもたらしたのが、国内の金融を管理してきた制度（最後の貸し手、預金保険、破産法、財政出動による安定化）が世界レベルでは整備されていなかったということだ。制度の未整備によって、グローバル金融は世界を不安定化し、定期的に大規模な危機を引き起こす元凶となってしまった。国内政策だけでは、経済と金融の極端な自由化が引き起こす問題には十分に対応しきれないのだ。

当然のことかもしれないが、新たな制度の枠組みの中で最も成功したのは、自由貿易や資本の自由な移動を求める熱狂に振り回されなかった国々だった。他国の経済開放によって最大の利益を享受したのはもちろん、最も歴史に残る貧困削減と経済成長を成し遂げた中国だった。一方、自国の側では広範囲にわたる産業政策を導入し、輸入自由化の遅延や局所的な実施、資本規制の導入も行うなど、極めて注意深い戦略を遂行した。中国がグローバリゼーションのゲームの中で従ったのは、ハイパーグローバリゼーションのルールではなくブレトンウッズ体制のルールだったのだ。

グローバル・ガバナンスは実現可能か、そして望ましいのか?

今ではグローバリゼーションの病は、市場のグローバルな性質と市場を統治するルールのドメスティックな性質の矛盾によってもたらされたことが広く理解されている。論理的には、その矛盾を解消する方法は次の二つのいずれかしかない。国民国家を越えた統治を拡大するか、市場の範囲を制限するかだ。お偉い方々の間では、前者の選択肢だけに大きな注目が集まっている。
グ、ロ、ー、バ、ル・ガ、バ、ナ、ン、スという言葉は人によって解釈が異なる。政策立案を担う官僚の間では、G20や金融安定化フォーラムなどの新たな政府間フォーラムを意味する。一部のアナリストにとっては、衛生基準から自己資本比率の基準まで共通のルールを定める規制当局の超国家的なネットワークの出現を意味する。[14]また、フェアトレードや企業の社会的責任など、「民間のガバナンス」体制だと言うアナリストもいる。[15]さらには、「各国の議論に左右され、世界との比較によって情報を与えられ、公共的理性の空間の中で役割を果たす」説明責任のあるグローバルな行政プロセスの発展を想像する人もいる[16]。多くの活動家にとっては、国際的な非政府組織により大きな権限が与えられることを意味する。

そのようなグローバル・ガバナンスの新たな形態が、まだ力を持っていないということは言うまでもない。ただここで真に問うべきことは、そうしたグローバル・ガバナンスの形態がこれから発展し、ハイパーグローバリゼーションを支え、真にグローバルなアイデンティティの出現を促すほどの力を持つ可能性が、果たしてあるのかということだ。私はそうなるとは思わない。私の議論のロジックには四段階がある。（1）市場を支える制度は一つの形だけではない（2）制度のあり方に関しては、共同体によってニーズと選好が異なる（3）地理的な距離からそうしたニーズや選好のすり合わせにも限度がある（4）様々な制度を実験し、制度の間で競い合わせるのは望ましいことだ。

市場を支える制度は一つではない

すでに前節で示したように、市場を支える制度が果たす機能を明確にすることは相対的に難しくない。市場を創造し、規制し、安定化させ、正統化するのだ。ところが制度が取るべき形式を明確にするのは、全く別の問題だ。市場が果たす機能はある一定のやり方で提供される、もしくは制度の妥当なバリエーションの範囲は限られていると考える理由はない。つまり、制度が果たす機能によって唯一の形式が定まるわけではないのだ。

あらゆる先進国の社会は、私有を中心とした市場経済の変種と言えるだろう。ところが米国、日本、欧州諸国は大きく異なる制度的枠組みの下で歴史的に発展してきた。労働市場やコーポレート・ガバナンス、社会福祉制度、規制に対するアプローチにおいて、それぞれの国で慣習が異なっており、そうした形で制度的枠組みの違いは現れている。これらの国々が異なるルールの下でも同じような富を生み出してきたということは、経済的な成功には唯一の青写真があるわけではないということを改めて認識させてくれる重要な事実だ。市場、インセンティブ、所有権、安定性、予測可能性が重要だというのは確かだが、全く同じ解決策を必要としているわけではない。

先進国でも経済には好不況のサイクルがあり、ある制度が一時的に流行することはよくある。ここ数十年を見ても、欧州の社会民主主義、日本型の産業政策、米国モデルのコーポレート・ガバナンスと金融、そして中国の国家資本主義が周期的に流行してきた。輝いていた国が衰退し始めると、それらの制度も注目されなくなる。世界銀行や経済協力開発機構(ＯＥＣＤ)などの国際機関は「ベストプラクティス〔ある結果を得るために最も効率的なやり方〕」を開発しようと努力しているにもかかわらず、他国の制度をまねしたところでうまくいくことはめったにない。

その理由の一つは、制度的枠組みの各要素がお互いに補完関係にあるということだ。そのため、一部を変えたところでうまくいかないのだ。例えば、労働市場の訓練プログラムと適切なセーフティネットがなければ、企業による従業員の解雇を容易にする労働市場の規制緩和は裏目に出やすい。過度なリスクを負った行動に走らないよう手綱を締める強いステークホルダーの伝統がなければ、金融機関自身に業界の規制を委ねるとひどい災難を引き起こしかねない。『資本主義の多様性』という有名な本の中で、ピーター・ホールとデイヴィッド・ソスキスは産業先進国の中に二つの異なる制度的集団があることをつきとめた。その一つを「自由主義的市場経済」、もう一つを「協調的市場経済」と名付けた。[17] アジアに目を向ければ、もう一つのモデルを見出すこともできるだろう。

より重要な点は、制度設計に備わっている可鍛性〔外からの力で柔軟に変形できる性質〕に関する指摘だ。

ロベルト・アンガーが強調するように、我々がいま世界で目にしている制度の範囲以外には、実現可能な制度のバリエーションがないと考える理由はない。[18] 社会の最適化に向かうよう個人や企業のインセンティブを調整し、マクロ経済の安定性を生み出し、社会正義を達成することが制度に望まれる機能と言えるが、そのように制度を機能させる方法は無数にある。そのやり方に制限を加えているのは、我々自身の想像力だ。制度にベストプラクティスがあるという考え方こそが錯覚なのだ。

制度上の取り決めの違いが現実の結果に影響を与えないと言っているわけではない。社会正義は言うまでもなく、生産や投資、イノベーションに対しても明らかに適切なインセンティブを供与できていない制度を持つ社会はたくさんある。相対的にうまくいっている社会においても、制度の形式が異なると、国内のある特定のグループに与える影響は変わってくる。例えば、協調的市場経済と比較して、自由主義的市場経済は社会の中で最もクリエイティブで、成功している人々により良い機会を提供する。一方で、労働者階級の格差を広げ、彼らの経済的立場は不安定になりがちだ。リチャード・フリーマンはより規制の効いた労働市場の環境の中では収入の分散は小さくなるが、必ずしも失業率は高くならないことを明らかにした。[19]

ここでは厚生経済学の第二基本定理との興味深い類似性が見られる。あらゆるパレート効率的〔集団内の誰かの効用を犠牲にしなければ、別の誰かの効用を改善できない状態〕な均衡は、資源が適切に配分される競争均衡の結果として得られるという定理だ。制度上の取り決めというのは、実質的には社会のリソースに対してどのように権利を割り当てるのかを決めるルールと言える。最も広い意味において、資源の配分を決定づけるものだ。パレート効率的な結果はそれぞれ、異なるルールによって支えられている。逆に言えば、それぞれ異なるルールが、異なるパレート効率的な結果を生み出す可能性があるということだ（「悪い」ルールは明らかにパレート劣位な結果につながるため、私は可能性という言葉を用いた）。どのように複数のパレート効率的な均衡から、一つの均衡を事前に選び取ることができるのかは明らかではない。複数の制度の中から一つを選ぶことを難しくしているのがまさにこの不確定性であり、政治的共同体にその選択を委ねるのが最善と言える。

違いと多様性

イマヌエル・カントは宗教と言語が人類を分断し、全世界を統治する君主国の樹立を妨げていると書いた。[20] ただ、我々を分断しているものはほかにもたくさんある。前節で述べたように、制度上の取り決めの違いによって、社会における厚生の配分には違いが生まれる。制度上の取り決めは、経済、社会、政治における我々の生活の多くのほかの側面にも影響をもたらしている。平等と機会、経済的安全とイノベーション、安定とダイナミズム、経済成長と社会や文化の価値など、制度の選択がもたらす多くの結果にはトレードオフがつきまとうが、どちらにより大きな価値を置くかはそれぞれの国で異なっている。世界的な制度のすり合わせが難しいのは、最終的には各国の選好の違いが主な理由なのだ。

金融市場をどのように規制すべきかについて考えてほしい。その際には多くの選択が求められる。商業銀行と投資銀行の業務は切り離すべきか？　銀行の規模に制限を設けるべきか？　預金保険は必要か？　もし必要であれば、どこまで保険でカバーすべきか？　銀行は自己勘定での取引を認められるべきか？　銀行は自身の取引についての情報を、どこまで開示すべきか？　役員報酬は取締役会が決めるべき事項であり、当局による規制は必要ないか？　自己資本や流動性に対する要件は、どれくらいの水準を設けるべきか？　あらゆるデリバティブ取引は、〔相対ではなく〕取引所でなされるべきか？　格付機関の役割はどうあるべきか？　こうした選択だ。

金融のイノベーションと金融の安定性との間には、最も大きなトレードオフがある。規制を控えることで、金融イノベーション（新しい金融商品の開発）の自由度を最大化できる一方、金融危機や市場の崩壊が起こる可能性は高まるだろう。規制を強化すれば、危機の発生やそれに伴う犠牲を少なくできるが、金融取引の費用は高くなり、金融がもたらす利益を享受できなくなる人の数も増える。このトレードオフにおける唯一の理想的な妥協点などない。イノベーションと安定性のどちらを優先するかについて異なる考えを持つ共同体すべてに同じ制度を適用すれば、金融の取引コストを抑えられるメリットはあるが、各共同体の選好とは合わない取り決めを課さなければならないデメリットがある。これこそが金融規制当局に突きつけられている難問であり、銀行は世界共通のルールを求める一方、国内の立法府や政策立案者はそうしたルールに抵抗している。

もう一つの例として、食品規制の分野を見てみよう。一九九八年に議論が紛糾したケースだが、WTOが米国の訴えを支持し、EUによる成長ホルモンを使って飼育された牛肉の輸入を禁止した措置が、衛生植物検疫基準（SPS）協定に違反するという判断を下した。そのEUの禁止措置は輸入品を差別したわけではなく、国内の牛肉にも同じように適用されている点で興味深い。健康被害の可能性を危惧した欧州の消費者団体が強く求めた禁止措置であり、保護主義的な動機はないように思える。それにもかかわらず、WTOはその禁止措置は、政策が「科学的証拠」に基づくべきだというSPS協定の要件に違反すると判断したのだ（二〇〇六年の同様のケースでも、WTOはEUの科学的リスク評価の妥当性に問題があるとして、EUの遺伝子組み換え食品と遺伝子組み換え種子（GMOs）の輸入に対する制限を認めないという判断を下した）。

今日でも成長ホルモンが健康被害をもたらすという十分な証拠はない。WTOでは明確に認められていない、より幅広い原則、つまり科学的不確実性がある場合にはより慎重に注意するという「予防の原則」を適用したというのがEU側の主張だ。予防の原則では、危険が「ない」ことを証明しなければならない。政策立案者は「成長ホルモンやGMOsに副作用があるというきちんとした証拠があるのか?」と質問するのではなく、「副作用がないというしっかりとした確証があるのか?」と質問することを要求されるのだ。科学的知識における多くの未解決の分野においては、そのどちらの質問に対しても答えは「いいえ」となる。予防の原則が道理にかなうかどうかは、当局のリスク回避志向の程度と潜在的な副作用がどれほど大きくて回復不能であるのかに左右される。

欧州委員会が主張したように（説得には失敗したが）、規制に関する決断は純粋に科学だけに基づいて下すことはできない。社会全体のリスク選好を代表する政治こそが、決定的な役割を果たさなければならないのだ。（米国のように）低価格を選好する国があれば、（EUのように）安全性を選好する国もある。

制度上の取り決めがその国に適しているかどうかは、その国の経済発展の水準やこれまでたどってきた歴史にも左右される。アレクサンダー・ガーシェンクロンの有名な言葉にあるように、経済発展が遅れている国には大きな銀行や政府主導の投資など、産業化の先鞭をつけた国々とは異なる機関や制度が必要だ。[21] 彼の主張の正しさは概ね証明されている。ただ、急速に成長している発展途上国の間でも、制度のバリエーションは大きい。ある国で機能している制度が、別の国で機能することはめったにないのだ。

最も成功した発展途上国の一部の国が、どのようなやり方で世界経済に参入してきたのかを考えてみよう。韓国と台湾は一九六〇~七〇年代にかけて、企業の海外展開を後押しするために輸出補助金を多用しつつ、輸入規制に関しては徐々に緩和していった。中国は経済特区を設け、その特区の中で輸出志向の強い企業は国有企業や国内市場に特化した企業とは異なるルールでの事業運営が許された。これらの国とは対照的に、チリは教科書通りのモデルに従い、輸入障壁を大幅に引き下げ、国内市場で自国の企業を外国企業と直接競わせた。チリの戦略を中国で実施すれば、災難を招いていただろう。国有企業では数百万人規模の労働者が職を失い、測り知れない社会的影響があったはずだ。一方で、中国のモデルもチリではうまくいかなかったはずだ。多国籍企業が進出しようと思わない小さな国だからだ。

アルベルト・アレシナとエンリコ・スポラオーレは選好の違いと規模の利益がどのように相互作用し、国家の数と規模を内生的に決定するのかを調べた。彼らの基本モデルにおいては、個人は公共財（私が本書で使っている言葉に置き換えると、国が提供する固有の制度上の取り決め）に対して、それぞれ異なる選好のタイプがある。[22] 同じ公共財が与えられる人口が多ければ多いほど、公共財一単位の費用は下がる。一方、人口が多ければ多いほど、提供される特定の公共財が自分の選好には合わないと感じる人の数も増える。より小さい国の方が、国民のニーズにはうまく応えることができる。最適な管轄区域（国民国家）の数には、規模の大きさがもたらす利益と公共財の選好の違いに伴うコストの間のトレードオフがあるというわけだ。

二人のモデルから得られる重要な分析的知見は、制度の選好に違いがあるとき、市場の規模を基準にして最適化して（さらに管轄権の分割を取り除いて）も、あまり意味がないということだ。このフレームワークを使ったところで、現在の国の数が多すぎるのか少なすぎるのかはわからない。ただ世界の政体が分割されているのは、制度上の取り決めを少なくとも原則的にはその地域の選好とニーズにより合わせている代償だということを示唆している。

いまだ残る距離の影響、収斂の限度

我々はニーズや選好の違いを議論する際のある重要なただし書き、つまり共同体を分割する多くの差異の内生的性質について考える必要がある。文化や宗教、言語が国民国家の副産物という側面を持つというのは、ナショナリズムに関する研究においてこれまでずっと扱われてきた古いテーマだ。エルネスト・ルナン以降、ナショナリズムの理論家は文化的差異というのはもともとあるものではなく、国の政策によって人為的に生まれたものかもしれないと強調してきた。特に教育は、国家のアイデンティティの形成に最も大きな影響を与える。民族性にはある程度外生的な側面があるものの、それがアイデンティティを決定づけるのは国民国家の力の作用でもある。自分自身をイスラム教徒と定義するトルコの住人は、潜在的にはグローバル・コミュニティの一員であるものの、「トルコ人」はトルコ人の国家に一番の忠誠心を持っている。

ほぼ同じことが、共同体の間で違いが生じるほかの特徴にも言える。もし貧しい国々が所得水準が低いという理由から生じる固有の制度的ニーズを持っているならば、所得水準が次第に追いつくにつれて、その固有のニーズはなくなることが予想されるかもしれない。もしそれぞれの社会がリスク、安定性、公正などの点で異なる選好を持っているならば、管轄権の境界線をまたいだコミュニケーションや経済的交流が活発になった結果、それらの差異も解消されていくことが同様に予想されるかもしれない。明日の違いは、きょうの違いほど大きなものではないかもしれない。人々が地域のくびきから解放された世界では、彼らは地域の特異性や偏見からも解放される。個人間の差異は引き続き存続するものの、どこに住んでいるかとは必ずしも関連がなくなる。

こうした議論にも一定の真理はあるが、明らかに輸送コストや通信コストが下がり、人為的に作られた障壁がなくなっているにもかかわらず、地理的な距離が相変わらず地域が持つ特色の大きな原因となっていることを示す多くの証拠に打ち消される。このテーマで最も際立った研究を発表したのは、アンヌ＝セリア・ディスディエールとキース・ヘッドの二人の経済学者で、距離が国際貿易にどのような影響を与えるのかについて長期間にわたって調べた。[23] 相手国との地理的距離が大きくなるにつれて二国間の貿易量が減るという関係性は、国際貿易の実証研究の分野で確立されている。距離の弾力性は一般的にはおよそマイナス一・〇、つまり距離が十パーセント増えると、貿易量は十パーセント減ることになる。これは非常に大きな影響と言える。その背後にある要因は、輸送コストや通信コストだけではなく、親交の欠如や文化的差異だと推定されている（言語の違いは個別の要因として考慮されていることが多い）。

ディスディエールとヘッドは、異なる時期の貿易データを扱った百三の研究論文の中から、千四百六十七ケースの距離の影響を集めてメタ分析を実施し、驚くべき結果を明らかにした。距離は十九世紀後半よりも、今の方が貿易量に大きな影響を与えているというのだ。距離の影響は一九六〇年代から大きくなり、それ以降、影響はずっと大きいままだ（図2・4を参照）。どちらかと言うと、グローバリゼーションは地理的距離が経済交流に与えるペナルティーを大きくする方向に作用したようだ。この逆説は、マティアス・ベルセロンとキャロライン・フリューンドによっても裏付けられており、彼らは一貫性のある貿易データを使い、一九八五〜一九八九年の期間から二〇〇一〜二〇〇五年の期間にかけて、距離の弾力性がマイナス一・七からマイナス一・九に（絶対値で見て）高まったことを突き止めた。ベルセロンとフリューンドは、これは弾力性の低い財から高い財に貿易の構成が変化したからではなく、およそ四割の産業で「距離が貿易に与える影響が大きくなった」ためだということを明ら

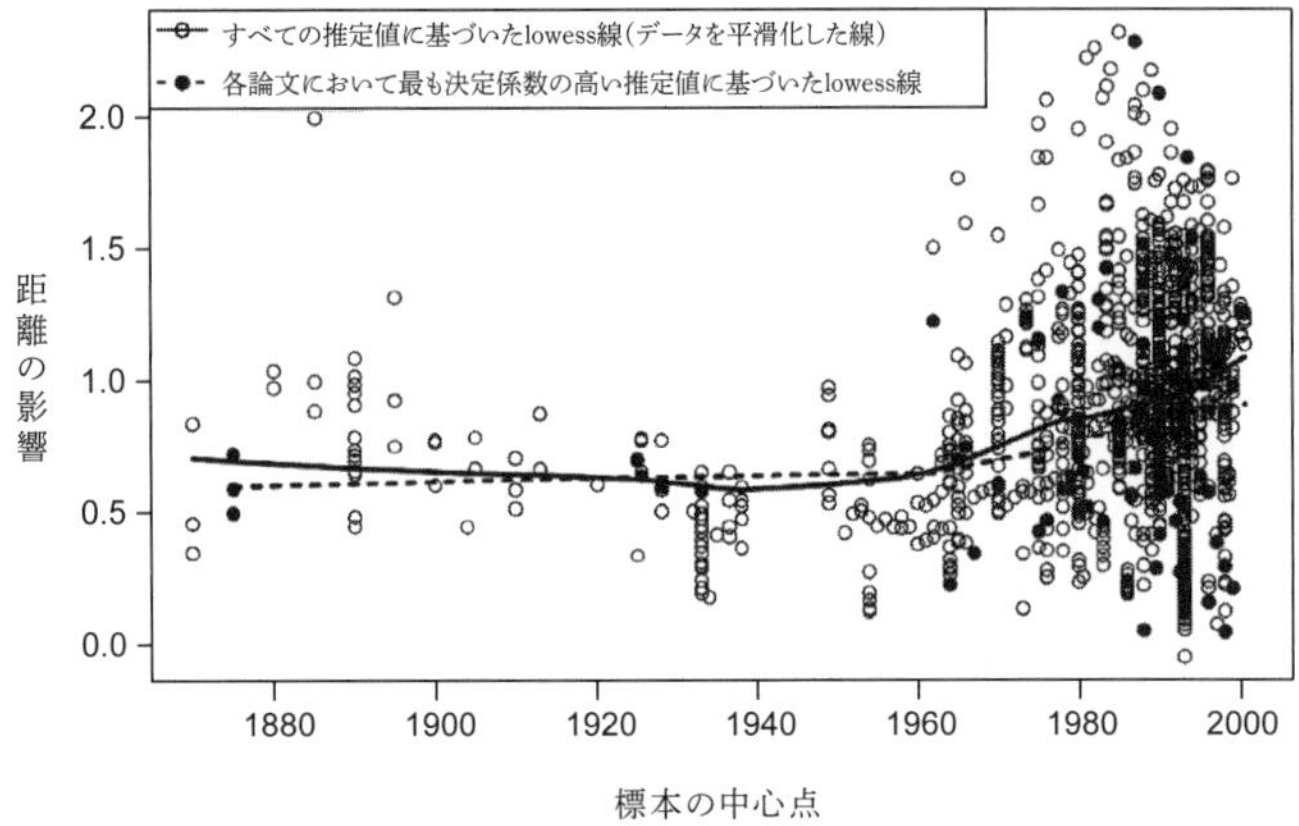

図2・4　推定される距離の影響

Source: Disdier, A.-C., and Head, K. 2008. "The Puzzling Persistence of the Distance Effect on Bilateral Trade," *The Review of Economics and Statistics* 90(1): 37–48. With permission from MIT Press Journals.

かにした。[24]

この謎についてはしばらく脇に置いておいて、今度は全く異なる種類の証拠に目を向けてみよう。[25]一九九〇年代半ば、トロントのある郊外で進められた新規の宅地開発において、興味深い実験が行われた。それぞれの住宅には最新のブロードバンドの通信インフラが最初から組み込まれ、多くの新しいインターネット技術が導入された。ネットヴィル（仮名）の住人は、高速インターネット、テレビ電話、オンラインのジュークボックス、オンラインの医療サービス、ディスカッション・フォーラム、そして一連の娯楽・教育アプリケーションにアクセスできた。こうした新しいテクノロジーによって、その町にはグローバル市民を養成するための理想的な環境が整えられたのだ。ネットヴィルの住人は、距離がもたらす圧制から解放された。まるで隣人同士のように、世界中どこにいる人ともコミュニケーションが可能で、自分たち自身の地球規模の人的ネットワークを構築し、サイバー空間におけるバーチャル・コミュニティに参加することもできる。このような環境の中では、住人たちはローカルではなくグローバルな立場から自分たちのアイデンティティや関心を定義し始めるに違いないとあなたは予想するかもしれない。

ところが現実は、全く異なる様相を呈した。通信会社が引き起こした技術的トラブルによって、ブロードバンド・ネットワークにアクセスできない家庭が出てきた。そのおかげで、研究者はネットワークにつながっている家庭とそうでない家庭を比較する機会が与えられた。その結果、ネットワーク環境がもたらす影響について、ある結論が導き出された。ネットワークにアクセスできる人々は、町のほかの住人とのつながりが希薄になるどころか、社会的なきずなをますます深めていたのだ。ネットワークにアクセスできない住人と比べて、近隣住人のことをより認識しており、互いにもっと頻繁に会話をし、訪問し合い、電話をかけ合っていた。地元のイベントを催し、周囲の人々を動員して共通の問題に対処する頻度も多かった。バーベキューの開催や子供たちの宿題の手伝いなど様々な社会活動を容易にするために、コンピュータのネットワークを利用した。ある住人の言葉を借りると、ネットヴィルは「多くのほかのコミュニティでは見られないほどの親密な人間関係」を誇示したのだ。グローバル社会への参加とグローバルなネットワークの形成を期待された環境整備が、実際には町の住人同士の社会的なきずなを深める結果となった。

距離の影響が健在であることを示す例は、ほかにもたくさんある。ある研究では、インターネット上に強力な「重力」効果があることを突き止めた。「言語や所得、移民の割合などの影響を取り除いても、米国人は近隣国のウェブサイトをより利用する」というのだ。[26] 音楽やゲーム、ポルノに関連するデジタル商品の利用に関して、〔サービス提供者との間の〕物理的な距離が十パーセント増えれば、米国人がそのウェブサイトを利用する可能性は三十三パーセント減る。つまり、財の貿易よりも（絶対値で見て）大きい距離の弾力性を示している。

輸送コストや通信コストが明らかに減少したにもかかわらず、世界規模で取引されている製品の製造場所は、地域が持つ集積効果によって決まることが多い。ニューヨーク・タイムズが最近、なぜアップルのアイフォンが米国ではなく中国で製造されるのかを調べた際、その理由が比較優位とはほとんど無関係であることがわかった。中国では非公式にフォックスコンシティという名称で知られるコンビナートにおいて、大規模なサプライヤー、エンジニア、献身的な労働者のネットワークが発展しており、米国とは比較にならない利益をアップルにもたらしていたのだ。[27]

さらに大きな観点から見ていくと、財や資本、技術の市場がより統合されるにつれて、所得や生産性は必ずしも同じ水準に収斂する傾向を見せるわけではない。世界経済に訪れた最初のグローバリゼーションの時代には、産業化している国を中心、一次産品の生産に特化した後進地域を周辺として、両者の間の格差は大きく広がった。同様に、経済の収斂は戦後においては当たり前ではなく、むしろ例外だった。経済発展はおそらく、国内の出来事にかつてないほど左右された。もし世界経済に所得や生産性の均一化を促す影響があっても、それはせいぜい部分的な影響にすぎず、逆の方向に作用する多くのほかの影響に相殺されてしまうのだ。

物理的な近さに基づいた関係は、均一化とは逆の方向に作用する影響を持っている。ほとんどとは言わないが、多くの取引は教科書のような匿名の人々による市場ではなく、人間関係に基づいている。人間関係は地理的な距離によって守られる。エド・ラーナーが述べたように、「物理面でも、文化面でも、情報面でも、地理は競争を制限する。お互い近くに住む売り手と買い手の間には、コスト面で有利な関係性が生まれるからだ」[28]。一方で、人間関係が地理に役割を与える側面もある。いったん関係性に特有の投資がなされると、地理はより重要になる。アイフォンはどこでも製造することができたが、いったん地元のサプライヤーとの関係性が確立するとロックイン効果が生まれ、アップルがほかの地域に製造拠点を移すことは難しくなるのだ。

技術の進歩が、人間関係の重要性にどのような影響を与えるのかは判然としない。一方で、輸送コストと通信コストの減少は、市場における関係性が距離によって守られる効果を弱め、国境を越えるような長距離の関係性を築くことを容易にするかもしれない。他方で、フォード型の大量生産から新しい分散型の学習に移行するにつれて複雑性と製品の多様性が増すことで、空間的に仕切られた中での人間関係の相対的な重要性も大きくなる。新たな経済は暗黙知や信頼、協力の上に成り立っている。それらは今でも個人同士の付き合いに依存している。ケヴィン・モーガンが述べたように、空間的に遠くまで届くことは「社会的深さ」とは等しくないのだ[29]。

市場の分割は経済活動における自然な特徴であり、国家によって管轄区域が分割されていなくてもそれは変わらない。グローバリゼーションは必ずしも、経済の収斂や選好のすり合わせをもたらすわけではないのだ。

実験と競争

最後に、制度にただ一つの理想的な形はなく、多様性が例外ではなく通常であるならば、世界の政体の分割にはさらなる利点が生まれる。制度の実験や制度相互の競争と学び合いが可能になるのだ。確かに社会ルールである以上、試行錯誤に伴う損失は大きいかもしれない。それでも国家間における制度の多様性は、現実の生活における実験室に限りなく近い。ジョサイヤ・オバーは紀元前八〇〇～三〇〇年にかけて、いかにギリシャの都市国家間の競争が市民権や法、民主主義における制度のイノベーションを促し、古代ギリシャの相対的な繁栄を支えたのかを論じた。[30]

ただ、制度間の競争には不快な側面もある。その一つが十九世紀に唱えられた国家間のダーウィン的生存競争の考えだ。戦争とは人類が進歩し、自己実現するための争いだという考え方だ。[31] 同様に愚かな（それほど血なまぐさくはないが）現代版のこの種の考え方は、グローバルな商取引をゼロサムゲームだとみなす国家間の経済競争という考え方だ。いずれの考え方においても、我々を唯一の完璧なモデルに導くことが競争の目的であるという信念に基づいている。ただ、競争にも様々なやり方がある。「独占的競争」と呼ばれる経済モデルにおいては、生産者は価格だけではなく、製品をほかの生産者と差別化することによって違いを生むことでも競争する。[32] 同様に、私が前述したような観点に沿って差別化された制度上のサービスを提供することで、国の管轄区域相互も競争することができる。

ただ、制度間の競争には底辺への競争を誘発するという懸念が常につきまとってきた。資本や多国籍企業、スキルを持つ専門家など移動可能な資源を惹きつけるためにほかの管轄区域を出し抜こうという不毛な動機から、自国の基準を引き下げ、規制を緩めようとするかもしれない。こうした考え方はまたしても、制度上の取り決めの多面的な性質を見落としている。厳しい規制や基準というのは、おそらくある目的を達成するために導入されていると考えられる。規制に伴う欠点を補うような利点をほかの形で提供しているのだ。誰もが好きな速度で自由に運転したいと思うかもしれないが、全く速度制限のない国に移り住むという人はほとんどいないだろう。命にかかわるような交通事故が、より頻繁になるからだ。同様に、より厳格な労働基準があることで、労働者はもっと幸せで、もっと生産的になるかもしれない。より厳格な金融規制があることで、金融システムはより安定したものになるかもしれない。税率が高いことで、学校やインフラ、公園などのアメニティを含めた公共サービスの質は高まるかもしれない。制度間の競争は、頂点への競争を助長することもありうるのだ。

ある種の底辺への競争が実際に再現されている唯一の分野は法人税だ。一九八〇年代初頭から、世界中がこぞって法人税を大幅に引き下げたが、その中で税率競争が果たした役割は大きい。ＯＥＣＤ加盟国を調べた研究によると、ある加盟国が法定の平均法人税率を一ポイント引き下げると、自国も追随して税率を〇・七ポイント引き下げることが明らかになった。[33] 自国の資本規制を撤廃した国の間においてのみ、そうした国際的な税率引き下げ競争が行われることをその研究は示している。資本規制が導入されている国では、資本や利益は国境を越えて容易には移動できず、資本税に対する下押し圧力は働かない。つまり、資本規制の撤廃が法人税率引き下げを促す一つの要因になっているようだ。

他方、労働基準や環境基準、金融規制においては、同じような底辺への競争が起こるという証拠はほとんど見つかっていない。国の政府によって提供されるサービス（もしくは公共財）が持つ地理的に制限されているという性質から、底辺を競い合う衝動は自然と抑えられる。そうしたサービスを受けたければ、その管轄区域に属していなければならない。ただ法人税率の競争は、費用をきちんと負担せずに便益だけかすめとることが可能であるということを改めて認識させてくれる。国際貿易は現地調達を完全に代替するわけではないが、企業が税率の低い管轄区域に属しながら、税率の高い市場に財やサービスを供給することを可能にする。問題となっている制度上の取り決めに国民の間の「連帯意識」を強める動機があり、（いろいろな種類の税金のように）明らかに富の再分配機能を有する場合、そうした問題は特に深刻になる。そのような場合、結果的に国境における規制を強化することにはなるものの、「規制アービトラージ」を防ぐことの方が望ましくなる。

グローバル市民は何をするのか？

本章の冒頭で紹介したテリーザ・メイのコメントに再び戻ろう。「グローバル市民（global citizen）」になるとは、果たして何を意味するのだろうか？　オックスフォード英語辞典では、「citizen」とは「法的に認められた国家や共和国の国民」と定義づけられている。つまり市民という身分は確立した政体――「国家や共和国」――を前提としており、市民はその一員である。国にはそうした政体があるが、世界にはそうした政体は存在しない。

グローバル市民の支持者は、その文字通りの意味を想定しているわけではないとあっけなく認める。彼らは比喩的に考えているだけだ。通信における技術革命と経済のグローバル化が、異なる国々の市民を一つにまとめたと彼らは主張する。世界は小さくなっており、我々は自分の行動が世界に与える影響を考えながら行動しなければならない。さらに我々は全員、複数の重複するアイデンティティを持っている。グローバル市民というアイデンティティは、人々が負う地元や国に対する責任を押しのけるわけではないし、そうする必要もない。

言っていることはもっともだ。ではグローバル市民は実際に何をするのか？

本来の市民という身分においては、共有する政治共同体の中でほかの市民と相互にかかわり合い、熟議し合うことになる。つまり説明責任のある政策決定者を擁し、政策の結果を決めるために政治の場に参加することを意味する。その過程では、どんな目的や手段が望ましいのかをめぐって自分の考えが他者の考えとぶつかり合い、試されることになる。

グローバル市民は、同様の権利や責任を負っていない。誰も彼らに対しては説明責任を負っておらず、彼らが自分たちを正当化しなければならない相手もいない。せいぜい、思いを共有するほかの国の同志たちとコミュニティを形成するだけだ。仲間はどこの国の市民でもなく、ほかの国の自称「グローバル市民」だ。

もちろん、グローバル市民も自分たちのアイデアを実現するために、国内の政治制度に参加することはできる。ただ、政治の代表者はあくまで自分たちを選んでくれる人々の利益に資することを目的として選ばれている。国の政府というのは、あくまで国益に目を配る存在であり、それで正しいのだ。国内の行為が他国にもたらす影響を考慮に入れることで、有権者は啓蒙された利己心を持って行動するかもしれないという可能性を否定するわけではない。

ただよくあるように、国内の人々の幸福が他国の人々の幸福と衝突するとき、何が起こるだろうか[34]？　そうした状況で同胞を無視することこそが、いわゆる世界主義のエリートのイメージを損ねている原因ではないだろうか？

各国の政府が自分たちの狭量な利益を追求すれば、グローバル・コモンズ（人類全体が共有する資産）の利益が損なわれるかもしれないと、グローバル市民は憂慮する。気候変動やパンデミック（世界的な感染症の流行）など、本当にグローバル・コモンズを侵しかねない問題においては、こうした懸念は確かにあるだろう。ただ税や貿易政策、金融システムの安定、財政・金融政策の運営など大半の経済分野では、グローバルな観点から理にかなっている行動は、国内の観点からも理にかなっている。経済学者は各国は国境の開放や良識的な規制、完全雇用政策を維持すべきだと説くが、それはそうした政策が他国にとって良いからではなく、国内の経済のパイを大きくすることに資するからだ。

もちろん、政策の失敗（例えば、保護主義など）はそれらどの分野でも起こりうる。ただ、そうした失敗は国内のガバナンスの不備を反映しているにすぎず、コスモポリタニズム（世界主義）の欠如を反映しているわけではない。政策の失敗は、政策を担うエリートが国内の有権者に政策の利益を納得させることができなかった、もしくは彼らが誰もが確実に利益を享受できるよう、政策の調整を行おうとしなかった結果、起きたことだ。

そうした場合──例えば、貿易協定の締結に向けて努力しているとき──に、自分たちの実力で政策論争に勝つのではなく、コスモポリタニズムを楯に取るのは正しいやり方ではない。気候変動の解決に向けた取り組みなど、本当にコスモポリタニズムが必要なときにその価値を下げることになる。

哲学者のクワメ・アンソニー・アッピアほど、様々なアイデンティティ（特定の地域、国家、グローバルなど）の間の緊張関係について、優れた洞察力で説き明かした人はいないだろう。メイ首相の言葉に対して、彼は「地球規模の課題を抱え、国家が相互に結びついた」この時代において、「人類による運命の共有という感覚の必要性はかつてないほど大きくなった」と答えた。[35] この彼の言葉に異議を唱えるのは難しい。

人類全体を愛すれば愛するほど、特定の人々を好きではなくなることを発見したフョードル・ドストエフスキーの『カラマーゾフの兄弟』の登場人物のように、コスモポリタンたちは受け取られがちだ。グローバル市民は自分たちの崇高な目標を、同胞に対する義務から逃れる言い訳にしないよう細心の注意を払うべきだ。

我々はすでにあるこの世界、政治的に国家が分割されたこの世界に住む以外の選択肢はない。我々が住む場所は、頭の中に思い描いている理想の世界ではないのだ。世界の利益に資する最善のやり方は、すでに存在し、国境の内側にある政治制度において自分たちに課せられた大切な責務をしっかりと果たすことだ。

国民国家を必要としているのは誰なのか？

制度設計は基本的なトレードオフの上に成り立っている。一方で、人間関係と選好の違いが、より身近な機関にガバナンスを委ねる作用をもたらす。他方で、市場統合の利益の大きさと範囲が、自分たちから遠く離れたより大きな存在にガバナンスを委ねる作用をもたらす。端点解〔一方をゼロとする極端な解〕が最適な解であることはめったにない。様々な政体に分かれた世界という中間の結果が、可能な範囲で最善なのだ。

この単純な点から学べる教訓を生かさなければ、我々は袋小路に入り込む。ガバナンスが効かないレベルまで市場統合の範囲を拡大し、それぞれの地域のニーズや選好の多様性を無視したグローバルなルールを導入し、世界や地域レベルでのガバナンスをしっかりと確立していないのに、国民国家を軽視するという愚を犯す。手つかずのままのグローバリゼーションの病と世界中の民主国家の健全性の低下は、こうした失敗こそが根本原因なのだ。

国民国家を必要としているのは誰なのか？　答えは我々全員だ。

ユーロ圏は過去に前例のない実験だった。加盟国は単一の統合市場——財、サービス、通貨における——を作ろうとしながら、政治的権限はそれぞれの国の手に残された。市場は一つだが、政体は数多くあるという状態だ。

歴史的に最も類似した制度は金本位制だ。金本位制の下では、各国は実質的に自国の経済政策よりも、金に対する自国通貨の価値を固定し、資本の自由な移動の要件を満たすことを優先した。金平価〔通貨一単位の価値と同等と定められる金の重さ、またそれに基づいた各国通貨の交換比率〕が変わらないようにすることが金融政策の目的だった。反景気循環的な財政政策や社会保障制度という概念はなく、こうした取り決めに付随して政策の自由裁量を失うことにもほとんど政治的コストはなかった。少なくとも当時はそう思えた。一九三一年の英国を皮切りに、金本位制は最終的には瓦解した。国内の失業対策を優先して、金平価を維持するために必要だった高い金利を政治的に維持できなくなったためだ。

金本位制の灰の上に作られた戦後の新たな仕組みは、国の政治権力者による経済運営を容易にするよう意識的に設計された。ジョン・メイナード・ケインズが資本主義を救うために果たした注目すべき貢献は、彼が資本主義には国家による経済運営が必要であることを認識していたということだ。資本主義は一国の中でのみうまく機能するものであり、国同士の経済交流は国内の社会的、政治的契約を過度に侵害しないよう規制しなければならない。

欧州の単一市場計画、そして単一通貨はさらに輪をかけて、こうした理解に真っ向から反対する取り組みだった。どういったナラティブであれば、そんな危険領域に思い切って飛び込むような社会実験が理にかなったのか？　可能性のあるナラティブについて考える価値はあるだろう。

我々は何を考えていたのか？

保守的な経済学者の間でおそらく最も支持されている理論は、ケインズ主義的な世界観を否定し、政策の中心に再び「自己均衡的市場」を祀っている。この世界観の中では、明らかな市場の機能不全――金融やマクロ経済における好不況のサイクル、不平等、低成長――は市場の失敗によってもたらされたのではなく、第一に過度な政府の介入によるものだと考えられている。金融市場のモラルハザードや制度化された労働市場、反景気循環的な財政政策、高い税率、社会保障制度などを廃止すれば、あらゆる問題は雲散霧消するというのだ。

この完全な自由市場の世界では、国家レベルであれ欧州レベルであれ、経済運営の出る幕はない。単一市場と単一通貨は、政府をふさわしい役割に引き戻すだろう。つまり、ほとんど何もしなくなるということだ。超国家的な政治機構は良くても邪魔な存在であり、最悪の場合は有害ですらある。

第二の理論は、欧州は最終的に準連邦制の政治機構を発展させ、国を越えた民主主義を実現するというものだ。確かに単一市場と単一通貨の誕生により、市場の範囲と政治機構の影響力が及ぶ範囲の間には不均衡が生まれた。ただ、これは一時的な現象にすぎない。やがて制度上のギャップは解消され、欧州は欧州全土をカバーする政治圏を発展させるだろう。銀行業や金融だけではなく、財政政策や社会政策も汎ＥＵ的なものになるのだ。

こうしたイメージは、ＥＵの加盟国相互で異なる複数の社会モデルが、概ね一つに統合される未来を予見させるものだ。各国における税制、労働市場の取り決め、社会保険の仕組みの違いは、解消されなければならない。さもなければ、それらの制度を共通の政治の傘の下に入れ、共通の財源を使って制度を運用することが困難になる。自国の独自性を意識する英国はこのことをよく理解しており、範囲を限定した経済統合を常に求め、政治統合を匂わせるものにも抵抗した。

これら二つの理論――ミニマリズムとフェデラリズム――はいずれも、あまりおおっぴらには主張できない。批判や反対が殺到するからだ。ミニマリズムの経済モデルに惹きつけられているのは、狭い経済学者のグループだけだ。フェデラリズムの経済モデルは、将来のＥＵの政治形態に関して親ヨーロッパ的なエリートたちの間ですら、大きく意見が分かれている。お偉い方々が集まる場では、この二つの相反する（ただ、少なくとも目的は共有している）ビジョンは幅広く議論されることすらなかった。そうした事実こそが、何か大切なことを示唆している。いずれの理論も、ユーロ圏の制度上の不均衡の実践的な解決策にはなっていないのだ。ただ、公の場で議論や討論がなされていないということは、いずれの理論もはっきりと拒絶されることがないということだ。つまり、いずれの理論の正統性も水面下では生き残っており、理論の信奉者にＥＵの仕組みがまだ持続可能であるというある種の安心感を与えている。

ユーロ圏が抱えている問題――経済面ではデフレや失業、経済の停滞、政治面では有権者の不満や過激主義政党の台頭など――は、もはやそうしたあいまいな状況を許さない切羽詰まった段階まで来ている。

構造改革の果たされない約束

欧州の喫緊の課題は、いかにして再び経済を浮揚させるかだ。ドイツなどの債権国は、構造改革として知られている政策群の中にその答えがあるという考えにあまりに長く固執してきた。

今ではどの国でも、構造改革——より正確には構造改革をめぐるやり取り——が行われている。経済を成長させようと悪戦苦闘しているすべての国が、チャタリング・クラス〔政治・社会問題などに対して冗舌に論じる教養の高い人たちのこと〕や豊富な資金を持つＩＭＦ・欧州中央銀行などの国際金融機関から同様のメッセージを受け取っているようだ。つまり、中途半端な改革では物足りないということだ。

実際、構造改革とは生産性を引き上げ、経済の供給サイドの機能を改善する諸政策のことを意味するようになった。それらの政策は、労働や財、サービスの市場の機能を妨げるあらゆる障害を取り除くことを目的としている。例えば、企業が不要な従業員を解雇しやすくする、企業や労働組合の独占力を撤廃する、国有財産を民営化する、規制やお役所仕事を削減する、市場参入を妨げるライセンス料などのコストをなくす、裁判の効率性を改善する、所有権を守る、契約がきちんと履行されるようにする——こうしたことだ。構造改革に含まれる政策の範囲はさらに大きく、財政の持続可能性を目的とした税制や社会保障制度の変更を含むことも少なくない。

構造改革が最も重視している目標は、経済における労働と資本の配分の効率性を改善することであり、それらの経済資源が国民所得への貢献が最も大きい分野にきちんと配分されるようにすることだ。生産性の改善や民間投資の活発化、そしてもちろん経済成長率の上昇という物差しで政策の成否は測られる。

おそらく近年では、ギリシャほど構造改革の福音が熱心に説かれた国はないだろう。実際、構造改革を大胆に考えて過不足なく実行することが、経済の回復と成長には不可欠であり、（ギリシャの人々を納得させる極め付けの条件だが）改革を実行しなければ救済資金を提供しないと、ギリシャの債権者たちは明確に訴えた。

ＩＭＦと欧州の公的金融機関は、自分たちが処方した緊縮財政策が国民の所得や雇用を犠牲にするものだと理解していた（そのコストをあまりに過小評価していたことが、ＩＭＦによる調査で後に明らかになった）(1)。ただその代わりに、これまで必要にもかかわらず先延ばしにしてきたギリシャ経済の競争市場への開放が、経済の押し上げ効果をもたらすと主張した。

ギリシャに求められた具体的な施策は、ありきたりのものから大きな苦痛を伴うものまで様々だった。公証人や薬局、タクシーなどのサービス業の参入障壁の緩和、団体交渉の範囲の縮小、国有財産の民営化、年金の支給額削減、非効率で悪名高く、おそらく腐敗していた税務行政の改善（順不同）などが含まれる。なかでもＩＭＦのチーフエコノミストだったオリヴィエ・ブランシャールは、「プログラムを導入する前のギリシャの生産性の改善の惨めな実情」を鑑みると、そうした改革は不可欠だったと主張した(2)。潜在成長率に与える影響が限られ、より大きな債務の減免が必要になることから、野心を抑えた改革では不十分だというのだ。

部分的な記憶喪失

ところがそうした政策を処方した人々は、都合のいいことだけを覚えているように思える。遅くとも一九八〇年代初頭から、低成長（もしくはゼロ成長）の処方箋として構造改革が提唱されてきた。当時、世界銀行は「構造調整」融資を供与する条件として、アジアやアフリカ、中東の発展途上国に対して経済全般に及ぶ規制緩和改革を求めた。ワシントン・コンセンサスの傘の下、そうした政策は一九九〇年代のラテンアメリカで範囲を広げ、体系化された。かつて社会主義だった多くの国々でも、一九九〇年代の経済開放に伴い同様の政策が（一部の国では自発的に）採用された。

一九八〇年代以降、特にラテンアメリカやアジア、かつて社会主義だった国々で断行された民営化や規制緩和、自由化の顛末にきちんと目を向ければ、ギリシャの人々が我慢して受け入れるよう求められている改革に対してそれほど楽観的にはなれないだろう。

こうした国々の経験からわかることは、構造改革は良くても長期的な経済成長をもたらすにすぎないということだ。構造改革の短期的な効果は、マイナスであることの方が多い。かつて社会主義だった国々を調べた四十六の研究論文のメタ分析によると、構造改革の効果はそれぞれのケースによって異なることがわかっている。そうした効果のモード（最頻値）の推定値は、統計的に有意ではなかった。つまり、効果がプラスであるのかマイナスであるのか、確信を持って結論づけることが不可能だったということだ。(3)

例えばラテンアメリカでは、改革によって成長した国（チリなど）もあれば、成長が遅れた国（メキシコなど）もあった。

こうした結果は一見すると驚くべきことのように思えるかもしれないが、実際は経済理論が示唆する結果と矛盾しない。経済学者が複数の国の経済成長を分析する際に利用する標準的な収束理論のフレームワークでは、構造改革は短期的には力強く経済成長を押し上げる効果はほとんど期待できない。改革はその国の長期的な潜在所得を引き上げることによって、その効力を発揮するのだ。

ギリシャでは規制職種への参入規制を緩和すれば、より生産性の高い企業が非効率な企業を淘汰するだろう。また国有企業の民営化により、生産活動は合理化されるだろう（政治的なコネで雇われている過剰な人員は全員、解雇される）。ただ、こうした変化は経済全体に浸透するまでに、数年の期間を要する。短期的にはマイナスの影響を与えるかもしれないのだ。例えば、企業の民営化によって解雇された労働者分の生産高（どんなに期待外れの水準でも）が失われることで、国民所得は増えるどころか減ることになる。

経済が〔改革によって達成されるべき〕長期的な所得水準に収束する速度がどのくらいかを推定するために、経済学者はこれまで多大な労力を費やしてきた。これまでの研究によると、収束には時間がかかり、その速度は年間およそ二パーセント程度にすぎないというコンセンサスが概ね確立されている。(4) つまり、実際の所得水準と潜在的な所得水準のギャップは、毎年二パーセントほど縮小するというのだ。

この推定値から、構造改革によってどの程度成長率が改善するかを計測することができる。非常に楽観的だが、ギリシャが構造改革によって潜在所得を三年で倍増できる、つまりギリシャの一人当たり国内総生産（GDP）がEUの平均を大きく上回るようになると仮定しよう。収束速度の計算を当てはめれば、今後三年間の経済成長率の押し上げ効果は平均でおよそ年率一・三パーセントにすぎない。この数字を実際の数字と比較するために、ギリシャのGDPが二〇〇九年以降、二十五パーセント も縮小したことを忘れてはいけない。

つまり、もし構造改革がいまのところギリシャで奏功していなくても、その理由は必ずしも政府が怠慢だったからではない。構造改革に対して熱心ではなく、全く期待通りの成果が出ていないとして、歴代のギリシャ政権を非難するのはたやすい（が、非常に間違っている）。確かに、ギリシャ政府は導入すると同意した政策をすべて実行したわけではない。必要な努力の途方もない大きさを考えると、すべて実行できる政府など果たしてこの世界にあるのだろうか？　ただ、ギリシャは世界銀行が発表しているビジネスがしやすい環境の国ランキングで、二〇一〇〜一五年にかけておよそ四十も順位を伸ばした。[5] めざましい改善と言ってもいい成果だ。今のギリシャの労働市場は、ほかのユーロ圏の国々と比較してもより「柔軟になった」（自由化された）。ギリシャの「失敗」は、構造改革のロジックそのものが原因なのだ。多くの改革は身を結ぶまでに時間を要し、債権者（と職を失ったギリシャの人々）が最も必要としている期間ではその成果は現れない。

離陸？

ここで明らかな謎が残る。東アジアなどの地域では、急に経済が離陸したケースがいくつもある。もし構造改革の成果が経済成長という形で結実するのに時間がかかるのであれば、これらの国のケースはどのように説明すればいいのだろうか？　もしそうした経済の離陸が通常の構造改革の産物ではないのであれば、いったい何がそうした成長率の変化を促したのか？

十年ほど前、リカルド・ハウスマン、ラント・プリシェットと私の三人はある論文を発表し、我々が「成長の加速」と名付けた現象に関する基本的な定型化された事実を立証した。[6] 一人当たりGDPの成長率が二ポイント以上改善することを、成長の加速と定義し（我々が発見した多くのケースにおいて、成長率の改善はその数字を大きく上回っていた）、成長の加速と認められるためには、成長率の改善が少なくとも八年間持続しなければならず、加速後の（一人当たり）成長率は少なくとも三・五パーセントを上回らなければならない。さらに、単に不況からの回復によって成長率が加速したケースを除外するために、加速後のGDPが加速前のピークを上回っていることを要件とした。

驚くべきことに、こうした成長の加速はこれまで頻繁にあったことがわかった。一九五七〜九二年までの三十五年間で、八十以上のケースを発見した。つまり、ある国が十年の間に成長の加速を経験する確率は、二十五パーセントにもなるのだ。サンプルに含まれる百十カ国のうち、六十カ国がその期間に少なくとも一度の成長の加速を経験した。

さらに重要なことに、経済学者が経済成長において重要な役割を果たすと考えている通常の要因は、成長率の加速を予見する上ではあまり役に立たないことがわかった。特に構造改革は、経済成長の転換点とは弱い相関しか見られなかった。大規模な経済の自由化を実施したケースでは、十五パーセント以下のケースでしか成長率の加速は見られず、成長が加速したケースのうち、たった十六パーセントでしか加速以前に経済の自由化を実施していなかった。

明らかに偶発的な外部環境の変化（その国の代表的な輸出品の世界価格の上昇など）や経済政策とは直接関係のない変化（政治体制の変革など）によって、経済成長が加速したケースも見られた。ただ、ほとんどのケースで急成長の要因が明らかではないため、我々は経済の見通しが急に明るくなったときに、その背後で何が起きているのかを考えた。

一九八〇年代初頭におけるインドの成長率の加速は、おそらく典型的なケースだ。インドの成長率は一九五〇〜八〇年にかけては一・七パーセントにすぎなかったが、一九八〇〜二〇〇〇年にかけては三・八パーセントと二倍以上に上昇した。一九八一〜八二年がその明らかな転換点だった。ところが、インドで大規模な経済の自由化改革が断行されたのは、マンモハン・シン首相が貿易障壁を取り下げ、海外からの投資を歓迎し、民営化を開始し、嘲りを込めてライセンス・ラージ〔英国からの独立以降、インドでビジネスを始めるのに必要とされたライセンスや規制などのこと〕と呼ばれていたものを撤廃した一九九一年だった。つまり、インドの成長率の改善は一九九一年の自由化を丸十年も先行していたのだ。アーヴィンド・サブラマニアンと私は、インドの経済成長のきっかけは一九八〇年に中央政府の側が民間部門に対する態度を変えたことだと結論づけた。[7] それまで与党国民会議派のレトリックは社会主義一色で、貧困層を擁護する政策ばかりだった。一九八〇年にインディラ・ガンディーが政権に復帰すると、彼女は以前のレトリックは使わず、民間の組織部門〔規模の大きな企業〕と足並みをそろえる方向に政治的立場を変えた。それまで完全に企業を敵視していた中央政府が、企業に対して協力的になったのだ。

これはあくまで企業寄りの政策転換であって、マーケット寄りの政策転換ではないことに注意してほしい。こうした動きはその十年後に導入されることになる抜本的な自由化改革では支持されなかった。インディラ・ガンディーが推し進めた政策は、一九八四年に首相になったラジーヴ・ガンディーによってよりはっきりとした形で強化された。ケインズが「血気《アニマル・スピリッツ》」と呼んだものをインドの民間部門で解き放った、重要な変化だったように思える。

インドのケースから学べる教訓は、複数の市場の歪みに苛まれている経済においては、小さな変化でも大きな成果を生み出すことができるということだ。一九七八年以降の中国の成長の加速は、まさにこのことを裏付けている。中国経済の離陸は、経済全体の改革や抜本的な自由化によってもたらされたものではなかった。集団農業のルールを緩和し、農家に（政府に課されたノルマを上回った）過剰生産物を管理されていない市場価格で売ることを認めた具体的な改革によってもたらされたのだ。それから三十年間、都市の工業発展、貿易、外国からの投資、金融などを標的とした同様の改革が次々と実行され、中国の奇跡は続いた。

もしくは、二十世紀のアフリカの数少ない成功事例の一つであるモーリシャスを考えてほしい。同国は一九七一年に成長の加速を経験した。大幅に規制を緩和した輸出品加工区を設けたことが、成長の加速を誘発したと見られ、ほかの分野の経済活動が強固に統制・保護されていた中、衣類の輸出の急増をもたらした。

これらのケースに共通しているのは、経済の離陸は成長の大きな障害となっていたものをピンポイントで取り除くことによってもたらされたということだ。決して広範囲の自由化や経済全体の改革によってもたらされたわけではなかった。インド、中国、モーリシャス、いずれの国も、経済成長の制約要因を取り除くことに明確に焦点を合わせた成長戦略によって利益を得たのだ。成長のリターンが最も大きい分野における改革を目標にすることが、初期の利益を最大化する。またそうすることによって、限られた政治資本や行政のリソースを本当に重要な取り組みに投入できるようになる。

最小の痛みで最大の利益を

二〇〇五年の論文では、リカルド・ハウスマンとアンドレ・ヴェラスコ、私の三人は特定の外部環境において、何が成長の制約要因となるかを突き止めようとした。(8) 例えば、資金を調達しにくいことが成長の主な制約要因となっている国の症状(高金利、海外資本が流入するかどうかに国内の投資が強く左右されるなど)は、民間投資の利益率の低さが主な問題となっている国の症状(低金利、銀行システムにおける豊富な流動性など)とは異なっているはずだ。ある国のアントレプレナーシップ〔起業家精神〕が政府の失敗ではなく、主に市場の失敗によって阻害されている場合、透明性や制度の質など標準的な信頼性の尺度においてランキングで上位に来ても、民間投資は低迷したままとなるだろう。

成長の制約要因に焦点を合わせることで、目標の定まっていない処方箋――広い範囲にわたる構造改革など――が良くても非効率で、逆効果になることもある理由がわかるようになる。もし金融サイドに制約要因がある場合、非効率な役所の仕事を効率化し、規制緩和をしたところで、民間の経済活動を活性化する上ではほとんど効果はない。起業家の期待利益率が低いときに、金融の仲介機能を改善したところで民間投資は増えない。政策がうまく機能するよう設計するには、ベストプラクティスや海外の経験を模倣した計画ではなく、国内での実験や地方における制度のイノベーションにもっと頼る必要がある。

ギリシャに話を戻すと、構造改革や緊縮財政策は導入されていたが、果たして何が経済成長の制約要因だったのか？　四分の一の労働力が失業している状況において経済を立ち直らせる最も手っ取り早い手段は、民間部門の労働需要を喚起することだ。月並みな構造改革など供給サイドの政策は、それほど効果的ではないだろう。なぜなら制約要因は経済の供給サイドではなく、総需要にあるからだ。既存の企業に顧客がいないときに職業規制を緩和しても、新たな企業による新規参入は増えないだろう。企業が従業員を解雇しやすくしても、投資や製造は増えない。ただ解雇を促すだけだ。こうした施策は長期的成長を促す上では役に立つかもしれないが、短期的にはあまり効果がなく、事態を悪化させる可能性すらある。

財政支出や減税、通貨安など伝統的な需要サイドの対策は、公的債務が増え、ギリシャがユーロ圏加盟国であるという理由から考慮されなかった。原理的には、賃金デフレはギリシャの財やサービスの海外市場での価格を引き下げる作用があることから、通貨安の代替策になり得た。実際、ギリシャの賃金水準は大幅に下がった。ただここでも、その制約要因に専心して取り組まなかったことが、大きな代償を生むことになった。

特に構造改革のメニューは、それぞれが輸出競争力に相反する影響を及ぼした。例えば製造業では、賃金削減による競争力の改善は、緊縮財政策や国営企業による価格調整に伴うエネルギー価格の上昇によって相殺された。(9) 改革における優先順位をよりはっきりとさせることで、輸出にこうしたマイナスの影響が及ぶことを防ぐことができたかもしれないのだ。

通貨安政策を実行できないことが、いまでもギリシャの経済回復を妨げる深刻な障害となっている。ただ、優遇税制や特区、対象を絞ったインフラ計画など、輸出促進には様々な代替手段があることを他国の経験は教えてくれている。ギリシャと債権者は、貿易可能な財やサービスを製造する業種の利益率の改善の重要性（と優先順位）の高さを認識した上で、その最も重要な課題を中心に改革を再編成すべきだった。

例を挙げると、ギリシャ政府は輸出を促進するプロジェクトに投資してくれる潜在投資家――国内と海外の両方――との対話をサポートする、首相直属の組織を立ち上げることができたはずだ。ほかの優先課題を持つ省庁が、その首相直属の組織の提案を頓挫させる事態を避けるために、同組織は実行過程で浮上する障害を除去する権限と能力を持つことになるだろう。克服すべき課題は通常、輸出を促進するプロジェクトへの投資に特有のもの――特区規制や職業訓練プログラムの欠如など――であり、広範囲に及ぶ構造改革の対象項目には入らないことが多い。障害を特定することに専念でき、それらを除去する能力の与えられた政府機関が必要なのだ。

ギリシャ経済の評論家の中には、そういった輸出促進策の価値をあざ笑う人もいる。ギリシャには輸出可能な財やサービスの種類が限られており、インセンティブに反応しないというのだ。ただ、他国の経験からははっきりとわかることは、輸出が低迷したままとは限らず、輸出できる製品の種類も全く変わらないわけではないということだ。輸出に対するインセンティブを大きく――そして信頼してもらえるやり方で――変えれば、輸出が数種類の伝統的な穀物に限られている国でさえ大きな反応をもたらし得る。台湾は一九六〇年代初頭に貿易が増え始めたが、それ以前には砂糖や米、そのほか数種類の製品しか輸出していなかった。

もっと身近な例で言えば、一九八〇年代初頭の改革まで、トルコのエリートの間では輸出に対して悲観的な見方が大勢だった。改革は輸出補助金が中心だったが、GDPに対する輸出の割合は急拡大した。台湾であれ、トルコであれ、ほかの国であれ、輸出の拡大を先導したのは伝統的な製品ではなく、新たな製品だった。実際に輸出に対するインセンティブを導入するまで、何が新たな輸出品になるのかを予測する単純な方法はない。ただ、何が輸出品になるのかわからないからと言って、新たな輸出品が誕生する可能性に対して悲観的になる理由にはならない。

今の成果、後の成果

最終的に、選択肢は二つのアプローチに絞られる。伝統的な構造改革のアジェンダは、「ビッグバン」——可能な限り多くを変え、可能な限り早く実行する——に頼っている。政治的観点から見ると、このアプローチは通常、金融危機によってもたらされた絶好の機会を利用したものだ。改革の主導者は平時に戻れば、この機会も失われるとビクビクしている。やり遂げた暁に得られると期待している大きな成果のためには、ビッグバン改革に伴う代償——失業率の上昇や回復の遅れなど——にも耐えられる。短期的なコストが大きくなっても改革が後退しないよう後押ししてくれる外部の支えがあるとき、この種の改革はおそらく最も成功する。

一九九〇年代初頭のポーランドがそのモデルと言えるだろう。欧米諸国から半世紀も隔離されていた同国は、ＥＵの加盟国になるという見込みと「普通の欧州の国家」になれるという期待感から、初期の段階では失業率の上昇と深刻な経済的混乱が伴う改革案をまとめ上げた。外部の支えがない場合、厳しい改革に対しては大衆の反発の方が優位になってしまう恐れが強い。一九八〇年代と九〇年代におけるラテンアメリカのボリビアとベネズエラは、後者のタイプだった。

二番目のアプローチはそこまで野心的ではなく、制約要因を順々に克服していくやり方だ。最初に良い結果を残せば、改革（と改革の主導者）に対して国民からの支持が徐々に得られるという期待感が、このスタイルの改革を支える政治的な戦略だ。もし制約要因を特定して改革の目標にできれば、初期の段階で成長に及ぼす効果が非常に大きくなる。

中国はまさにこのアプローチの典型例で、韓国や台湾、インドでも時期は違えど同様のアプローチが使われた。改革は局所的であるため、決して内部関係者（と市場支配力と政治人脈を利用して利益を得る彼らの力）を排除することはない。内部関係者は通常、改革の継続には全く熱心ではないため、改革が途中で頓挫し、初期の成長の成果が無駄になるリスクは常につきまとう。

ギリシャは一番目のアプローチを採用した。ギリシャ自身がその選択を自ら選んだというよりは、債権者がほかの選択肢をほとんど与えなかった。もしこれまでの改革の成果が芳しくないのであれば、それは最初から予見すべき理由からだ。ギリシャはこれから耐えなければならない痛みに耐えられるほど、ユーロ圏に残りたいという明確な意志（もしくは脱退することに対する強い不安）を持っているのだろうか？　その答えはこれからわかるだろう。

広範囲に及ぶ構造改革は、中長期的には望ましいのかもしれないが、需要不足という短期的な問題の解決にはほとんど役に立たない。生産性の改善を目的とする供給サイドの改革で短期的な問題に対処しようとするのは、ぬかに釘を打つようなものだ。本当に必要とされているのは昔ながらのケインズ政策、つまりユーロ圏全体の需要を押し上げ、債権国、特にドイツにおける消費を喚起する政策なのだ。

政治と民主主義への回帰

このように経済状況の診断を誤った最大の理由も、ＥＵ全体を包括する民主的な責任の欠如だった。厳しい政策によって生じるコストを失業率の高い債務国が中心となって負担する限り、ドイツの有権者が考えを改め、緊縮財政を求めなくなる可能性はほとんどない。つまり、超国家的な政治の欠如が経済危機をより深刻にし、失業率の高い国において国内政治の機能をさらに弱めるのだ。自分たちの決断がほかのユーロ圏の国に与えるコストを、ドイツの政策決定者に負わせるメカニズムはない。確かに緊縮財政策はドイツ自身の経済的利益の観点から見ても近視眼的だが、そうした政策に伴うコストの大半を負担するのはいずれにせよドイツではないのだ。

ドイツが構造改革を求めるのは、政治と経済いずれの理由からも、長期的な観点で考えるとずっと理にかなった行為だ。最終的に欧州の経済統合がうまくいくには、加盟国の社会・経済構造をより均質にし、(特に労働市場において) 制度をもっとすり合わせる必要がある。同じ屋根の下で長期間にわたって一緒に住み続けたいのであれば、ＥＵ諸国は互いにもっと似た国同士でなければならない。

我々は、なぜ加盟国が社会・経済構造をすり合わせる必要があるのかをよく理解するべきだ。多くの経済学者が考えるように、特定の経済社会モデルが優越性を備えているからではない。共通の統合市場が機能するためには、正統性が不可欠だという考えに基づいている。市場における勝ち負けが構造の違い——つまり一般的な言葉で言うと、不公平な競争環境——を映し出しているように見える場合、正統性を維持するのがますます困難になる。競争相手のコスト抑制や勤勉な努力、創意工夫の結果、自分が競争に敗れればその運命を不承不承ながら受け入れられるかもしれないが、相手国における労働基準の劣悪さや政府による莫大な補助金、規制による取り締まりの緩さが原因で競争に敗れたのであれば、システム自体に欠陥があると考えるだろう。他人がつらい時期に陥れば、私は喜んで手を貸すかもしれないが、手を貸す行為が他人の「無責任」や「不適切」な経済政策——自分とは異なる経済や社会の取り決め——を受け入れているように見えるのであれば、私は手を貸すのをためらうかもしれない。

利益を得ているほかの国の人々が自分たちより貧しければ（その意味でより「利益を得るのに値する」のであれば）、国を越えた連帯意識がある程度、不公平という感覚を薄れさせるかもしれない。ただ、我々の間にあるかもしれないそうした連帯意識だけでは、制度の大きな違いが市場に与える負担をすべて水に流すことはできないだろう。

経済統合の中で制度のすり合わせが必要だという議論は、財政や金融といった分野の統合だけにはとどまらない。ただ、共通の制度が最終的にどういった形を取るべきかについての答えは出ていない。ほかのEU諸国が、ドイツの社会の仕組みに合わせるべきなどと提案しているわけではない。共通の制度がどのような形を取るのか、それは民主的な熟議や決定を経て答えを出すべき問題だ。

ここでもまた、我々はEU全体を包括する民主主義の必要性に直面する。債務国が相対的に弱い立場にある中、そうした問題が権力者による専断や強制で決まれば、将来のリスクはますます大きくなる。例えば、一部の国があまり自国とは合わない制度上の取り決めを守るはめになり、やがて統合からはじき出されてしまう危険性がある。また、それなりの平時に戻ったときに、大衆が反発する危険性もある。そのほかにも、EUの内部に制度を見直し、修正する仕組みが備わっておらず、役目を終えた後も惰性で存続するような取り決めに縛られる危険性もある。

超国家的な民主主義の仕組みがなければ、短期的にも長期的にも悪循環が生まれる。目の前の経済危機を、いかにして乗り越えればいいのか？　永続性があり、ＥＵ全体を包括する制度上の取り決めを、いかにして構築すればいいのか？　国家主権を超越する仕組みを構築できなかったことで、ギリシャだけにとどまらず、欧州全体にとっても危機がさらに深刻化してしまった。

主権、経済統合、民主主義

全体を統括する政治機構に支えられた真の経済統合であれば、ギリシャやスペインなどが抱えている金融上の問題は、いまのようにＥＵの存続自体を脅かすほど大きくなることはなかったはずだ。米国では、フロリダがほかの州に対して抱えている経常赤字の推移を追っている人すらいないが、年金給付に頼る多くの退職者がほかの州からフロリダに移り住んでいることを考えると、赤字額が非常に大きいことは容易に推測できる。もしフロリダ州政府が破産しても、州の銀行は通常通り営業を続ける。なぜなら銀行は州ではなく連邦政府の管轄下にあるからだ。もしフロリダの銀行が倒産しても、州の財政に影響は及ばない。銀行に対しては連邦機関が最終的に責任を負うからだ。フロリダの労働者が失業したとき、失業給付は連邦政府から支給される。フロリダの有権者が経済状況に失望したとしても、州政府の建物の外で暴動を起こすことはない。彼らは連邦政府の政策を変えるよう、連邦議会の議員に圧力をかけるはずだ。米国の各州は、それほど大きな主権を持っていないのだ。

主権の行使を制限することが、必ずしも非民主的とは言えない。政治学者は「民主的委任」という言葉を使う。より良い結果を達成するために、主権者は（国際公約や自律した機関への主権の委任を通して）自らの手を縛った方がいい場合もあるという考え方だ。金融政策を独立した中央銀行に委託するのが、その典型的な例だ。物価の安定という目標のために、金融政策の日々の運営は政治とは切り離されている。

選択的に主権を制限することで、民主主義がよりうまく機能することはあるかもしれないが、市場統合に必要とされるあらゆる制限が民主主義をうまく機能させるという保証はない。国内の政治においては、主権委任は注意深く調整されるものであり、非常にテクニカルになりがちな問題や、政党間の考え方の違いが大きくない数少ない分野に限られる。同様に、真に民主主義の機能を高めるグローバリゼーションは、この境界をきちんと守る。国内における民主的熟議の質を高めるような（透明性や説明責任、代表性、科学的証拠の利用など）数少ない手続き上の基準とともに、民主的委任とは矛盾しない制限だけを課すのだ。本書の終わりでグローバリゼーションの改革を考察する際、この問題について再び言及するつもりだ。

では欧州の権限委譲の原則はどうなのだろうか？　ＥＵが行使できる権力を超国家的でなければならないことに制限することで、この原則は地方の自治と単一市場を同時に可能にするのではないか？権限委譲の考えそれ自体は間違いではない。ただ今回の欧州危機を通じて、欧州の経済統合の文脈の中では、いかに国家主権の余地が実際は小さかったのかが明らかになった。もはや財やサービス、資本、人に対する国境開放にとどまる問題ではない。単一通貨と統合した金融市場においては、労働市場のルールや銀行・金融規制、倒産手続き、大部分の財政政策も各国の間で調整することが必要とされる。その結果、ユーロ圏の国民国家は消滅することはないかもしれないが、政治や政策的な観点からは空っぽの器みたいなものになるだろう。その空白を補う形で、超国家的な政治の空間が拡大するのだ。

欧州危機から今日に至るまで、ＥＵの制度改革（銀行同盟、より厳格な財政の監督）は全く不十分なものだった。最も危機と関連が深い分野に努力の矛先が向かったことは理解できる。ただ多くの面で、一連の改革はＥＵの民主主義の赤字をますます大きくした。ＥＵ全体を包括する取り決めを、官僚主導で責任が伴わず、有権者との距離が大きいものにした。唯一の欧州全体の政治の場である欧州議会では、ＥＵに反対するグループの声が大きくなったが、民主主義の赤字が拡大したことがその背景の一つだった。

欧州のジレンマ

米国の例を見ればわかるように、主権を譲り渡すケースはある。フロリダやテキサス、カリフォルニアなどの州は、民主主義は堅持したまま主権を譲り渡した。ただ、市場の統合と民主主義を両立するには、住民を代表し、説明責任のある超国家的な政治機関の創設が必要となる。さもなければ、民主主義とグローバリゼーションの間の対立はより根深いものとなる。地方や世界レベルの民主主義の場の拡大によって補完することなく、自国内で政策に対する賛否を表明する機会を制限してしまうからだ。欧州はすでに、その対応を誤っている。

私はこうした現象を、世界経済の政治的トリレンマと名付けた。グローバリゼーションと民主主義、国家主権の三つを同時に維持することはできないのだ。我々はその三つの中から、二つを選ばなければならない。欧州ほど、このトリレンマがわかりやすい地域はない。欧州のリーダーが民主主義を堅持したいのであれば、彼らは政治統合と経済の分割という二つの道の中から一つを選ばなければならない。きっぱりと経済主権を放棄するか、もしくは自国民の利益になるよう積極的に経済主権を利用するかのどちらかしかない。政治統合の道を選べば、有権者にすべてを打ち明け、国民国家を超越する民主主義の場を構築することになるだろう。経済の分割の道を選べば、より長い目で経済を回復させるために、自国の金融・財政政策を動員できるように通貨統合を諦めることを意味する。

その中間策——国レベルの民主主義を少し、EUレベルの民主主義をもう少し——を取ることで、ユーロ圏の民主主義を維持しようと提案する人々は、経済統合がいかに極端な政策であるのかを見落としている。そのような中間策は限られた、もしくは管理された経済の相互依存の中では機能するかもしれない。ただ、経済や金融、通貨の統合の際のように各国が事実上、経済運営を丸ごと放棄しているときにはふさわしくないやり方だ。

その選択を先延ばしにすればするほど、あとあと支払うことになる経済的、政治的代償は大きくなる。

歴史と否定

欧州の政治家が本能的に取った行動は、そのトレードオフを否定することだった。二〇一二年、フランスの議会で欧州の新たな財政条約が議論された際、社会党政権は条約の批准がフランスの主権を奪うものであるという考えをムキになって否定した。首相のジャン＝マルク・エローは、「公共支出の水準に対しては一切の制約」を課すものではなく、「予算を決める主権は変わらずフランス共和国の議会が握ったままだ」と主張した。

エローが多数の社会党員を含めた懐疑的な同僚議員を安心させようと努めているころ、欧州委員会の競争担当委員を務めたホアキン・アルムニアも、ブリュッセルの社会民主党員に対して同じようなメッセージを送った。成功するために、グローバリゼーションと主権の間には対立があると信じている人々が間違っていることを、欧州は証明しなければならないと彼は言った。

真の欧州全体を統括する政治の場を構築するための前提条件は、主権を超国家的な実体に委譲することだ。右派の政治家であれ左派の政治家であれ、国家主権を放棄したくはないだろう。ただ、ユーロ圏が存続できるかどうかは各国の主権を大きく制限できるかどうかにかかっているという明白な事実を否定することで、欧州のリーダーは有権者を誤解させ、民主的政治の欧州化を遅らせ、最終的にかかる政治的・経済的なコストを大きくしている。

二〇一五年七月に実施されたギリシャの国民投票を考えてほしい。ドイツを中心とした海外の債権者（欧州中央銀行、ＩＭＦ、ユーロ圏各国の政府）が求めるさらに踏み込んだ緊縮財政の要求を、ギリシャの有権者はきっぱりとはねつけた。その決断がもたらす経済的メリットが何であれ、ギリシャの人々は毅然としたメッセージを送った。これ以上、彼らの要求を受け入れないというメッセージだ。

ギリシャの首相だったアレクシス・ツィプラスや彼の支持者が当時主張していたように、多くの人々はこの結果を民主主義の紛うことなき勝利だと見なした。ところがギリシャの人々が民主主義と呼んだものが、多くのほかの――同じように民主主義の――国々には無責任な単独行動主義に映った。実際、ほかのユーロ圏の国々には、ギリシャの立場に同情する人はほとんどいなかった。ほかの国で同じような国民投票が実施されれば、間違いなくギリシャに課された緊縮財政策の継続を圧倒的に支持する結果になっただろう。

ギリシャに対する忍耐が不足しているのは、ドイツのような大きな債権国の国民だけではない。激しい怒りの渦は、ユーロ圏の所得水準の低い加盟国の間で特に広がった。スロバキアやエストニア、リトアニアの路上にいる普通の人々に質問すれば、このラトビアの年金受給者と同じような答えが返ってくるだろう。「私たちは自分たちの教訓を学んだんだ。なぜギリシャ人は同じ教訓を学べないのか？」。

ギリシャが陥っている苦境と緊縮財政が同国に与えたダメージの大きさを、欧州の人々はよく知らされていなかったのかもしれない。実情をもっと把握していれば、多くの人は自分の意見を変えたかもしれない。ただ、民主主義の屋台骨である世論の力が、理想的な形で現れることはめったにない。ギリシャの国民投票の結果に目を向けさえすれば、経済的費用と便益の合理的な計算を度外視するむき出しの感情や怒りがどういったものかがわかるだろう。

ギリシャの場合において、債権者は寡頭政治の独裁者や裕福なプライベートバンカーではなく、自身の有権者に対して民主主義上の説明責任を有するユーロ圏諸国（自国の銀行に返済してもらえるよう、各国政府がギリシャに融資することが正しい行為なのか問うことは正統だがまた別の問題だ）だということを忘れてはならない。ギリシャのデモス——国民——とバンカーとの間の争いではなく、欧州の民主国家同士の争いなのだ。

ギリシャ人は投票で「ノー」を突きつけることで、自分たちの民主主義を改めて主張した。それだけにとどまらず、ほかのユーロ圏諸国の民主主義よりも自国の民主主義の優先性を主張した。つまり、自分たち自身の国家主権——国家として自分たちの経済、社会、政治の方針を選ぶ権利——を主張したのだ。もしギリシャの国民投票が何かの勝利を意味したのであれば、それは国家主権の勝利だった。

これこそが欧州にとって、この国民投票の結果が不吉と考えられる理由だ。ＥＵは国家主権の行使が徐々に放棄されるという期待のもとに創設された。ユーロ圏には、なおさらそうした期待があった。これまでめったに表立って主張されることはなかったが、主権は国民に愛されているのだ。経済統一は各国の自由な政策の範囲を狭めるため、国がこれまでほど頻繁に行動しないことが期待された。ギリシャの国民投票は、おそらくこうした考えに終止符を打った。

経済史の研究者は、この手の緊張関係の古典的な（ずいぶん昔の）ケースに精通している。一九三一年に起きた、英国による金本位制からの離脱だ。一九二五年、英国は自国経済の競争力を奪うような水準の金平価を回復させるという間違いを犯したことで、数年間デフレと失業率の上昇に苦しんだ。石炭や鉄鋼、造船などの産業は特にダメージが大きく、労働争議が各地で行われた。失業率が二十パーセントに達しても、イングランド銀行は金の大量流出を防ぐために、高い金利を維持することが義務付けられた。結局、金融市場からの高まる圧力を受けて、英国は一九三一年九月に金本位制からの離脱を余儀なくされた。

この英国のケースは、金本位制の下で既存の金融体制を堅実に守ろうとしたことで、実体経済が苦境に陥らなければならなかった初めてのケースではない。ただ以前のケースと違ったのは、英国はより民主的な社会になっていたということだ。労働階級は組合を作り、第一次世界大戦以降、有権者の数は四倍に拡大し、マスメディアは市井の人々の経済的苦境を公にし、社会主義運動が後に控えていた。〔体制を維持しようとする〕自分たちの本能に反して、中央銀行のバンカーと彼らの上に立つ政治家たちは、景気後退と失業率の上昇をこれ以上無視できないことがわかっていたのだ。

さらに重要なことは、投資家もこのことを理解していた。政府の固定相場制に対するコミットメントの信頼性が金融市場の間で揺らぎ始めると、次第に足場は崩れていった。何かがおかしくなり始めていると少しでも感じ取ると、投資家と預金者は資金を引き揚げて国外に移した。その結果、通貨の暴落を引き起こしたのだ。

一九九〇年代後半のアルゼンチンでも同じような事態が起きた。一九九一年以降の同国の経済戦略の要は、法的に自国通貨のペソと米ドルの交換比率を定めることで資本の流出入を規制した兌換法だった。同国の経済大臣を務めたドミンゴ・カバロは、兌換法が経済のハーネス〔馬を制御する馬具〕であり、エンジンでもあると考えていた。当初はその戦略がうまく機能し、念願だった物価安定を実現したものの、十年後にはアルゼンチンの悪夢が再来することになる。

一九九九年初頭に起きたアジア通貨危機とブラジルの通貨切り下げを受けて、アルゼンチンペソはどう見ても割高に見えた。同国の対外債務の返済能力に対して懐疑的な見方が強まると、瞬く間に信用は崩壊した。同国の信用力は一部のアフリカ諸国すら下回ったのだ。

最終的にアルゼンチンの命運を決したのは、リーダーの政治的意志の欠如ではなく、国内の有権者により大きな負担を強いる政策を断行することができなかったことだ。実際、政府の側では海外の債権者に対する義務を果たすために、国内のほぼすべての有権者――公務員、年金受給者、地方政府、銀行預金者――と交わしていた契約を破棄することさえ厭わない心づもりだった。ところが投資家は、同国議会や地方政府、一般市民が対外債務の返済を継続するために必要な緊縮財政策に耐えられるのかどうか、ますます疑いの目を向けるようになった。大規模な抗議運動が全国に広がったことで、結局、投資家の見方が正しいことが証明された。二〇〇二年初頭、政府は兌換法を廃止し、ペソの価値を切り下げた。

アルゼンチンとは異なるもう一つの道を進んだ国もある。十五年前にアルゼンチンと似たような経済苦境に陥ったラトビアを見てみよう。同国は二〇〇四年にEUに加盟して以降、大規模な海外からの借り入れと国内の不動産バブルを背景に急速に成長した。文字通りギリシャ並みの経常赤字と対外債務負担を積み上げた。案の定、世界金融危機と資金の急激な逆流によって、ラトビア経済は大きな苦境に陥った。海外からの融資は途切れ、不動産価格が暴落し、二〇〇九年には失業率が二十パーセントまで上昇、GDPは十八パーセント縮小した。二〇〇九年一月には、ソ連崩壊以降で最悪とも言える暴動が起きた。

アルゼンチンと同様、ラトビアは固定為替レートを採用し、自由な資本の移動を認めていた。二〇〇五年以降、同国通貨はユーロに固定されていた。ただアルゼンチンとは違い、同国の政治家は通貨を切り下げたり、資本の移動を制限したりすることなく、危機を乗り切ることができた。

政治的費用と便益のバランスに影響を与えたと思われる要因は、ポーランドで起きたことと似ていた。最終的にはユーロ圏への加盟という約束の地にたどり着けるという期待感が、ラトビアの政策決定者にその夢を潰えさせるあらゆるオプションの選択を許さなかった。その結果、経済的・政治的代償は非常に高くついたものの、彼らの行動に対する信頼性は高まった。

ラトビアのような例はあるものの、経済統合と通貨統合のために緊縮財政を受け入れざるを得ないときでも、民主主義の下では緊縮財政という苦い薬を飲み下すのは容易ではない。グローバリゼーションと国内政治が衝突した際、賢明な投資家であれば国内政治の勝利に賭ける。国家主権を抑え込むには限度があるからだ。

マクロンはやり切ることができるか?

二〇一七年五月のフランス大統領選でエマニュエル・マクロンがマリーヌ・ルペンに勝利したことは、移民排斥やゼノフォビア（外国人嫌悪）の社会ではなく、開かれかつ自由な民主主義社会を支持していた人々にとっては待ち望んでいた朗報だった。ただ、右派のポピュリズムとの戦いに勝利したと言える状況では全くなく、欧州の先行きは依然、深い霧に包まれている。

ルペンは決選投票で、三分の一以上の票を集めている。彼女の政党である国民戦線以外では、彼女を支持した政党はニコラ・デュポン＝エニャン率いる「立ち上がれフランス」しかいなかったにもかかわらずだ。また、投票率は前回の大統領選を下回っており、多くの有権者の関心の低さを物語っていた。もしマクロンが五年間の任期の間に成果を出せなければ、ルペンが返り咲き、移民排斥を訴えるポピュリストが欧州やそのほかの地域でも勢力を拡大するだろう。

今のような反体制政治の時代においては、マクロンが伝統的な政党に属していなかったことが大統領選の候補者としては有利に働いた。ただ実際に大統領の任務が始まると、そのことは非常に不利な作用をもたらす。彼の政治運動である「アン・マルシュ！（進め！）」は全く新しいものだ。二〇一七年六月の国政選挙の後、彼は議会での多数派をゼロから立ち上げなければならないだろう。

マクロンの経済に対する考え方は、容易に色分けできるものではない。大統領選の最中には、具体策がないとよく非難された。左派と極右に属する多くの人から見ると、彼は新自由主義者であり、彼の政策は期待を裏切って欧州をいまの政治的苦境に追いやった主流派の緊縮財政策とほとんど見分けがつかない。社会党の候補者だったブノワ・アモンを支持していたフランスの経済学者であるトマ・ピケティは、マクロンを「きのうの欧州」を代表していると表現した。[10]

実際に、マクロンの経済プランの多くは新自由主義の色合いが強い。法人税率を三十三・五パーセントから二十五パーセントに引き下げ、十二万人分の公務員の仕事を削減し、年間の財政赤字をEUが課した上限であるGDPの三パーセント以下に抑え、労働市場をより柔軟にする（企業による労働者の解雇を容易にする婉曲的な表現）と彼は誓った。一方で、年金給付を維持すると公約しており、彼の好む社会モデルは北欧型のフレクシキュリティ——高水準の経済的安全と市場に基づいたインセンティブという組み合わせ——のようだ。[11]

ただ、こうした政策のいずれも、彼が大統領の任期中に取り組むべき最も重要な課題の解決にはあまり——短期的には確実に——寄与しない。つまり雇用の創出だ。雇用こそが有権者の最大の関心事であり、新しい政権にとっての最優先事項だ。ユーロ圏の危機以降、フランスの失業率は十パーセントという高い水準にとどまっている。二十五歳未満の若者に限ると、その割合は二十五パーセントに近い。これまで見てきたように、従来の構造改革は雇用創出にあまりはっきりとした効果がない。特に需要が低迷している時期には、その効果は限定的だ。フランス経済の総需要を同時に大きく押し上げない限り、労働市場の自由化がより多くの雇用を創出することを裏付ける信頼できる証拠はほとんどない。

こうした問題に対応するために、マクロンはそれ以外の経済プログラムも打ち出している。五年間にわたる計五百億ユーロ（六兆四千億円）の景気刺激策を提案しており、その中身は失業者に対する職業訓練の拡充に加え、インフラやグリーンテクノロジーへの投資などが含まれる。この計画自体はそれほど野心的ではなく、支出額はフランスの年間ＧＤＰの二パーセントをやや上回る程度の規模であり、経済全体を浮揚させる効果は限定的だ。

より野心的なのは、ユーロ圏全体で予算を共有して共通の財務相のポストを新設し、財政統合に向けて大きく前進させるというアイデアだ。彼の見方によれば、こうした取り組みによって、経済的に強い国から圏内で金融政策を共有したことで不利な立場にある国へ、恒常的な財源移譲が行われるという。ユーロ圏予算は、加盟国の税収から資金を持ち寄る。さらに別に設けたユーロ圏議会が、政治的な監督と説明責任の役割を果たす。このように財政を統合することで、各国の歳出規模に設けられた上限額を超えることなく、フランスのような国ではインフラへの支出を増やし、雇用を創出できる。

政治的統合を深めることによる裏付けのある財政統合は、非常に理にかなった政策と言え、現在のあいまいな状況に終止符が打たれることを意味する。マクロンのこの政策は臆面のない欧州主義者的な政策に見えるが、実は単なる政治や主義の問題ではない。財政規律を緩めるか、ほかのユーロ圏からの財源移譲なしには、フランスはすぐには雇用の停滞から脱げ出すことができないのだ。つまりマクロンが大統領として成功するかどうかは、欧州各国の協力に大きく左右される。

そこで鍵を握るのがドイツだ。アンゲラ・メルケルは当初、マクロンの勝利に対してそれほど前向きな反応を見せなかった。「数百万のフランスの人々の希望を背負っている」とマクロンを祝福した一方、ユーロ圏の財政ルールの変更に関しては考慮するつもりはないと述べた。[12] たとえメルケル（もしくは社会民主党の対抗馬であるマルティン・シュルツの政権）がもっと前向きであっても、その後ろには手強いドイツの有権者が控えている。彼らはユーロ圏の危機を相互依存の問題ではなく、道徳に関するお話――倹約で勤勉なドイツ人が放蕩者で嘘つきの債務国に立ち向かっている――と捉えており、ドイツの政治家が有権者に共通財政のプロジェクトを受け入れてもらうのは、いかなる形であれ容易ではないだろう。

マクロンはドイツを相手にすることが、いかに難しいのかをよく理解している。ドイツの反応をあらかじめ予想して、彼は次のように反論した。「「強い欧州とグローバリゼーションは支持しているが、絶対に財政統合だけは支持しない」とは言わせません」。このような考え方が、欧州の解体と反動的政治を招くと彼は考えている。「財源移譲なしでは周辺国が中心国と肩を並べることはできず、政治は過激主義の方向に逸脱するようになるでしょう[13]」。

フランスは――少なくともいまのところは――欧州の周辺国ではないかもしれないが、マクロンがドイツに向けて発しているメッセージは明確だ。我が国を助けて、共に真の統合（経済、財政、そしてゆくゆくは政治も）を構築するか、もしくは過激主義の台頭に欧州が乗っ取られるかだ。

マクロンの考え方は、ほぼ確実に間違っていない（私の議論の延長線上にある第三の選択肢は、経済統合の規模を計画的に縮小させることだろう）。欧州に単一市場と健全な民主主義の両方を維持してほしいと思う人々は、マクロンの勝利によってドイツ人が心変わりすることを期待しなければならない。

欧州連合の未来？

二〇一七年三月、欧州連合は前身となる欧州経済共同体の設立条約であるローマ条約締結から六十周年記念を迎えたことを祝った。確かに祝福すべきことはたくさんある。数世紀にも及んだ戦争、大変動、そして大量殺戮の時代を経て、欧州は今では平和で民主的な地域になった。格差が拡大しているこの時代において、欧州諸国は世界中で最も国民の間の所得格差が小さい国々だ。また、EUはかつて社会主義だった十一カ国を新たに仲間として迎え入れ、彼らの体制移行を成功に導いた。

ただ、これらは過去の偉業にすぎない。今日、EUは深刻な存亡の危機にいまだ陥っており、先行きが非常に不安視されている。その兆候はあらゆる形で現れている。ブレグジット（英国のEU離脱）、ギリシャとスペインにおける若年失業率の異常な高水準、イタリアの債務と停滞、ポピュリズム運動の台頭、そして移民やユーロへの反発。求められている解決策は一つで、欧州の制度には大きな手直しが必要なのだ。

欧州の民主主義の健全性を回復するには、経済統合と政治統合が足並みを乱したままではいけない。政治統合を経済統合に追いつかせるか、経済統合を縮小するかのどちらかが必要だ。この決断を避けている限りは、EUは機能不全のままだろう。

この厳しい選択を迫られたとき、加盟各国が選ぶ政治統合と経済統合の程度はそれぞれ異なるだろう。つまり、欧州はそうした違いを抱え込める柔軟性と制度上の取り決めを作り上げなければならないということを意味する。

当初から、欧州は「機能主義」の主張に基づいていた。経済統合の後には、政治統合が追随するという考え方だ。欧州経済共同体の創設者である（フランス首相でもあった）ロベール・シューマンは一九五〇年、「欧州は一朝一夕に、もしくはたった一つだけの計画に従って作られるものではない。具体的な目標の達成が域内における事実上の連帯意識を初めて生み出し、そうした目標を達成していく中で徐々に形成されていくものだ」と語った。経済協力の仕組みをまず構築せよ、それがより包括的な政治機構の地ならしになるというわけだ。

当初はそのアプローチでうまくいった。経済統合が政治統合より常に一歩先を行きつつも、はるか先までは行かないという状況が可能だった。ところが一九八〇年代以降、EUは先の見えない未踏の地に向かって大きな一歩を踏み出した。欧州経済の統合を目的とした野心的な単一市場の計画を採用し、財だけではなくサービスや人、資本の自由な移動を妨げてきた各国の政策を徐々に撤廃したのだ。一部のEU加盟国が共有する単一通貨となったユーロは、この計画の論理的な行き着く先だった。まさに欧州規模のハイパーグローバリゼーションだったのだ。

本章の冒頭で述べたように、この仕組みがどのように機能するのかについては二つの考え方があった。多くの経済学者や官僚は、欧州各国の政府は過度に介入主義的になっており、より深い経済統合と単一通貨によってそうした政府を統制できると考えた。この立場から見ると、統合の進度の面で経済と政治に不均衡があることは仕様であってバグではない。一方で、多くの実務に通じた政治家は、そうした不均衡には潜在的な問題が孕んでいることを認識していたのだ。ただ彼らも、機能主義がゆくゆくは問題を解決してくれると想定していた。準連邦的な政治制度の下では、十分な時間さえ与えられれば単一市場が発展するという考えを支持する必要があったのだ。

欧州の主要大国は、それぞれ本分を尽くした。フランス人はブリュッセルの官僚に経済的な権限を委譲することで、世界におけるフランスの国力と名声は高まると考えた。ドイツ人は東西ドイツ合併の代価として、フランス人と考えを共有した。

単一市場にはもう一つのやり方もあった。欧州は独自の社会モデルを開発し、経済統合とともにそのモデルを発展させていくこともできたはずだ。このやり方では、市場だけではなく社会政策、労働市場の制度、財政上の取り決めも一つにすることが求められる。欧州の社会モデルは各国で大きく異なり、そうした中で共通のルールに関して意見を合わせることは非常に難しい。当然、統合のペースは遅くなり、統合の範囲も狭くなっていたはずだ。これはマイナスどころか、統合の速度と程度を適度なものに調整してくれる作用がある。結果、EUは今よりも規模は小さいが、統合がより深化した形になっていたかもしれないし、加盟国数は今と変わらないが、経済統合の範囲は今ほど野心的ではなかったかもしれない。

マクロンの思いに反して、EU内で財政と政治の統合を押し進めるのはすでに手遅れかもしれない。私が本書を執筆している時点では、国民国家の主権を移譲することに賛同するのは欧州人のうち五人に一人もいない。[14]

この不人気はブリュッセルやストラスブール自体を嫌悪しているからではなく、「さらなる欧州」という言葉が官僚的な単一市場重視を人々の頭の中に連想させ、魅力的な代替モデルがないせいだと言う楽観主義者もいるかもしれない。おそらく新しいリーダーと政治グループが魅力的なモデルを考案し、人々は欧州プロジェクトの改良版に胸を踊らせるというわけだ。

一方、悲観主義者はベルリンとパリにある権力の回廊の深くて暗い一角では、経済統合の縮小をこれ以上先延ばしにできない日が来たときのために、経済学者と法律家が秘密のプランBを準備していることを願うだろう。

つい最近まで、経済アナリストは発展途上国の成長見通しに対して楽観論で悦に入っていた。最善のシナリオでも成長見通しが低く見える米国や欧州とは違い、新興市場は世界金融危機までの十年間に見せていた堅調なパフォーマンスを今後も持続し、世界経済のエンジンになると予想されていた。例えば、シティグループのエコノミストたちは、広範囲に及ぶ持続的な成長を世界中にもたらす環境がいまほど整っている時期はないと大胆にも断定し、アジアとアフリカにおける発展途上国がリードする形で、世界の総生産は二〇五〇年まで急速に成長すると予測した。会計・コンサルティングファームのプライス・ウォーターハウス・クーパースは、中国、インド、ナイジェリアにおける一人当たりGDPは、今世紀半ばまで四・五パーセントを上回る成長率で推移すると予測した。マッキンゼー・アンド・カンパニーはこれまで長い間、経済的失敗と同義語だったアフリカについて、「ライオンが動き始めた」大陸と名付けた。

今日ではそうした見方は影を潜め、英誌エコノミストが「グレート・スローダウン（大減速）」と名付けた事態に対して懸念が広がっている。中国とインドの経済は減速し、ブラジルとトルコは政治危機に苦しみ、ラテンアメリカ諸国はこの数年で最も低い成長率に喘いでいる。これまでの楽観論が疑念に置き換わったのだ。

もちろん、過去十年間の力強い経済成長の延長線上に将来を推定することが適切ではないように、我々は短期的な景気変動を深読みすべきではない。それでも、急速な成長が今後数十年間の標準ではなく、例外であると思える確固とした理由がある。

その理由を知るためには、どのような経緯で「成長の奇跡」が起きるのかを理解する必要がある。私が第三章で考察したような、経済の急成長が一過性を超えて持続する国のことだ。天然資源の大鉱脈から利益を得た数少ない小国を除いて、これまで成功した国はすべて急速な産業化によって経済成長を実現している。東アジアの成功の秘訣に関して誰もが口をそろえることが一つあるとしたら、日本、韓国、シンガポール、台湾、中国、いずれの国も田舎の（もしくは非公式活動に従事していた）労働者を組織化された製造業に従事させることに、非常に長けていたということだ。米国やドイツなど、もっと以前に経済のキャッチアップに成功した国にも同じことが言える。

製造業は急速なキャッチアップを可能にする。多くの不利な条件を抱える貧しい国ですら、海外の製造技術を模倣し、実際の製造に生かすのは比較的容易だからだ。私自身の研究によれば、その国の政策や制度、地理的条件に関係なく、製造業は技術先進国との差を年間約三パーセントのペースで縮める傾向にある。(1) その結果、農業従事者を工場労働に従事させることができる国は、大きな成長ボーナスを得ることができるのだ。

もちろん、一部の近代的なサービス業においても生産性のキャッチアップは起きうるが、生産性の高いサービス業は幅広い技術と制度を構築する能力を必要とし、それらは発展途上国が時間をかけないと蓄積することができない類のものだ。製造業であれば、貧しい国でもスウェーデンと広い範囲の業種で競争することが容易に可能だが、そうした国がスウェーデンの制度に追いつくには数百年とは言わないが、数十年はかかる。

発展の初期の段階において、製造業ではなくサービス業に依存することの限界を教えてくれたのがインドだ。同国はソフトウェアやコールセンターなどITサービスで突き抜けた競争力を身につけたが、大半の労働者はそれらの業種で働く上で必要なスキルと教育が不足していた。東アジアでは、非熟練労働者が都市部の工場で働くようになり、田舎にいた時期の数倍の収入を稼いだ。ところがインドでは、非熟練労働者は田舎にとどまるか、(生産性がそれほど高くない)建設業や零細サービス業で働くことになり、非伝統産品に対する国内需要の拡大による構造的な変化は限られている。

二つのメキシコ——生産性の二重構造

メキシコの経済成長が遅れている理由について詳しく調べた際、マッキンゼー・グローバル・インスティチュート(MGI)の研究者たちは注目すべき発見をした。大企業と小さな企業の生産性には、予想を上回る大きな成長格差があったのだ。一九九九〜二〇〇九年にかけて、五百人以上の従業員を抱える大企業の生産性は年間五・八パーセントも改善したが、対照的に従業員が十人以下の小さな企業の生産性は、年間で六・五パーセントも悪化した。(2)

さらに、小さな企業が雇用全体に占める割合はもともと三十九パーセントと高かったのが、その期間に四十二パーセントにまで拡大した。MGIの研究者が「二つのメキシコ」と名付けた大企業と小さな企業を隔てている大きな格差を見ると、同国経済が全体で見ると不振であるのも驚くべきことではない。テクノロジーやスキルへの投資によって近代的な大企業が急速に成長したところで、生産性の低い小さな企業が経済全体の足を引っ張る構図なのだ。

これは特異なケースのように思えるかもしれないが、ますますいろいろな国で見られるようになっている現象だ。発展途上国全体を見渡せば、国内経済を牽引するセクターと足を引っ張るセクターの間の格差が戸惑うような大きさであることがわかる。

この生産性の差異——開発経済学者が経済の二重構造と呼んでいたもの——は、これまでもずっと低所得社会の代表的な特徴だった。何が今回は新しいのか（そして悲惨か）というと、発展途上国で生産性の低い部門が縮小していないということだ。それどころか多くの国で拡大している。

労働者や農業従事者が伝統的な生産性の低い産業（農業や零細サービス業）から近代的な工場労働やサービス業に移っていく中で、経済が発展するというのがこれまでの典型的なパターンだった。その過程では二つの変化が起こる。まず第一に、より多くの労働者が近代的な産業に従事するようになることで、経済全体の生産性が向上する。第二に、伝統的産業と近代的産業の間の生産性の格差が縮小し、経済の二重構造が徐々に解消される。その過程の中で農業技術の向上や単位面積当たりの農家の数が減り、農業の生産性は改善する。

まさに欧州周辺国——スペインやポルトガルなど——における、戦後の経済発展の典型的なパターンだった。また、韓国や台湾、そして最後に中国（これまでで最も驚くべき成功例だ）においてアジアの成長の「奇跡」を起こしたのもこの仕組みだった。

こうした高成長の国々の経験に共通している変化は、急速な産業化だ。ブラジルやメキシコ、トルコが一九八〇年代までそうだったように、主に国内市場に頼る国々でさえ、近代的な製造業の拡大が成長を後押しした。大事なのは国際貿易自体ではなく、構造の変化なのだ。ところが今日では、その構図が大きく変わった。若者は引き続き田舎から都市部へ大挙して移動しているものの、彼らが従事する仕事は工場労働ではなくほとんどが生産性の低い非公式の〔国の経済統計にカウントされないような〕サービス業だ。

実際、製造業からサービス業へ、貿易財を作る事業から非貿易財を作る事業へ、組織的部門から非公式経済へ、近代的企業から伝統的企業へ、中堅企業・大企業から小さい企業へと、構造変化はますます逆向きになっている。そうした構造変化のパターンが、ラテンアメリカ、アフリカ、そして多くのアジア諸国で経済成長の足を大きく引っ張っているのだ。

こうした変化は、厄介なことが起こる兆候かもしれない。このような構造変化の新たなトレンドが何を意味するのかを理解するために、過去においては社会が一般的にどのように工業化し、脱工業化してきたのかを見てみよう。

仕事の少史

もともとは、世の中には農家と畜産農家しかいなかった。彼らの人生は厳しく、残酷で、短かった。首長や地主、国家によって課される税などの要求は負担の重いものだった。多くの人々が農奴か奴隷で、彼らに自由裁量や尊厳はなかった。一部の幸運な人々を除いて、貧困と不公平は日常だった。

その後、世界に産業革命が訪れた。まずは英国で起こり、そして西欧と米国が続いた。工場でますます拡大する労働需要を満たすために、田舎から都市部へ男性も女性も大挙して押し寄せた。綿織物や鉄、鉄鋼、運送の新たなテクノロジーが労働生産性を着実に改善していった。ところが産業革命から数十年間は、利益の恩恵を労働者自身が享受することはほとんどなかった。むさ苦しい環境で長時間働き、狭い住居に大人数が押し込まれ、収入もほとんど改善しなかった。労働者の平均身長などの指標を見る限り、生活水準はしばらくの間、むしろ悪化していたかもしれない。

やがてそのような資本主義も中身を変え、利益がより多くの人々に共有され始めるようになった。田舎出身の労働者の余剰がなくなるにつれて、賃金が自然と上昇し始めたことが一因だが、労働者が自分たちの権利を主張するために組合を組織したことも同様に重要な変化だった。労働者が経営者に対して強硬な態度に出た理由は、不平不満の大きさだけではなかった。近代的な工業生産では環境が変わったことで、エリートが通常の分割統治の戦術を続けることが難しくなった。工場労働者は大都市に集中したことで、労働者の間の協力や大量動員、暴力に訴える活動が容易になったのだ。

労働者による革命を恐れ、資本家は妥協を余儀なくされた。政治的権利と公民権は、労働者階級にまで拡大した。そして今度は、民主主義が資本主義を手なずけた。国が命じた取り決めや交渉で勝ち取った取り決めによって、労働時間は減り、安全性は確保され、休暇や家族手当、医療費補助などの福利厚生が導入されるなど、職場環境は改善した。教育や訓練に対する公共投資によって労働者はより生産的になり、より自由な選択も可能になった。また、労働分配率も向上した。工場労働は決して楽しいものではなかったが、少なくとも工場労働によって消費の可能性や人生の機会は広がり、中産階級が生まれた。

テクノロジーの進歩は産業資本主義を育てたが、やがてはそれを弱体化させることになる。製造業における労働生産性は、ほかの産業よりも急速に改善していった。つまり、同等かより高い質の鉄鋼や自動車、電子機器を、これまでよりもずいぶん少ない数の労働者によって生産することが可能になったのだ。第二次世界大戦以降、あらゆる先進国で雇用全体に占める製造業のシェアは低下の一途をたどり始めた。すると労働者は、サービス産業──教育、医療、娯楽、行政など──に流れるようになる。脱工業化経済の誕生だ。

一部の人々にとって、仕事はより楽しめるものになった。脱工業化の時代に成功するスキルと資本、実務能力を有した人々に、サービス業は極めて大きな好機をもたらした。バンカー、コンサルタント、エンジニアはかつてないほどの収入を得るようになった。オフィスワークによって、工場労働では決して与えられなかったほどの自由と個人裁量が可能になったことも同様に重要だった。労働時間は——おそらく工場労働より——長かったかもしれないが、サービス業の専門家は毎日の生活や働く場所などをより自由にコントロールできた。教師、看護師、ウェイターの収入はそれらの仕事には及ばないが、彼らも工場の作業現場の単調な機械的仕事からは解放された。

他方、スキルを持っていない労働者にとっては、サービス部門で働くというのは産業資本主義の中で交渉によって勝ち取った利益をあきらめることを意味した。サービス経済への移行に伴い、労働組合や職の保証、正当な賃金という規範は失われ、労働者の交渉力や雇用の安全が大きく損なわれることも少なくなかった。

つまり、脱工業化経済では安定し、賃金が高く、報われるサービス業の良い仕事と、短期で、賃金も安く、不満の多い悪い仕事という新たな格差が生み出されたのだ。これら二種類の仕事のそれぞれの割合と、脱工業化経済への移行が生み出す不平等の程度を決定づける要因は二つある。第一に、労働人口全体の教育水準と技能水準が上がるほど、全体の賃金水準は高くなる。第二に、(製造業に加えて)サービス業の労働市場がより制度化されているほど、一般的なサービス業の仕事の質が高くなる。つまり、スキルが一部の労働者だけに偏り、多くのサービス業の労働市場が人間味がなく、政府の介入の少ない教科書的理想に近い国では、不平等や排除、二重構造が顕著になる。多くの労働者が人並みの生活を送るために複数の仕事を掛け持ちせざるをえない米国は、このモデルの標準的な例だ。

こうした話は主に、欧米の先進国に当てはまる。非欧米諸国で同じような発展を経験した国は少ないが、最も有名なケースは日本と韓国、台湾だ。これらの国はそれぞれ、大規模な工業化と脱工業化を経験した。今ではほかの先進国と同じように、サービス部門における生産性と労働市場の慣習の相互作用によって、仕事の性質が決まる脱工業化経済の特徴を有している。生産性が高く、労働市場が保護されていれば条件の良い仕事が生み出され、生産性が低く、原子的労働市場〔完全競争の労働市場〕であれば条件の悪い仕事が生み出される。

この発展の過程を、経済後進国にそのまま当てはめたくなるものだ。世界の大多数の労働者が住む中低所得の国々であり、そうした国に施すべき対策は明らかなように思える。成長できるように、まず急速な産業化を後押しする。成長から取り残される人が出ないように留意しながら、生産性の高い労働人口が育つよう素晴らしい制度や人的資本に投資する。脱工業化の段階に入れば、その流れに抗うことなく、サービス部門における法律や規制が従業員をきちんと守るよう制度を整える。

このメッセージは大筋では間違っていない。ただ、我々は二つの問いかけをしなければならない。今の先進国の過去の経験をまねすることが、果たしてどれほど望ましいことなのか？　それはどの程度、実行可能なのか？　それぞれの疑問について、順々に答えていこう。

発展途上国は歴史的なパターンをなぞるべきか？

歴史的に見ると、産業化の初期の段階では大半の労働者の生活環境は改善しない。産業化が始まってから、その利益が国民の間で広く共有されるまでは非常に年数がかかる。ここ数十年の間で製造業の世界市場への進出に成功した多くの低所得国でも、同じような時差が見られる。そうしたことを背景にして、輸出国におけるスウェットショップ〔劣悪な環境で労働者を搾取する工場〕をめぐる議論が湧き上がった。労働者の権利を守る活動家によると、輸出による利益は危険な環境で長時間働かされる、収入の少ない労働者（女性であることが多い）の搾取の上に成り立っている。児童労働は特に慎重に扱うべき、この議論の中心的な問題だ。

経済学者を中心に、いわゆるスウェットショップは経済発展、ゆくゆくは人間開発にもつながる、足がかり的な役割を単に果たしているにすぎないと反論する専門家もいる。劣悪な労働環境に見えるかもしれないが、ほとんどの労働者にとっては自給自足農業の不安定な生活やもっと条件の悪い都市部の仕事などほかに選択可能な仕事と比べると、スウェットショップでの仕事の方が生活は良くなっている。賃金が安く、劣悪な労働条件というのは、ただ労働者の生産性の低さを反映しているにすぎない。さらに言えば、そのような段階を経て、いまの先進国は豊かになったのではないだろうか？

こうした議論から浮上する疑問は、これまでよりも早い発展の段階で労働者保護の恩恵を手にすることはできないのかということだ。経済が発展した後でなければ、労働基準を改善してはいけないという鉄則があるのか？　これは政治的民主主義が、その前提条件として経済発展を必要とするのかという疑問と似ている。

後者の質問の答えから、前者の質問の答えも決まる。歴史的に見れば、民主主義は産業革命と所得の改善を経て発展してきた。ただ、経済発展のもっと初期の段階で、民主主義が発展しないと考える理由はない。政治参加と議論は本質的に価値を持つものであり、有益な目的も果たす。民主的な政府は権威主義体制よりも国の運営に長けており、社会もより安定するということが実証研究で立証されている。

所得が低い民主主義国家の輝かしいモデルと言える二つの国が、その点をよく表している。インドとモーリシャスだ。両国は国土の大きさでは全く異なる。ただ、どちらの国も民族紛争と暴力の中で誕生した超多民族国家だ。早い時期から民主主義が社会の紛争を抑え、政治の安定を可能にしてきた。モーリシャスは独立してから数年後に急速に成長した。インドの経済成長は一九八〇年代までは遅れたものの、それ以降は目覚ましいペースで成長している（最近では中国すら上回っている）。

同様に、産業の発展と輸出促進のためには、所得の低い国の労働者から労働基本権を奪ってもいいのだろうか？　そんな理屈は通用しない。労働基本権とは、団結や団体交渉の自由、十分安全な労働環境、差別のないこと、法定労働時間、恣意的な解雇の制限などが含まれる。民主主義と同様に、これらの権利はまっとうな社会では必要とされる基本的な要件だ。雇用主と従業員の交渉する立場をフラットにするというのが最優先であり、製造全般のコストが上昇するのは二の次だ。たとえコストが上昇しても、従業員の士気ややる気の改善、離職率の低下などによってマイナスの効果は容易に相殺される。

最低賃金は労働コストを直接引き上げるという点で、少し事情が異なる。市場の均衡によって決まる競争的水準からそれほどかけ離れていない最低賃金であれば、労働条件をいくらか改善し、雇用全体へのマイナスの影響は限定的かもしれない。ただ、競争的水準を大きく上回る最低賃金を設定すれば、話が変わってくる。多くの求職者が、高い賃金がネックになって雇用の機会を失うリスクがあるのだ。大多数の「アウトサイダー」に犠牲を強いながら、比較的少数の「インサイダー」が国から与えられた特権を守る労働市場の二重構造は、残念なことに世界中の国で見られる特徴だ。それらは人間開発と将来の成長を妨げる要因となっている。

肝心なことは、例えば国際労働機関の中核的条約において要約されている労働基本権は、経済発展の阻害要因ではないということだ。経済が離陸し、安定飛行になるまで導入を先延ばしにする必要はない。この点に関しては、過去の歴史に従う必要はないのだ。

発展途上国は歴史的なパターンをなぞることができるのか？

私がこれまで述べてきたように、製造業は貧困国にとっては経済成長の手段であり、それにはいくつかの重要な理由がある。まず第一に、多くの製造業では生産性が大きく改善する傾向にある。「単純な」製造業——衣類のような——で足がかりを築くと、生産性が着実に改善し、やがてより洗練されたほかの産業に移行することができる可能性が高い。第二に、製造業は貿易財を扱っている。つまり、製造業で成功すれば、世界市場におけるシェアを取り込むことによって、ほぼ際限なく規模を拡大することができ、需要の壁で頭打ちになることがない。第三に、製造業は低所得国において最も豊富な資源である非熟練労働者を大量に吸収してくれる。衣類や履き物、玩具、電子機器の組み立てなどの仕事はほとんどスキルを必要とせず、農業従事者でも容易に工場ラインの労働者になることができる。

こうした理由から、これまでの歴史において産業化は急速な経済成長の主要なエンジンだった。生産性が先進国に追いつき、輸出が拡大し、労働者が吸収される。世界の先進国との差が縮まり、テクノロジーの進歩に対する需要が非常に大きくなるまで、こうした一連の要因が経済を成長させる好循環を生み出すのだ。

改めて言わせてもらうが、こうしたやり方は過去にうまくいったやり方にすぎない。今のアフリカやアジア、ラテンアメリカの低所得国が急速かつ持続的な経済成長を成し遂げたいのであれば、過去と同じようなやり方をしなければならないというのが従来の考え方だった。

ところがこうした予想は裏切られるかもしれない。我々がいま住む世界は、昔とは全く異なる世界だ。グローバリゼーションと技術進歩の力が合わさって製造業の仕事の性質が大きく変わったことで、後続国が東アジアの虎や欧州諸国、北米諸国の産業化の道をなぞるのが不可能とは言わないまでも、非常に難しくなっている。

次に述べる事実を考えてほしい。一九六〇年代以降、発展途上国における標準所得と人口統計的な決定要因を調整した（経済全体に占める）製造業の雇用と生産高の割合は、十年ごとに低下していった。産業化のピークにおける製造業の雇用水準と生産水準はかつてないほど低下し、ピークに達しても所得は先行して産業化した国々のほんのわずかにすぎない。つまり、（大半とは言わないが）多くの発展途上国がきちんと産業化することなく、サービス経済に移行しているということだ――私が「早すぎる脱工業化」と呼んだプロセスだ。初期に産業化した国は三割、もしくはそれ以上の労働人口を製造業で雇用できたが、直近の後続国はめったにそうした恩恵に預かれることはない。ブラジルでは製造業が雇用に占める割合は十六パーセントにすぎず、メキシコでは二十パーセントで頭打ちとなった。インドでは十三パーセントに達した後、（相対的に見れば）低下していった。(3)

ラテンアメリカは、そうした被害が最も深刻だった地域のように見える。また心配なことに、そもそも産業化している国がほとんどないサハラ以南のアフリカでも、同様の傾向が証拠によって強固に裏付けられている。早すぎる脱工業化の運命を逃れたように見えるのは、ほんの一部のアジア諸国と製品輸出国だ。先進国は雇用の面では大きな脱工業化を経験してきた。ただ、不変価格〔実質値〕で見ると、製造業の生産高は比較的その水準を維持している。脱工業化の議論では実質値ではなく名目値を重視するため、これは一般的には見過ごされがちな点だ。

こうしたトレンドの裏には、テクノロジーと貿易の両方がかかわっている。世界的に急速に進んだ製造業の技術進歩によって、サービスと比較した工業製品の相対価格が低下したことで、発展途上国の企業にとっては新たに市場に参入するインセンティブが低下している。同時に、製造業がより資本集約的、技術集約的になったことで、農業や非公式経済出身の労働者を吸収する潜在力が著しく低下した。貿易の面では、中国など成功した輸出国との競争や世界的な貿易障壁の解消によって、いままでは国内消費向けの単純な製造業を発展させる機会すらほとんどの貧困国には与えられていない。輸入代替による産業化の余地がなくなったのだ。

我々がこれまで親しんできたような形の産業化を経験するのは、東アジアの虎たちで最後になるというのもありえない話ではない。もしそうなれば、これまで説明してきたような理由から、経済成長にとっては悪いニュースだ。発展途上国においては、バンカーや経営者と小商いや家事手伝いなど非公式経済で働く人々との間の収入や労働環境の格差は、かつてないほど大きくなっている。人的資本や制度の機能を十分に蓄積する前に早期にサービス経済に移行したことで、先進国でさえ対応に苦しんでいる労働市場における格差や排除の問題をさらに悪化させたのだ。

仕事の将来

こうした早すぎる脱工業化のプロセスが、怪我の功名になる可能性はあるだろうか？ 個人裁量や自由の観点から、サービス業にはいくつかの利点があることを私はすでに指摘している。ジェイムズ・C・スコットは、米国の大半の工場労働者が自分の店やレストランを開業したり、農場で働きたいのではないかと指摘している。「これらの夢に共通しているテーマは、厳重な管理からの解放と働く日を自分で決められる自由裁量です。彼らにとっては、そうした小規模ビジネスに伴う長時間労働とリスクを十分に補う利点でしょう」。スコットはこうした仕事と、「自由裁量が全くなくなるよう組み立てラインが細かく定められた……」工場の環境における労働とを対比させている。(4) もしかしたら発展途上国の労働者はうまいこと近道をして、製造業の単調な仕事を迂回できるかもしれないのではないだろうか？

そうかもしれない。ただ、そのような未来をいかにして構築できるのだろうか？ 今のところ、明確な道筋はない。ほとんどの労働者が自営業者——店主や独立した専門職、芸術家など——で、きちんと生計を立てながら雇用条件を自分たちで決められる社会というのは、人々の生産性が非常に高い場合にのみ実現可能な社会だ。生産性が高ければ、独立した自営業者が提供するサービスに対する需要も大きくなり、彼らの所得も高くなる。ただこれまでの歴史において、サービス業全体では製造業ほど生産性は改善してこなかった。レストランの経営に必要なウェイターの数は百年前と変わらない。つまり、製造業以外の業種の所得や需要が改善したのも、産業化のおかげだったのだ。

つまり明らかなことは、政策決定者はこれからの仕事と人間開発を考えなければならなくなったとき、全く新しい課題に向き合うことになるということだ。サービス業における生産性の改善なしには、経済はこれ以上成長しないだろう。アジアなどにおける急速な経済成長の初期の段階では、輸出志向の産業化を奨励する上で、一部の業種を狙ったアプローチがうまく機能した。ただそうしたやり方から、経済全体の人的資本と制度の整備に積極的に投資するやり方に改めなければならないということだ。製造業が経済のエンジンとなるときには、輸出奨励策や経済特区、海外投資家の誘致など選択的な改革が大きな効果を発揮した。結局、世界市場の無限に近い需要を前にすれば、経済を牽引するには少数の輸出産業の成功だけで十分だったのだ。ところが大半が非貿易財であるサービス業に経済成長を委ねたとき、選択的な取り組みではうまくいかない。改革に向けた取り組みはもっと包括的で、あらゆるサービス業の生産性改善を同時に目指したものでなくてはならない。

人々が「今日はあることをして、明日は別のことをする。狩人や漁師、畜産農家、批評家にならなくても、朝は狩りをして、昼間は魚を釣り、夕方には家畜の世話をし、夕食後は批評をする……」社会をマルクスが予見していたことは有名だ。ただその前提条件として、経済の生産力が十分に高くなくてはならない。今日まで、産業資本主義が生産性の高い社会を作り上げるほぼ唯一の道だった。

工場労働は決して楽しいものではなく、（マルクスが強調したように）大きな社会的緊張も生み出したが、生産性を見事に改善させた。

今日では、産業資本主義の道は以前ほどは望ましいものではないし、実行できるものでもない。新たな道を切り開かなければならないのだ。その代わりとなる新たな道の、大まかな方向性を述べることは難しくない。サービス業を基盤とした経済モデルであり、物的資本の蓄積――製造業の工場や設備など――ではなく、ソフト面のインフラ――学習や制度の機能など――をより重視したものとなるだろう。ただそれ以上のことについては、まだほとんど手探りのままだ。

経済・政治制度

（局所的な政策改革にとどまらない）制度こそが、経済発展の過程において最も重要だと一般的に考えられるようになって久しい。経済学者は特に、二つのタイプの制度を重視した。所有権を保護する制度と契約をきちんと履行させる制度だ。必ずしも公然と語られてきたわけではないが、経済学者は制度に対して万能主義的な考え方を持つ傾向にある。つまり、ある環境でうまく機能した制度は、ほかの環境にもそのまま当てはめることができると考えているのだ。やがて、こうしたベストプラクティス的考え方が世銀やIMF、OECDなどの国際機関における現場や政策立案で幅を効かせるようになるだろう。腐敗を減らし、規制制度や法制度を改善し、ガバナンスをより広い範囲で強化するよう求める勧告には際限がなく、ワシントン・コンセンサスによる詳細かつかなり具体的な処方箋のリストには新たな項目がどんどん書き加えられていく。

私は二〇〇〇年に発表したある論文の中で、ますます幅を効かすようになっているテクノクラート的な制度改革の考え方は、全体像の中の重要な部分を見落としていると主張した。(5) 制度設計の持つ大切な性質、可鍛性と文脈の固有性という二つの性質の両方を無視しているのだ。

一度も訪れたことのない国に行って飛行機から降り、次のような指令をまくし立てることはできる。「インフレ率を低水準で安定させよ」、「起業家が安全だと感じ、投資に対してリターンが得られる環境を整えよ」。確かにいずれももっともな言葉だ。こうした条件が満たされなければ、誰がその経済に投資できるだろうか？　成長を支える制度というのは、マクロ経済の安定を維持したり、投資家が資産の収奪を恐れないようにするなど、一定の普遍的な役割を果たさなければならず、その点に異を唱える者はいない。そうした保証のない国で市場に基づいた経済の発展を予想することが難しいという意味で、どの国でも求められている制度の役割だと言える。

ただ、求められる役割がわかったところで、必要な制度が取るべき形に関する明確な答えは教えてくれない。東アジアを見れば十分にわかるように、ベストプラクティスの観点からは大きく理想とかけ離れた制度であっても、市場のインセンティブを生み出すことはできるのだ。（中国の郷鎮企業〔中国の最少行政単位である郷や鎮が経営する企業〕のように）効果的で十分な支配権を投資家に与える取り決めさえあれば、個人の所有権すらなくても構わないように思える。役割から唯一の形式が定まるわけではないのだ。(6)

また、民主主義はそれぞれの社会が自分たちの環境に適したやり方で制度を整えることを許す、制度を超えた《メタ》制度だ。もちろん、中国は民主主義ではない。ただ、同国の制度設計に対する実験的なアプローチは、改革が特定の地域できちんと実施され、大きな富の再分配が起きないように留意しながら、民主主義社会における熟議や意思決定のやり方を本質的な部分で模倣している。また、民主主義が予見性や安定性、立ち直る力を高め、より公平な富の分配をもたらすことによって、質の高い経済成長をもたらすことを示唆している国際比較研究の証拠もその論文の中で提示している。[7]

その論文が発表されたとき、民主国家の数は世界中で急速に増えていた。ある統計によると、今日では民主国家の数は独裁国家の数を上回っている（これは世界の歴史においてこれまで一度も起きなかったことだ）。[8] まさに祝福すべきことと言える。ところが新たに誕生した民主国家が置かれている状況は、決してバラ色とは言えない。

民主主義の失敗

一九九七年に発表した先見の明のある論文の中で、ファリード・ザカリアは「民主的に選ばれた政権が……自分たちの権力に課された憲法上の制約を無視し、市民から基本的権利や自由を奪うことが常態化している」と書いている。程度の差はあれ自由な選挙を実施している国の大半で、西洋の基準からはほとんど逸脱した国家運営がなされていることに専門家は気づき始めたのだ。今では専門家は民主主義の進歩を称えるよりも、「民主主義の後退」を口にすることの方が多い。[9] ザカリアはそれらの政権を「非自由主義的民主主義」と呼んだ。[10]

彼らが指摘しているように、選挙民主主義は自由民主主義とは異なる。シャルン・ムカンドと私は三種類の権利を区別することで、その違いを形式化した。[11] 所有権は、政府などの組織による収奪から資産の所有者や投資家を保護する権利だ。政治的権利は、自由で公平な選挙による競争を保証し、その競争の勝者にはほかの権利によって課される制約の範囲内において政策を決定することを認める。市民権は、法の下の平等を保証する。つまり、正義や安全、教育、健康などの公共財を提供する上で差別をなくすということだ。政治的権利と市民権はお互いに重なり合っており、区別するのは難しい

		政治的権利	
		ない	ある
市民権	ない	非自由主義的独裁国	選挙民主主義国 （アルゼンチン、クロアチア、ウクライナ……）
	ある	自由主義的独裁国 （モナコ）	自由民主主義国 （カナダ、チリ、韓国、ウルグアイ……）

図4・1　政治体制の分類

が、両者は同じではない。例えば、フリーダム・ハウスの素点に基づいた表によると、（上記のように定義される）政治的権利を国民に与えている国よりも、市民権を与えている国の方がずいぶん珍しい。

政治的権利と市民権を区別することで、選挙民主主義と自由民主主義の違いを定義することができるようになる。選挙民主主義は国民に所有権と政治的権利を与えるが、自由民主主義ではさらに市民権を与える。図4・1に示した2×2のマトリックスを使うと、その基準に従って各国を分類できる（分類は公表されていないフリーダム・ハウスの素点に基づいたものだ。詳細は論文に掲載している）。

市民権を与えているが政治的権利を与えていない国――我々が「自由主義的独裁国」と呼ぶ国――は、極めて珍しい。参政権を拡大する前の十九世紀初頭の英国が、過去の歴史においてこの範疇に当てはまる代表的な例だ。おそらく現代における唯一の例は、モナコ公国だ。

経済発展に関する論文は「法の支配」の重要性を強調しており、ある程度、自由主義的な慣習の重要性を認識している。ただ、経済学者などの専門家が法の支配について議論する際、区別すべき二つのことをよく混同することがある。一方で、貧困国においては法の運営や執行がきちんとなされないことで、権利の侵害と権力の乱用に対する司法による救済を無効にすることがある。他方で、連立政権——「多数派」——は自分たちの立場を確固たるものにし、自分たちの支持者に便宜を図るために、意図的に民族的、宗教的、イデオロギー的マイノリティを差別することができる。インドは法の支配の指標で下位にランク付けされるが、それは法廷で判決が出るまでにあまりに時間がかかるためであり、司法の体制が特定のカーストや宗教のメンバーに対してあからさまなえこひいきをするからではない。トルコでは、政府の反対派——世俗主義者であれ、自由主義者であれ、クルド人活動家であれ——が異議を唱えているときには、法の支配は機能しない。法制度がうまく機能しないことと意図的なえこひいきは全く異なるものだ。前者は制度の機能を改善し、官僚機構の処理能力を高めれば改めることができる。後者はまさに、司法機構の恣意的な運営によるものだ。このタイプの権利の侵害はより陰険で、おそらくより害が大きい。マイノリティや政府の反対派を標的にした権利の侵害は、権力の座を堅持したがる政府のお決まりの手口だ。社会における異なるアイデンティティ、異なるイデオロギーの間の対立を深め、自由民主主義の確立をより困難なものにする。

歴史的に見ても、自由民主主義が容易に確立された国はなかった。米国はおそらく世界で最古の民主国家だが、表向きには自由の国を謳っていても、一九六〇年代に公民権運動が実を結ぶまでは、完全に自由主義の国と呼ぶにふさわしい国ではなかった。注目すべき例外である英国を除いて、大半の西欧諸国は第二次世界大戦前には周期的に様々な形の独裁政権に変容した。一九四五年以降に西欧で自由民主主義が再び確立されたのは当然の結果ではなく、戦前のファシズム体制に対する不信感によるところが大きかった。日本もアジアにおける予想を裏切る成功例だった。これら先進的な脱工業化社会における政治体制を理想化する必要はないものの、発展途上国においてはこうした国々の後を追うことが非常に難しかったということは認めざるを得ない。かつて社会主義国だった東欧や南東欧の国々を見ても、非自由主義の誘惑は明らかだ。EUに加盟したにもかかわらず、ハンガリーはまさに非自由主義的民主主義のモデルになろうとしている。今日、民主化の第三の波以降に民主主義になった国の大半は、自由民主主義ではなく選挙民主主義だ。

自由民主主義はなぜそれほど珍しいのか？

自由民主主義がなぜ珍獣のように珍しいのかを理解するためには、国家が独裁から民主主義に移行する状況について考えてみるとわかりやすい。民主主義への移行を研究した政治学や政治経済学の多くの論文は、二種類のプロセスを重視する傾向にある。[12] 第一のプロセスは、エリート（国家の中枢にいる人々）同士の対立と交渉にかかわるものだ。エリートが二つのグループに分かれ、グループ同士の協調が困難になったとき、民主主義は彼らが権力を共有するための制度として浮上する。第二のプロセスは、エリートとそれ以外の人々との間の争いにかかわるものだ。エリートはほかの人々を抑え込むことができなくなったとき、政治の不安定化や大衆の反乱を見込むくらいなら、彼らに参政権を与えた方がいいと考えるかもしれない。

そうした移行を経て得られる民主主義は、残念ながら自由主義的ではないだろう。自由民主主義の主な受益者——選挙民主主義の受益者とは違い——は市民権を剝奪されているマイノリティグループであり、彼らはいずれの解決の場でもほとんど力を持たない。エリートにとっては、自分たちの所有権を保護することが最優先事項だ。エリートではない人々の中の支配的グループ——彼らを「マジョリティ」と呼ぼう——が求めているのは、自分たちの好む政策を選べる選挙権だ。差別をなくすことによって最も利益を得る民族的、宗教的、イデオロギー的マイノリティは、その交渉のテーブルに座ることはめったにない。つまり、民主化の政治的ロジックに従えば、自由民主主義ではなく選挙民主主義が生まれることになる。真の謎は、自由民主主義がそれほど珍しいことではなく、そもそも存在すること自体なのだ。

この憂鬱なロジックを、より自由民主主義に有利なロジックに修正できる状況もいくつかある。まず第一に、エリートが所有権に加えて市民権を求める何らかの理由があるかもしれないときだ。英国の名誉革命において、国王に打ち勝った地主や裕福な商人は、宗教と経済の両面で自分たちを国王から守ろうと努めた。彼らはジェイムズ二世が法外な課税によって自分たちの財産を取り上げる権力を恐れるのと同じくらい、彼のカトリック信仰を自分たちに押し付けることを恐れたのだ。つまり英国では、所有権と市民権が同時に確立された。英国の自由主義者はやがて、これら二つの権利をいずれも同じプロセスの本質的要素と考え、ほとんど区別しなくなる。例えば、T・H・マーシャルの有名な論文「市民権と社会階級」の中では、所有権は市民権の一部に含まれることになる。[13]

南アフリカは非常に異なるケースだが、同国に一風変わった自由主義的規範が存在し続けているのは、いくつか類似した状況があったせいのように思える。一九九四年の民主主義への移行の時期に、マイノリティ〔同国で社会的に立場の低い黒人〕政権は白人の所有権だけではなく、彼らの市民権を守ることにも熱心だった。[14] 名誉革命のときのように、〔国家の中枢にいる〕エリートがマイノリティと同じ「アイデンティティの特徴」を持っていたため、差別の標的とされることを恐れ、彼らは市民権を保護することに特に関心を抱いたのだ（残念なことに、南アフリカではここ何年も、自由主義的規範が薄れている。二〇〇九年以降、我々の指標に従えば同国は自由民主主義とは分類されていない）。

第二のプロセスは、社会が相対的に均質的で、国民の間にアイデンティティの対立をあおる目立った要素がない国で起こる。このケースでは、マジョリティには差別の標的にするような明らかなマイノリティがいないため、自由民主主義と選挙民主主義が実質的に区別できなくなるのだ。日本と韓国はおそらくこのモデルにふさわしい国だ。

最後に、圧倒的なマジョリティが存在せず、いずれのアイデンティティを持つグループも無期限に権力の座に居続けることが期待できないとき、自由民主主義を維持できる。そうしたケースでは、繰り返しゲームのインセンティブによって、穏健で寛容な体制が維持されるかもしれないのだ。すべてのグループが、自分たちもいつかマイノリティの側になるかもしれないという不安から、ほかのグループの権利を尊重するというわけだ。

ただ多くの理由から、そうした暫定的な協定は長続きしない。たとえ社会が多数の分野横断的な区分によって分かれていても、成功する政治主導者は多数派の連立政権を築いて維持することができる。そうした主導者は連立政権の中身が時間とともに変わったとしても、連立に属していないグループの権利にはそれほど関心を示さない。トルコのレジェップ・タイイップ・エルドアンはこの戦術の格好の例だ。もしくは、主導者が単に自分たちが政権を維持できる期間を過大評価している場合には、彼らは意外に早い段階で今の野党グループの善意を必要とするかもしれないということを見落とすだろう。

先進国と発展途上国、どちらも同じようにこうした問題に悩まされている。大陸欧州においては、自由民主主義の地盤は――少なくとも戦後の時期までは――脆かった。所得と階級に基づいた協力関係に匹敵するほど（宗教や民族、言語に基づいた）アイデンティティによる分断が大きかったことがその理由の一つだ。ファシストとナチは、「他者」（外国人、ユダヤ人、ジプシー、「コスモポリタン」）を非難し排除する彼らのアイデンティティ・ナラティブに基づいて十分に大きな与党連合を作れたから成功したのだ。それでも多くの点において、発展途上国がいま直面している課題の方がはるかに深刻だ。

発展の遅れがもたらす政治的デメリット

欧米では参政権が拡大する前に自由主義が発展し、広がっていった。行政府の抑止や法の支配、宗教的寛容、言論の自由は、十九世紀の前半には英国でしっかりと確立していた。民主主義は遅れて発展したものであり、自由主義者はその利点についてかなり懐疑的だった。古典的な自由主義の最も有名な理論家であるジョン・スチュアート・ミルは、民主主義には英国が近年になってようやく到達したような（ロシアやインドのようなほかの社会にはない）ある程度の水準の社会的成熟が必要であると考えた。アレクシ・ド・トクヴィルとともに、選挙がもたらすかもしれない「多数者の専制」に思い悩んだ。エドモンド・フォーセットは、第一次世界大戦までの数十年間に自由主義者は不承不承に民主主義と和解したと説明している。一般国民が「大衆の意志という権力に課される自由主義的制約」を代わりに受け入れることを期待して、彼らは参政権の拡大を支持したのだ。(15)

発展途上国が置かれている状況との違いはあまりにも大きい。発展途上国では自由主義的政党が優位に立つことはめったにないし、民主主義が導入される前、植民地の時代には、語るべき自由主義の伝統すらなかった（エリートの間に広がる英国の影響のおかげで、インドはおそらく例外だ）。

第二に、本章の冒頭で見たように、欧米で自由民主主義を促した産業化の力は今日の発展途上国ではずっと弱まっている。産業化は民主主義にとって重要だった。なぜなら、昔ながらの貴族政治の秩序を解体する社会の力を解き放つものだからだ。それはつまり、エリートとそれ以外の人々との間の対立軸が、賃金や労働者の権利、税、給付金にかかわる生計の問題になったということでもある。まさに自由民主主義によって対応し得る争いであり、労働市場の規制や社会保障制度がその中心だった。こうした制度革新はやがて資本主義の性質を変えることになるが、自由主義の慣習への深刻な脅威にはならなかった。

発展途上国では大衆の政治的な動員は通常、全く異なる状況で起こる。宗主国からの独立、もしくは国家の解放を求める戦争のためのもので、主な対立軸は経済的利益に基づいた階級ではなくアイデンティティだ。政治はネーション・ビルディングを軸に展開し、動員された大衆には戦うべき暗黙の、もしくは明らかな「相手」――宗主国、隣国、独立を阻もうとする民族グループ――がいる。

政治学の観点から言うと、アイデンティティの対立は根源的なもの、つまり何かに影響を受けないものではない。人為的に深めたり、操作したりできるものであり、民族や言語、宗教に基づいた政治的動員を誘発するものだ。歴史的な緊張関係や文化的多様性は、頭のいい政治家が選挙において多数を形成するための材料を提供する。この種のポピュリズム――右派のポピュリズム――は、ある重要な点で所得や階級間の対立を軸としている左派のポピュリズムとは異なる。「左派のポピュリスト」は、彼らを政治に駆り立てている所得や階級間の対立を克服することを目指す政策(所得の増加や再分配)を公約に掲げる。一方「右派のポピュリスト」は、自分たちの権力を維持するためにはアイデンティティの対立がそのまま拡大(そして深化)し続けてもらわなければならない。つまり、左派のポピュリズムと異なり、右派のポピュリズムは自由民主主義の出現を直接的に妨げるのだ。

アイデンティティが対立する政治でも、明らかな多数派の集団がいないことで、各民族や言語集団が自分たちの権利を保持し続けることができる安定的な状況を作りだすことはある(通常は一時的だが)。一九七五年以前のレバノンの多極共存型民主主義は典型的にこのケースだ。[16] ただ、主要な政治的対立軸がアイデンティティに基づく場合、政治バランスの足場はもろく、人口統計の変化や機会主義的な政治家の登場で不安定になりやすい(レバノンでは、ヨルダン系パレスチナ人の流入とその後の内戦の後に実際に起きたことだ)。

もちろん、発展途上国はまだ貧しく、今の先進国が十九世紀や二十世紀初頭に経験した構造変化が起こるのはおそらくこれからだろう。また、発展途上国の中で産業化に成功した国が、ゆくゆくは自由民主主義になったというのも事実だ。韓国と台湾を考えてみてほしい。いずれの国でも産業化によって分厚い労働者階級が生まれ、彼らが民主化運動の中で大きな役割を果たした。モーリシャスのケースはもっと印象的だ。民族的には分割された社会だが、自由民主主義が今でも生き続けている。スイスを見ればわかるように、大きなアイデンティティの対立が必ずしも自由民主主義にとって乗り越えられない障害というわけではないようだ。ただ、産業化——特に大きな労働運動を起こすこと——は自由主義的な政治を導入する余裕を社会に与え、アイデンティティに基づく政治を抑える上では重要なように思える。

独裁政治の代償

民主主義の退廃は、人権と国民の自由を明らかに損ねるものだ。また、そこまで明白ではないものの、経済パフォーマンスに対してもマイナスの影響がある。

政治が経済の将来性にどのような影響を与えるかは、あらゆる社会科学の分野において最も基本的な——そして最も研究されてきた——テーマの一つだ。政治的競争のプレッシャーにさらされることのない強力な指導力を持つ独裁と、利害が異なる複数の集団が競い合うことで新しいアイデアや新たな政治プレイヤーに開かれた多元性。果たしてどちらが経済成長に向いているのか？（韓国や台湾、中国などの）東アジアの例を見る限り、前者が向いているように思える。ところが、ほぼすべての豊かな国——天然資源の恩恵だけで豊かになった国を除いて——が民主主義であるという事実はどのように説明すればいいのだろうか？　開かれた政治は経済成長の後に導入されるのではなく、経済成長に先立つものなのだろうか？

個別のケースではなく、体系的な過去の証拠全体を見れば、経済成長の観点からは権威主義は大きく負け越している。急速な成長を成し遂げた権威主義国家もあるが、それを大幅に上回る数の権威主義国家が成長に失敗している。リー・クワン・ユーが率いたシンガポールのような国の成功の陰には、モブツ・セセ・セコが率いたコンゴのような国がたくさん転がっているのだ。長期的な経済成長やその他のいくつかの重要な点において、民主主義は独裁を上回る成果を挙げている。景気変動の振れ幅を見る限り、民主国家の経済はより安定している。（交易条件の悪化や資本流入の急な途絶など）外部の経済ショックに対する調整も柔軟で、医療や教育、人的資本に対する投資もより積極的だ。また何より、民主主義はより公平な社会を実現するのだ。

対照的に、権威主義体制はその政治制度のように脆弱な経済を生み出す。権威主義国家に経済力が仮にあったとしても、それはリーダーの個人の力、もしくは一時的にすぎない有利な環境に依存したものだ。持続的な経済のイノベーションやグローバル経済をリードするようになることを望むことはできない。

一見すると、中国は例外のように思える。毛沢東による凄惨な社会実験が終息した一九七〇年代後半以降、中国経済は極めて好調で、過去に類を見ない成長率を達成してきた。地方における意思決定の一部は民主的になったものの、中国共産党が中央の政策を掌握し続け、人権はたびたび侵害されることでその印象が損なわれている。また、中国は比較的貧しい国のままだ。このまま経済成長を持続できるかどうかは、経済でそうしたように政治制度にも競争原理を持ち込めるかどうかに大きく左右される。そうした変革なしでは、反対意見をまとめ上げたり、声に出したりする制度的メカニズムがないため、いずれ政府の力では手に負えない争いを生み出すだろう。政治的安定と経済成長、その両方が損なわれるのだ。

それでもロシアと中国は大きくて力のある経済国だ。この二つの国を見て、ほかの国のリーダーたちも国内の敵対する政治グループに対する圧力を強めながら、経済成長を期待することができると考えてしまうのかもしれない。

トルコを考えてみよう。中東の台頭する経済強国であり、最近まではその地域で唯一のイスラム教の民主国家になると思われた。首相になったレジェップ・タイイップ・エルドアンは一期目の間、マイノリティのクルド人に対する抑圧の手を緩め、国内の法制度を欧州基準に合わせる改革案を議会で通過させた。

ところが二〇〇〇年代後半以降、エルドアンとその支持者たちは敵対するグループを脅迫し、メディアや公的機関に対する政府のコントロールを強化する運動をその真意をうまく隠しながら始めた。それに先立ち、数百人の軍関係者や学者、ジャーナリストがテロを煽動し、クーデタを謀ったという捏造された容疑で投獄された。エルドアンは以前は盟友だったフェトフッラー・ギュレンの支持者と袂を分かつと、魔女狩りの矛先を彼らに向けた。二〇一六年七月の彼らによるクーデタの失敗後、その矛先はより鋭くなった。十万人以上の公的部門の労働者が解雇され、トルコはジャーナリストの投獄者数で世界一となった。権威主義への瞬く間の転落は、トルコ経済の先行きにも大きなダメージを与えた。これから政策決定の質は徐々に蝕まれ、世界経済における自国の立場を弱めることになるだろう。

外部の専門家や金融市場は、そうした政治的動向を見極めるのが常に長けているわけではない。政治がきな臭い方向に変わったことが明らかになった後でも、トルコは欧米諸国の専門家と新興国市場のアナリストから熱烈な賞賛を受けていた。

ブラジルの経験は極めて対照的なケースだ。ブラジルの通貨は二〇一四年半ば以降、暴落した——大半の新興国市場を大きく下回った。その主因は、大きな汚職事件が発覚したことだ。検察が国営石油会社であるペトロブラスを中心とする、同社幹部や国会議員、官僚を巻き込んだ広範囲に及ぶキックバックのスキームを暴いたのだ。金融市場が驚きを持って反応したのは当然かもしれない。

ただ汚職事件の発覚以降、我々が学んだことは、ブラジルの法制度と民主制度の脆さではなく、その卓越した強靭さだった。ジルマ・ルセフ政権が自然の防衛本能として、捜査をもみ消そうとしたにもかかわらず、検察と裁判官は自分たちの仕事を全うすることができた。あらゆる角度から見て、捜査は適切な司法の手続きに則ったもので、政府の反対派の政治アジェンダを押し進めるために利用されることもなかった。司法組織に加え、連邦警察や財務省を含めた多くの機関も捜査に協力した。国を代表するような実業家や政治家が収監され、その中には与党である労働者党に所属する元財務大臣も含まれていた。

金融市場は通常、バックワード・ルッキングではなく、フォワード・ルッキングだと考えられている。ブラジルで起きた出来事を汚職が同じように問題になっているほかの新興国ときちんと比較すれば、ブラジルの評価は上がったはずだ。

トルコに話を戻すと、腐敗はブラジルよりも深刻で、もっと政界全体に広がっている。リークされた電話での会話は、エルドアンと彼の家族、何人かの閣僚がイランとの貿易や建設事業の発注をめぐる大きな儲けにつながる不正にかかわっていたことを直接的に示すものだった。政治家と彼らを取り巻く財界人たちを儲けさせるために、政府の調達が長い間利用されていたのは公然の秘密だ。ところが今では、エルドアンに対する汚職捜査を指揮した捜査幹部が刑務所にいるのだ。捜査を支持していたメディアの機関は閉鎖され、政府に乗っ取られた。エルドアンは警察がギュレンを支持しており、捜査はエルドアンを引きずり下ろすことを政治的目的としたものだと主張した。いずれの主張もおそらく真実だが、汚職の申し立てに対する政府の取り締まりの露骨に違法なやり方を正当化するものではない。

トルコの制度は、立て直すことが非常に困難なほどの泥沼に陥っている。一方でブラジルの政治制度は、短期的にはより大きな経済的損失が伴ったものの、事態が収拾した後はより力強いものとなっているはずだ。

経済発展によって政治は良くなるのか?

では逆方向、つまり経済が政治に与える影響はどうだろうか?

国連はアラブの春が起こる直前の二〇一〇年、二十周年となる『人間開発報告書』を発表した。最大のサプライズは、中東や北アフリカのイスラム諸国の評価の高さだった。過去四十年間にどれだけ人間開発指数(HDI)が改善したかという観点で見ると、チュニジアは百三十五カ国中で六位となり、マレーシアや香港、メキシコ、インドを上回った。エジプトも十四位と健闘した。

HDIは経済成長に加えて、健康と教育の面での到達度を測る発展の指標だ。エジプトと(特に)チュニジアは経済成長の面でも十分に良いパフォーマンスを見せたが、真の輝きを放っていたのはより包括的な指標においてだ。チュニジアの平均寿命は七十四位と、ハンガリーやエストニアなど二倍以上も豊かな国を上回った。エジプトではおよそ六十九パーセントの子どもが就学しており、豊かさでは大きく上回るマレーシアに匹敵する割合だった。きちんと社会福祉サービスを提供し、経済成長の果実を幅広い国民に分配している国々であることに疑いの余地はない。

ところが、そんなことは国民にとって重要ではなかったのだ。〔映画『ネットワーク』の登場人物である〕ハワード・ビールの言葉を使わせてもらうと、チュニジアとエジプトの国民は政府に対して怒り狂っており、もはや我慢の限界に来ていたのだ。チュニジアのザイン・アル・アービディーン・ベン・アリーとエジプトのホスニー・ムバーラクが経済的利益の見返りに政治的人気を期待していたのであれば、かなり失望したに違いない。

アラブの驚異の年から学べる第一の教訓は、良い経済は必ずしも良い政治を意味しないということだ。非常に長い間、その二つは別々の道を歩むこともあるのだ。確かに、世界で豊かなほぼすべての国が民主国家だ。ただ過去数十年もの間、民主政治は経済発展の必要条件でも十分条件でもなかった。経済発展の実績はあったものの、チュニジア、エジプト、そしてほかの多くの中東諸国は、一部の限られた人間が支配する権威主義国家のままだった。腐敗や縁故主義、なれ合いが蔓延していたのだ。政治的自由や腐敗の度合いを測るランキングで見ると、経済発展の指標とは全く対照的な結果だった。ジャスミン革命が起こる前、フリーダム・ハウスはチュニジアでは「政府がジャーナリストやブロガー、人権活動家、政府の政敵を攻撃し、逮捕し、収監し続けている」と報告した。[17] トランスペアレンシー・インターナショナルによる二〇〇九年の政治腐敗度の調査において、エジプト政府は百八十カ国中、百十一位だった。もちろん、その逆のケースもある。インドは一九四七年の独立以来民主主義だが、一九八〇年代初頭までその低い「ヒンドゥーの成長率」の呪縛から抜け出せなかった。

第二の教訓は、急速な経済成長それ自体は政治制度が同様に急速に発展し、成熟しない限り、政治の安定には寄与しないということだ。実際、経済成長自体は政治を不安定にする根本的な原因である社会的、経済的流動化を引き起こす要因なのだ。

政治学者の故サミュエル・ハンティントンが四十年以上前に述べていたように、「社会的、経済的な変化——都市化、識字率や教育の改善、産業化、マスメディアの拡大——が政治意識を高め、政治に求める要求を大きくし、より幅広い政治参加を促す」[18]。その方程式にツイッターやフェイスブックなどのソーシャル・メディアを加えれば、急速な経済の変化によって胎動する社会を揺さぶる力は非常に大きなものになり得る。社会の流動化に政治制度がきちんと対応できなくなったとき、こうした力は非常に大きな効力を発揮する。国の政治制度が成熟しているときは、受け入れ、反応し、代表することを通じて、政府は国民の要求に対応する。政治制度が発達していないときは、いずれ収束することを——もしくは経済状況の改善で帳消しになることを——期待して、そうした要求をはねつけるのだ。

中東における出来事は、後者のモデルの脆さを余すことなく露呈している。チュニスやカイロの抗議者たちは、経済的機会の欠如や社会福祉の未整備を批判してデモをしていたわけではない。国民から遊離し、専制的で、腐敗し、国民が声を上げることを許さないと彼らが感じた政治体制に反対するために集まっていたのだ。

こうした大衆からの圧力にうまく対応できる政治体制が、欧米的な意味での民主主義である必要はない。政党相互の競争や自由な選挙を通して運営されているわけではないが、大衆の要求にうまく応じている政治制度をいくつか頭に思い浮かべることはできる。急速な経済の変化に直面しても持ちこたえる権威主義体制の例として、オマーンやシンガポールを挙げる人もいるだろう。おそらくその指摘は正しい。ただ、長期間にわたって価値を証明してきた唯一の政治制度は、欧米の民主国家に関連づけられる制度だ。

ここで再び中国に話が戻る。エジプトの大衆の抗議デモが頂点に達したとき、中国のウェブサイトで、エジプト、や、カイロ、などの言葉を検索していた人たちは、検索結果は見つかりませんでしたというメッセージを受け取っていた。中国政府が国民にエジプトの抗議デモについての記事を読んで、間違った考えを持ってもらいたくなかったことは明らかだ。一九八九年の天安門での民主化運動の記憶が生々しく残っており、中国の指導者たちは悲劇の再来を阻止したかったのだ。

もちろん、中国はチュニジアやエジプトとは違う。中国政府は地方では民主主義を実験しており、腐敗の取り締まりにも血眼をあげてきた。それでも過去十年の間に国民の抗議運動は広がった。政府が「群体性事件」〔民衆による集団的な示威行動〕と称した事例が二〇〇五年には八万七千件あり、政府がそうした統計を公表したのはその年が最後となった。つまり、件数はそれ以降も増加していることを示唆している。反対派は共産党による支配に対して危険を犯して異議を唱えているのだ。中国の指導者たちは、生活水準と雇用機会の急速な改善によって、水面下でくすぶっている社会的、政治的なストレスに蓋をしておけると踏んでいる。こうした理由から、中国政府は高い経済成長率を維持することに熱心で、与信による公共投資と民間投資を促しているのだ。

ところがアラブの春は、中国やほかの世界中の権威主義体制の酔いを覚ますようなメッセージを送った。権力の座を永遠に維持するために、経済発展に頼ってはいけないのだ。

正統な自由主義政治に代わる制度は？

本章ではこれまで、政治や経済に新たな展開が見られることを私は論じてきた。こうした変化、特に早すぎる脱工業化によって、発展途上国で自由民主主義が発展する可能性はむしろ低くなっている。大規模な産業化など自由主義が発展したこれまでのやり方には依存しない、自由民主主義に至るための新たな道はあるのだろうか？　必然的にこれまでとは違う道を歩むことになるだろうが、今日の発展途上国でも自由民主主義を実現することはおそらく可能だと私は考える。

経済改革との比較を用いて類推してみよう。アレクサンダー・ガーシェンクロンは、経済発展のゲームにおける後続国は、初期に産業化した国で機能した制度とは大きく異なる制度に頼って経済発展を実現しなければならないと考えた。この彼の考え方は時の試練を乗り越え、発展途上国において繰り返しその正しさが証明されてきた。経済成長の奇跡が起きたのは、政策立案者が欧米諸国から政策や制度の仕組みをそのまま模倣した国ではなく、自国の状況により適している新たな仕組みを構築した国だった。中国がそのゲームの名手と言えるが、それ以前に正統ではない発展戦略を成功させていた韓国や台湾、モーリシャスにも当てはまることだ。本書ですでに繰り返し見てきたように、市場経済は様々なタイプの制度の可能性を許容するのだ。

政治改革にも同様の可能性があるのだろうか？　自由民主主義――法の下の平等――のように見える政治体制が、欧米型の制度――例えば、独立した司法、政教分離など――なしで果たして実現できるのか？

一九七五年の内戦以前のレバノンの制度を考えてみよう。イスラム教徒のコミュニティとキリスト教徒のコミュニティの間の国民協定に従って一九四三年に作られた体制は、いくつかの点において自由主義体制のアンチテーゼのように見えた。宗教の違いを考慮すべき要因として、宗派の間であからさまに行政のポストを振り分けたのだ。政治組織の頂点では、大統領のポストをキリスト教マロン派に、首相のポストをイスラム教スンニ派に、議長のポストをイスラム教シーア派に割り当てた。この制度が安定していた間、自由主義の政治が全く発展していない地域では、レバノンはモデルとなる民主主義だと見なされた。政治学者はオーストリアやスイスと並んで、レバノンを世界における自由民主主義の国の一国と見なした。[19] 自由主義の社会を生み出したのは、非自由主義的な取り決めだったのだ。

発展途上国で自由主義体制を維持することが難しいのは、権力を抑制できる機関がないというのが大きな理由の一つだ。選ばれた政府はやりたい放題で、裁判所やメディアが目の前に立ち塞がっても、それらを容易に操ることができる。ポール・コリアーによると、そうした力の格差を埋めることのできる重要で強力な機関がある。軍隊だ。軍隊は特定の民族や宗教グループではなく国全体の利益を優先し、団結心があり、よく訓練され、実力主義である唯一の組織だというのだ。司法がその役割を全うできない国においては、軍隊こそが選ばれた政府の権力を抑制する組織としての役目をおそらく果たせる。[20]

もちろん、そうしたやり方はせいぜい痛し痒しだ。トルコを見れば、その長所と短所は明らかだ。一方で、軍隊は強力な力を持っている間、信心深く宗派心の強い政治グループが支配的になる事態を阻止し、手続きの法律尊重主義と法の支配を浸透させた――〔クーデター後の〕一連の見せかけ裁判において、軍に対してその法的手段が取られたときにも、法に従わないと理解されるくらいなら甘んじて法の裁きを受けたほどだ――立役者でもあった。ただ同時に、軍隊は独自の不寛容のイデオロギーを持っていた。戒律を遵守するイスラム系やクルド人の民族主義者にとって、トルコ共和国は決して寛容ではなかった。また、文民統治がたびたび妨害されたことで、政党の長期にわたる組織化と政治的妥協と節度の文化の発展が阻害された。

三番目の例として、中国の政治体制がこれからどこに向かうのかを考えてみよう。共産党による権力の独占を維持しながら、より自由主義的な体制を発展させる可能性はあるだろうか？　支配政党の内部で政治的競争がなされ、司法機関がしっかりと法の支配を執行しているシンガポールの巨大版を頭に思い描くかもしれない。そうした体制が、欧米諸国で慣れ親しんだ自由民主主義の基準に遠く及ばないと思える理由は数多く挙げられる。ただ、中国の不完全な市場経済と同様に、代わりとなり得るほかの大半の体制よりも良い結果を生み出すかもしれない。

四番目にメディアがある。報道の自由は、自由民主主義においては不可欠な要素と一般的に考えられている。ただ、多くの発展途上国や一部の先進国のように、大多数の主流メディアが公平でバランスの取れた見方を提供することにほとんど関心のない財界の利害関係者から資金提供を受け、支配されていたらどうだろうか？　煽情的なメディアが読者や視聴者の数を増やすために、アイデンティティの対立をことさら大きく取り上げ、深刻化させることに加担していたらどうだろうか？　そうしたジレンマに対するありきたりの回答は、メディア市場をより競争的にするよう求めればいいというものだ。ただ現実の世界では、それでは問題の解決は保証されない。欧米諸国では容認できないほどの積極的なメディア規制が、より良い結果を生む可能性を我々は排除できない。

私が本書で一貫して主張してきたように、市場を支える制度は多様な形態を取り得る。制度に関しては、純粋主義に陥ってはいけない。こうした考え方を敷衍し、私は自由民主主義を支える制度にも同じことが当てはまるのではないかとも考える。おそらく、自由主義は多様な制度の形を許容すると思われるが、経済学の領域において展開した持論に比べると、この点についてはそれほど確信がないことを慌てて付け加えておきたい。この考え方を自信を持って推し進めるには、正統ではない自由民主主義のより多くの例を見届けたい。ただ少なくとも、そうした考え方が真理の核心からは外れていないという考えを前向きに受け入れる必要がある。さもなければ、自由民主主義の将来について楽観的で居続けることはできない。

第五章　経済学者と経済モデル

経済学者は我々が住むこの世界を構築する上で、これまで大きな役割を果たしてきた。過去数十年の自由主義的――もしくは新自由主義的――な国際経済秩序を支えてきた取り決めの理論的概念やナラティブ、正当化する根拠を提供してきたのは彼らだった。これから彼らが果たす役割は、自分たちが作ったその既存の秩序を破壊することなのか？　はたまた再設計に手を貸すことで、既存の秩序を危機や矛盾から救うのだろうか？

経済学は使い方によっては非常に強力で役に立つ科学だ。ただ実務者の手に渡ると、誤った方向で使われることがよくある。世界金融危機の土壌を作ったとき、持続不可能で不健全なグローバリゼーションのモデルを推し進めたときがまさにそうだ。我々はどこで道を誤ったのだろうか？　本書で論じた代表的な問題を例にとると、経済学者はなぜ貿易協定が富の分配をもたらすということ――自分たちのモデルが非常に正確に予想していた結果だ――をそれほど否定したのか？

傲慢や自信過剰、そして認識が甘い政治。これらすべてに責任の一端がある。ただここでの最も驚くべき答えは、経済学者が自分たちの学問と訓練に背くような発言をすることがよくあるということだ。彼らは特に公の場での議論に参加しているときに、次のことをよく忘れる。経済学はあらかじめ決まった結論や政策的処方箋の集まりではなく、条件付きの答えだけを提供する、非常に文脈依存型の学問である。(1)　経済学においては、ほぼあらゆる質問に対して「状況次第です」という答えが適切になる（もちろん、経済学の強みは正確にどういった状況に左右されるのかということも通常は言えることだ）。本章でこれから見ていくように、経済学者の前に立ちふさがる困難の多くは、経済学の教えをあまりにも真に受けすぎることではなく、きちんと真に受けていないことが原因なのだ。

経済学者は自分たちの研究と政府の政策とのかかわりから、公の場での議論に引きずり込まれることがよくある。ただ彼らは通常、自分たちの公的な責任に対する自覚が薄い。自分たちの言葉が特定の利益団体に利用される懸念があるとき、経済学者は答えをあいまいにすべきだろうか？　もし評判の悪い独裁者の息子が国の経済の発展に関して助言を求めてきたとき、経済学者はその人物の依頼を受けるべきだろうか？　自分たちの研究がまだ有力な証拠を確立していないとき、経済学者はただ「わかりません」と言って、自分たちよりも理解不足の人々が公の議論をリードするのを放置しておいていいのだろうか？　もし経済学者は公共問題にもっと積極的にかかわりたいのであれば、こうした疑問や本章から九章にかけて論じる疑問に、より注意を払う必要があるだろう。

ノーベル賞の混乱？

二〇一三年のノーベル経済学賞（正式名称はアルフレッド・ノーベル記念経済学スウェーデン国立銀行賞）がラース・ピーター・ハンセンとともに、ユージン・ファーマとロバート・シラーに授与されたとき、多くの人はその人選に当惑した。ファーマとシラーはいずれも卓越した業績を残し、非常に尊敬されていたことから、人々が怪訝に思ったのは彼らに賞の資格があるかどうかではなかった。奇妙に思えたのは、選考委員会が二人を同時に選んだということだ。

この二人の経済学者は、金融市場の動きに関して正反対の見方をしていると思われていた。シカゴ大学の経済学者であるファーマは、「効率的市場仮説」の生みの親だ。資産価格は入手可能なあらゆる情報を反映しているという理論で、投資家がマーケットを打ち負かし続けることは不可能だということを示唆している。イェール大学の経済学者であるシラーはそれに対して、金融市場がきちんと機能していないことを証明することにキャリアの大半を費やしてきた。市場はオーバーシュートし、「バブル」（ファンダメンタルズでは説明できない資産価格の持続的な上昇）を発生しやすく、合理的ではなく「行動的」な力に突き動かされることがよくあるというのだ。両者の見方がいずれも正しいということはあり得るのだろうか？　ノーベル賞選考委員会は単純にどちらが正しくてもいいように、ヘッジをかけていただけなのか？

選考委員の心理を読むことはできないが、この人選こそが経済学の真の特徴——そして自然科学との重要な違い——を捉えている。経済学は人間の行動を扱う学問だ。人間の行動は、社会や制度などの文脈に左右される。意図的であろうがなかろうが、人間の行動がそうした文脈を作り出す。つまり、経済学の命題は普遍的ではなく、概ね文脈に依存することを示唆している。ある文脈に関する一連の前提と予想される結果の明確な因果関係を結びつける経済理論が、最善かつ最も有用な経済理論なのだ。

つまり、金融市場はときにファーマの理論に従って、ときにシラーの理論に従って動くということだ。それぞれの理論は、ある特定の条件の下では金融市場がどのように動くのかに関する我々の理解を整理してくれた。そのことにこそ両理論の価値がある。ある危急の事態においてどちらのモデル／理論を応用すべきか、その選択を助けてくれるのが理想的だが、これから見ていくように、それが可能なケースは非常に稀だ（残る受賞者であるラース・ピーター・ハンセンは、市場の動きが完全に合理的かどうかをテストする統計手法を編み出した功績で受賞した。まさに適切な人選だった）。

金融に当てはまることは、経済学のほかの分野にも当てはまる。労働経済学はいかに労働組合が市場を歪めるかだけではなく、いかに一定の条件下で生産性を高めるのかも重点的に研究している。貿易経済学は（実際起こっていることだが）グローバリゼーションがいかに国内の格差と各国の間の格差を縮めたり、拡大したりするのかを扱っている。開放経済のマクロ経済学者は、グローバル金融が国内の経済をどのような状況では安定化し、不安定化するのかを研究している。開発経済学者は海外援助が貧困を削減する条件について研究している。経済学の訓練では、どのように市場が機能するのかを学ぶだけではなく、市場の失敗についてや政府の介入によって市場の機能が改善する多くの方法についても学習しなければならない。

経済学者が誤った行為をするとき

柔軟で文脈に依存するという経済学の性質は、その強みでもあり弱みでもある。経済学の欠点は、世界金融危機の前後において十分に露呈された。世界経済が断崖絶壁から転げ落ちたとき、経済学者を批判する人々は彼らが危機を引き起こした共犯者ではないかと疑いの声を上げたが、それは正しかった。規制に縛られない金融は社会の利益だという見方に正統性を与え、広めたのは経済学者だった。「政府の過度な規制の危険性」の話になると、経済学者の言うことはほぼ一致していた。彼らの専門性——もしくは当時はそのように見えたもの——が、オピニオン・メーカーとしての特権的地位と権力者に近づく特別なルートを彼らに与えた。危機の到来について警報を鳴らした経済学者は、ほとんどいなかった（ロバート・シラーは危機の予言者の一人だった）。おそらくさらに悲惨なのが、彼らは世界経済を窮地から救い出す有益な指針を与えることすらもできなかった。長期的な経済の回復や成長を目的とした金融、財政、規制面での救済策をめぐる経済学者の意見は、決して一つにまとまることがなかった。

外部の人の多くは、経済学には大変革が必要だと結論づけた。教科書を焼き払って、一から書き直すべきだと彼らは言ったのだ。

ただそこには逆説がある。マクロ経済学や金融論が、どのように危機が始まり、大きくなっていったのかを理解する上で必要なツールを持たなかったわけではないのだ。実際、経済学者のツールに頼ることなしには、そもそも危機を解明することさえできない。例えば、中国が巨額の外貨準備を蓄えたことと、過度なリスクを取ったカリフォルニアの住宅ローンの貸し手は、どのようにつながっているのか？ 行動経済学やエージェンシー理論、情報経済学、国際経済学の知見に頼らずに、そのような相互関係を解読するのは不可能だ。経済学の学術論文を見れば、金融バブル、情報の非対称性、インセンティブの歪曲、自己実現的危機、システミック・リスクなどに関するモデルであふれている。金融危機とその余波の説明に必要なことは、ほとんどすべて学術誌に掲載されているのだ！ ただ、危機に至るまでの数年の間、多くの経済学者はこれらのモデルの教訓を軽視し、効率的かつ自己修正的な市場モデルばかりを重用した。その結果、政府の金融市場に対する監督が不十分になってしまった。ファーマの理論に偏りすぎて、シラーの視点が足りなかったのだ。

ケインズはかつて次のように言った。「経済学はモデルを使って考える科学であり、適切なモデルを選ぶ芸術も求められる」。今回の危機において足りなかったのは、芸術の方だ。経済学者（と彼らの助言を求める人）はその当時に自分たちが選好していたモデルに自信過剰になった。市場は効率的で、金融イノベーションによってリスクは最高の引き受け手が引き受け、自主規制が最もうまく機能するやり方で、政府の介入は無駄で有害なものだと考えてしまった。全く異なる結論を導き出す多くのほかのモデルがあることを忘れてしまったのだ。傲慢によって盲点が生まれた。経済学者が扱う科学には問題はなかったが、彼らの技芸や社会にはやや問題があった。

経済学者と一般大衆

経済学者ではない人々は、経済学は倫理や社会的関心事を無視して、市場と(配分の)効率性という狭い概念を崇拝する学問だと考える傾向にある。もしあなたが履修した経済学の唯一の授業が典型的な初級の概論であれば、もしくはある政策について簡単な意見を経済学者に求めるジャーナリストであれば、あなたが受け取る印象はそうなるだろう。ただ、もう少し高度な経済学の授業をいくつか履修すれば、もしくは上級の内容を扱うセミナーの教室で時間を過ごせば、それとは異なる印象を持つと思う。

経済学者は自分たちの学問の狭いイデオロギーに囚われているという非難からは逃れられない。それは経済理論を現実の世界に応用する際に、彼らが自ら墓穴を掘っているからだ。経済学が提供する総体的な見方をすべて伝えるのではなく、特定の救済策——経済学者個人のイデオロギーに最も一致する政策であることが多い——に過度な自信をのぞかせるのだ。

拙著『グローバリゼーション・パラドクス』の中で、私は次のような思考実験を行った。ジャーナリストがある経済学の教授に、X国、もしくはY国との自由貿易が良いかどうかについての意見を聞くために電話をしたとしよう。その教授は大半の経済学者がそうするように、間違いなく自由貿易を熱心に支持するだろう。[2]

次はその記者に、その教授が担当する国際貿易論に関する大学院の上級セミナーに学生としてこっそりと参加してもらうとしよう。そしてそのセミナーで記者に同じ質問をしてもらう。自由貿易は良いのでしょうか？　その問いに対する答えが簡潔な形ですぐに出てくるとは私は思わない。実際には、教授はその質問によって窮地に立たされ、次のように尋ねるだろう。「「良い」とは具体的にどういう意味ですか？」。「良いとは誰にとってのことですか？」。

その教授は冗長で聞いているのが苦痛になるような注釈の説明を始め、最後はすごくはぐらかした言葉で答えを締めくくるだろう。「私がいま説明したこの長い条件のリストがすべて満たされ、貿易によって損を被った人々を補償するために受益者に課税できるという前提であれば、自由貿易は国民全体の厚生を高める可能性があります」。もしその教授が打ち解けた気分であれば、自由貿易が経済成長率に与える効果は明らかではなく、前提条件次第で結果は変わってくるとつけ加えるかもしれない。

率直に忌憚なく自由貿易の利益を主張していた姿は鳴りを潜め、教授の口から出てきたのはあらゆる種類の弁解にまみれた言葉だった。奇妙なことだが、その教授が誇らしげに上級クラスの学生に教えていた知識は、一般大衆相手になるとふさわしくない（もしくは危険な）内容だと考えられるのだ。これは特に、貿易が所得の分配に与える影響について言えることだ。経済学者は学術論文においてはその問題について非常に詳細な説明を加えるものの、公の場ではあまり触れたがらない傾向にある。

初級コースの授業で理論を教えるやり方が、いかに社会に大きな影響を与えるのかについて経済学者は鈍感だ。私はハーヴァードの同僚の二人の教授から、グローバリゼーションに関する授業にゲストとして登壇してほしいと誘いを受けたことがある。同僚の一人は前もって私に、次のような忠告をしてくれた。「君に言っておかなければならないが、この授業にはグローバリゼーションを心から支持している学生が集まっている」。初日の授業で、その同僚は輸入制限よりも自由貿易を支持する人がこの中でどれくらいいるのかと学生に尋ねた。学生には比較優位の不思議さをまだ教えていなかったが、九十パーセント以上の学生が自由貿易を支持した。

代表サンプルを使った——ハーヴァードの学生だけではない——本物の調査で同じ質問をすれば、結果が大きく異なることはもちろん承知している。米国全体の調査では、回答者の三分の二が貿易制限を支持する。ただハーヴァードの学生の回答は、全く予想しなかった結果ではない。非常にスキルが高く、より高度な教育を受けている回答者は、ブルーカラーの労働者に比べて自由貿易支持に傾く傾向が強い。おそらくハーヴァードの学生は、単に自分たちの（将来の）財布を意識して投票していたのだろう。

もしくはどのように貿易が実際に機能しているのかについて、理解していなかったのかもしれない。私は彼らの前で教壇に立ったとき、貿易が富の分配に与える影響を強調することで、違う角度から同じ質問をしてみた。私が事前に予想していたよりもあっさりと、自由貿易に対する学生のコンセンサスは雲散した。

授業の冒頭で、私は手品の実験を試してもいいかと学生たちに尋ねた。協力を申し出た学生の中からニコラスとジョンを選び、魔法を使って——あら不思議！——二百ドルをニコラスの銀行口座から消し去り、三百ドルをジョンの口座に同時に加えることができると伝えた。この社会実験の結果、クラス全体で見ると百ドルお金が増えることになる。学生たちは私にこの魔法の手品をやらせてくれるだろうか？

肯定的な答えはほんの一握りで、学生の多くははっきりとした答えを出せず、一番多かったのは反対する学生だった。

たとえ経済全体のパイが大きくなったとしても、学生は大規模な所得の再分配を黙認することを明らかに快く思っていなかった。それならばどうして、あなたたちのほぼ全員が自由貿易を直観的に支持したのかと私は尋ねた。自由貿易は敗者から勝者に対して同じような——実際はもっと大きい可能性が高い——所得の再分配を伴うのだ。学生たちは私からのその質問に、不意を突かれたように見えた。

続けて、私は次のように質問した。ニコラスとジョンが競合関係にある小さな企業をそれぞれ所有していると仮定しよう。ジョンはニコラスよりも一生懸命働き、貯蓄と投資に励み、より良い製品を作り、その結果三百ドル豊かになった。そうしたジョンの努力の結果、ニコラスの会社は倒産し、二百ドルを失った。こうした変化を何人の学生が認めるだろうか？　このケースでは、大半の学生が変化を認めた——実際、ニコラス以外の全員が認めたのだ。

私はいくつか別の仮説も提示した。今回は直接、国際貿易と関連した仮説だ。もしジョンがドイツからより質の高い部品を輸入した結果、ニコラスが倒産したとしたら？　労働者の権利がしっかりと守られていない中国に業務をアウトソーシングした結果、倒産したとしたら？　インドネシアで児童労働者を雇った結果、倒産したとしたら？　変化を支持する学生の数は、それぞれの質問ごとに少なくなっていった。

それでは貿易と同じように、一部の人々の生活を悪化させる技術革新についてはどうだろうか？　テクノロジーの進歩が阻害されることを、ほとんどの学生は黙認しないだろう。ロウソクの製造業者が仕事を失うという理由で電球の販売を禁止することに関しては、ほぼすべての学生の目に愚かな考えに映った。

つまり、学生は必ずしも富の再分配に反対しているわけではない。ある特定の種類の再分配に反対しているだけなのだ。我々のほとんどがそう考えるように、彼らにとってもその過程が公正かどうかが大事なのだ。

再分配の結果について判断を下すためには、その結果をもたらした状況を知る必要がある。たとえ競合相手が被害を被っていたとしても、我々がビル・ゲイツやウォーレン・バフェットの富を妬むことはない。二人は競合相手と同じ基本ルールに則ってビジネスを展開し、同じようなチャンスに遭遇し、同じような障害に直面したはずだからだ。もし二人が汗と閃きではなく、詐欺や労働法違反、環境破壊、海外の政府補助の利用などによって富を築いたのであれば、我々は違う思いを抱いただろう。もし国内で広く共有されている道徳規範に反するような富の再分配を黙認しないのであれば、なぜ政治的国境をまたいだ取引が絡むからと言って、それを受け入れなくてはならないのか？

同様に我々が所得の再分配を大目に見るのは、長期的に見ると再分配効果が国民の間で等しく共有され、全員がゆくゆくは利益を得ることが予想されるときだ。短期的には一部の人々が大きな損を被るにもかかわらず、技術革新を阻止してはいけないと考えるのはこうした理由が大きい。他方で、貿易の影響力によって同じ人々——あまり教育を受けていないブルーカラーの労働者——が繰り返し被害を被っているときには、我々はグローバリゼーションに対してそれほど前向きな気持ちにはなれないかもしれない。

あまりに多くの経済学者が、そうした区別に鈍感すぎる。真に倫理的な問題が絡んでいても、彼らはグローバリゼーションに対する大衆の懸念を愚かな保護主義的動機や無知のせいにしがちだ。国際貿易がときに国内で問題と見なされる種類の富の再分配をもたらすことがある——必ずそうなるわけではない——という事実を無視したことで、彼らは公の議論に適切な形で関与し損なっている。倫理上の懸念がそれほど正当とは言えないときにも、貿易をもっとしっかりと擁護する機会を逃しているのだ。

経済学の教育も同様の問題を抱えている。経済学の珠玉の教え――市場の効率性、神の見えざる手、比較優位――を美しい形のまま伝えたいと強く思うあまり、経済学者は現実世界の複雑さやニュアンスを無視する。まるで初級の物理学の授業で、その方がよりシンプルになるという理由で、重力のない世界を想定するようなものだ。自分たちの学問の中での理論的枠組みの多様性をないがしろにしたところで、経済学者は現実世界をより正しく分析することはできない。またそうしたからと言って、経済学の人気が高まるわけでもない。

近年の貿易政策をめぐる議論において、経済学者が自分たちのモデルをどのように利用したのかを見てみよう。

経済学者と貿易の数字遊び

環太平洋パートナーシップ協定（TPP）――世界のGDPの三分の一と世界の輸出額の四分の一以上を占める十二カ国による大規模な貿易協定――は、数十年続いている貿易協定の支持派と反対派の間の直近の争いの舞台となっている。

TPPの支持者たちは、その協定が頭を悩ませる問題ではないように見せるための定量モデルを開発してきた。彼らのお気に入りのモデル（ブランダイス大学のピーター・ペトリとジョンズ・ホプキンズ大学のマイケル・プラマーが、ほかの経済学者とともに連綿と築き上げてきた類似のフレームワークの土台を基に開発したもの）によると、国民の実質所得は最も影響の小さい米国で〇・五パーセント、最も影響の大きいベトナムで八パーセント改善し、影響のある産業においても雇用への被害は限られることが予想されている。[3]一方、TPPの反対派は全く異なる予想が導き出される競合モデルを手に入れた。タフツ大学のジェロニム・カパルドと国連貿易開発会議のアレックス・イズリエッタが（元国連事務次長補のジョモ・クワメ・サンダラムとともに）開発したモデルでは、あらゆる国で賃金が引き下げられ、失業が増え、主要国である米国と日本では所得が下落することが予想された。(4)

貿易の影響に関して、両モデルの間に相違はない。実際、カパルドと共著者は出発点として、ペトリとプラマーの研究の旧いバージョンで使われた貿易予想を採用している。両モデルでは、貿易の自由化によってもたらされる貿易量の変化に経済がどのように反応するのかについて全く異なる前提を置いており、結果の違いはその前提の違いに主に起因する。

ペトリとプラマーは十分に柔軟な労働市場を想定しているため、貿易によってマイナスの影響を受ける産業で雇用が失われても、ほかの産業で雇用が創出されることで補完される。最初から失業は想定されていないのだ。TPPの支持者は、これは当初からモデルに組み込まれている結果なのだとはぐらかすことが少なくない。土台となる研究論文を発表したピーターソン国際経済研究所は、論文の概要において次のように述べているが、ちゃんとした説明はなされていない。「協定〔TPP〕によって米国の賃金は上がるが、雇用水準への影響は予想されていない……」(5)。賃金への影響は研究によって得られた結論である一方、雇用に関する「予想」はコンピュータが数字を入れる前からなされていた〔モデルの前提条件から決まっていた〕のかもしれないのだ。

一方で、カパルドと共著者は労働市場における底辺への競争を予測し、賃金は下落、政府支出によって総需要と雇用への影響が緩和されると想定している。残念ながら、彼らの論文ではどのようにモデルが動くのかは十分に説明されておらず、シミュレーションの細部はあいまいだ。

ペトリとプラマーのモデルは伝統的な貿易モデルにそのまま根ざしたもので、ミクロ経済的な影響（セクター間の資源の配分を決める）とマクロ経済的な影響（全体的な需要と雇用に関連している）をはっきりと区別している。この系統の考え方に従えば、貿易の自由化はミクロ経済的な「ショック」であり、雇用の配分には影響を与えるものの、全体の水準には影響を与えない。貿易経済学者は貿易協定をそのような立場から分析する傾向にあり、ペトリとプラマーのモデルはそうした考え方に沿ったものとなる。それと比較すると、カパルドのフレームワークにはセクターや国に関する詳細が不足している。行動の前提が不透明なままで、極端にケインズモデル的な前提は中期を見通す上では相性が良くない。

困ったことに、現実の世界は貿易経済学者が定めた前提にきっちり従って動くわけではない。貿易を批判する専門家は、海外からの輸入によっていかに関連業界の賃金や雇用にマイナスの影響があるのかを示す逸話を数えきれないほど集めてきた。三人の経済学者――デイヴィッド・オーター、デイヴィッド・ドーン、ゴードン・ハンソン――による実証研究は、貿易を批判する専門家の言葉がきちんと核心をついていることを明らかにした。[6] 中国の輸出の拡大によって、米国では「非常に大きな調整コストと富の分配への影響」がもたらされたことを彼らは立証したのだ。中国からの輸入によって大きな打撃を受けた地域では、十年以上も賃金が低迷したままで、失業率が高止まりしている。中国との競争にさらされた産業で雇用が減ったことは、予想された結果だった。だが驚くべきことに、それ以外の産業でそのマイナスの影響を相殺するような雇用の拡大は見られなかったのだ。

貿易の支持派は、先進国における脱工業化と単純労働の消失は貿易とはほとんど無関係であり、国際貿易の拡大ではなく、むしろ新たなテクノロジーによってもたらされたものだとこれまでずっと主張してきた。TPPをめぐる議論においても、支持派の多くの著名人はそうした見方を変えなかった。ただ、新たな実証研究の結果と照らし合わせると、貿易に対するそのような平然とした態度はもはや通用しなくなっている。[7] 偶然にもペトリとプラマーのモデルでは、TPPによって製造業からサービス業へ雇用の移動が加速することが示唆されている。これはTPPの支持者たちが、決して大声で言いふらすことのない結果だ。

　貿易の拡大はマクロ経済と相互に影響し合い、その国の賃金と雇用にマイナスの効果をもたらす。経済学者はそのメカニズムを十分には理解していない。我々は貿易支持派が使うフレームワークに取って代わるような優れたフレームワークをまだ手にしていない。だからと言って、これまで大事にしてきた標準モデルが現実の風雨にさらされ、大きく信頼を損ねることなどなかったかのように振舞うべきではない。一つのモデルに頼り切るのではなく、与えられているモデルすべてが光を当てているあらゆる可能性を考慮に入れた方がはるかに良いはずだ。

　また、はっきりとわかっていないことはマクロ経済の相互の影響だけではない。ペトリとプラマーの研究では、TPPに伴う経済的利益の大半が非関税障壁（輸入されたサービスに対する規制による障壁など）の切り下げと海外からの投資に対する要件の引き下げによってもたらされると予想されている。ただこうした効果をモデル化することは、関税の切り下げをモデル化することよりも十倍難しい。モデル化に必要な前提条件が標準的なものではなく、多くの恣意的な簡略化を必要とするからだ。

　つまり肝心なことは、いずれのモデルを使っても、TPPの支持、もしくは反対の論拠となるような十分に信頼できる数字は出てこないということだ。ある程度確実に言えることは、TPPによって利益を得る人と失う人がいるということだけだ。TPPを締結することで、太平洋をまたいだ資金や知識の交流が促進され、世界経済は待ち望んでいた押し上げ効果を得られるかもしれないし、そうではないかもしれない。ただ、これまでの貿易協定のようにTPPが一部の集団に偏った利益を与えるはずだと信じている人々には、憂慮すべき十分な根拠があったのだ。

経済学者と民主主義

拙著『グローバリゼーション・パラドクス』が二〇一一年に出版されるころには、私は本を献本した人たちからあらゆる種類のフィードバックをいただき、批評には慣れていた。ただ、ある出版イベントでその本について議論する役割を与えられていたある経済学者の予想もしなかった批判には、私は目を丸くした。彼は「ロドリックはこの世の中を政治家にとって安全な場所にしたいようだ」と言って憤慨したのだ。自分のメッセージが聴衆にきちんと伝わるよう、彼はある人物を持ち出してその要点を例えた。その人物とは、「日本人は腸がほかの国の人よりも長いから、日本は牛肉を輸入できないと主張した日本の元農林水産大臣」だった。

そのコメントを聞いて、聴衆の一部からは笑いが漏れた。政治家をダシにしたジョークを楽しまない人はいないだろう。

ところが彼の言葉にはもっと深い意図があり、私の議論には根本的な部分で欠陥があることを明らかにしようとしていたのだ。国民を巧みに操る手段を政治家に与えるのは馬鹿げた考えであり、そんなことは自明だと彼は考えていた。さらに、聴衆も彼の意見に賛同するはずだと考えていた。政治家の行為を抑制するための足かせを外してしまうと、市場を圧迫し、経済成長をエンストさせる愚かな政府の介入を招くだけだと彼は暗に言いたかったのだ。

こうした類の批判は、市場の本来の機能に対して深刻な誤解があることを反映している。制度の役割が不明瞭な教科書を読んで育ったため、経済学者は市場が目的を持った集団的行為によって手を加えなくても、自然にできあがるものだと思い込んでしまうことが少なくない。「ものを交換し合う性向」は人間が生まれつき持っている性質だという点で、アダム・スミスは正しかったのかもしれないが、その人間の性向を利用するには、市場以外の多様な制度が必要とされる。

市場が機能するために必要とされるものをすべて考えてみよう。現代の市場は輸送やロジスティクス、通信のインフラを必要とし、そのほとんどが公共投資によって整備される。そのほかにも契約を履行させ、所有権を保護する制度、消費者が情報に基づいて決断し、外部性が内部化〔価格に反映〕され、市場支配力が乱用されないようにするための規制、金融恐慌を防ぎ、景気循環を和らげるための中央銀行と財政機関、富の分配の結果を正当化するための社会的保護とセーフティネットなどが必要だ。

より広範囲に及ぶ総体的なガバナンスのメカニズムの中でないと、市場はうまく機能しない。だからこそ、最も生産的な市場制度を持つ相対的に豊かな経済国には、大きな公的部門があるのだ。

市場にはルールが必要だということはわかった。ではそのルールを作るのはいったい誰なのだろうか？　民主主義の価値を軽視する経済学者はときに、民主的ガバナンスに代わるシステムがプラトンが謳った高潔な哲人王——理想的には経済学者！——による意思決定であるかのように話す。

このシナリオは不適切であり、望ましくもない。まず第一に、政治制度の透明性や代表性、説明責任が後退すればするほど、特定の利害関係者が権力を乗っ取る可能性が高くなる。もちろん、民主国家でも彼らに乗っ取られることはある。ただそれでも、民主主義は恣意的な支配に対する最善の予防手段ではあるのだ。さらに、ルールを作る上で重視されるのが効率性だけであることはめったにない。相反する社会的目的のトレードオフ——例えば、社会の安定性とイノベーション——や、富の分配に関する選択も考慮に入れなければならないかもしれない。こうしたことは、経済学者に任せられる仕事ではない。彼らはあらゆるものの価格については権威〔優れた専門家〕かもしれないが、それらの価値については必ずしも深く理解しているわけではない。

確かに、選ばれた代表者の決定権を減ずることによって、民主的統治の質を高められることがある。前章で見たように、適切に機能している民主国家では次のような場合、ルール作りの権限をある程度独立した機関に委譲することがよくある。対処すべき問題がテクニカルで、富の分配上の懸念が生じない場合、与党と野党の馴れ合いで議案を通過させることで、そのほかの面でいずれの人にとっても最適とは言えない結果をもたらす場合、将来のコストを過度に割り引き、政策が近視眼的に陥る場合などだ。

独立した中央銀行がその代表例だ。インフレターゲットを定めるのは選挙で選ばれた政治家の仕事かもしれないが、そのターゲットを達成するために動員される手段は中央銀行の専門職員に任されている。それでも中央銀行は通常、政治家に対して説明責任があり、目標を達成できない場合は報告をしなければならない。

同様に、国際機関への民主的な権限の移譲にもわかりやすい例えがあるかもしれない。関税率に上限を設けたり、有害物質の排出を抑制するためのグローバルな協定は、実際に価値のあるものだ。ただ、経済学者はその協定の締結に至った政治的駆け引きを十分に精査することなく、国際機関が課した制約を崇拝する傾向にある。

(短期主義を回避させる、もしくは透明性を要求することなどによって)民主的熟議の質を高めるような外部からの制約を擁護するということと、特定の利益団体に他人を上回る特権を与えることで、民主主義を堕落させるということとは全く異なる。

例えば、バーゼル委員会が定めたグローバルな自己資本比率規制は、巨大銀行の意向が大きく反映されていることは誰もが知っている。もし経済学者や金融の専門家がその規制を定めれば、ずいぶん厳格な中身になっているだろう。もし国内の政治プロセスに委ねられれば、(いくら金融業界の利益団体が国内でも影響力を持っていても)利害が対立するステークホルダーから厳格な内容を求める圧力を受けたはずだ。

同様にどんな綺麗事を言っても、WTOの協定はグローバルな経済的厚生を追求した結果ではなく、利にさとい多国籍企業の政治力の結果だ。特許や著作権に関する国際ルールは、製薬会社やハリウッド――二つだけ例をあげると――が自分たちの主張を押し通す政治力を反映した中身となっている。これらのルールは、多くの経済学者の物笑いの種となっている。発展途上国が安価な薬やテクノロジーの機会により簡単にアクセスできるようにする上で、不適切な制約を課すものだからだ。

つまり、国内の民主的熟議と外部の制約の間の選択は、必ずしも良い政策と悪い政策の間の選択とは限らない。国内の政治プロセスがうまく機能しないときでも、グローバルな機関に委ねればより良い仕事をするという保証はない。国内のレントシーカー〔政府に働きかけて、自分の都合のいいように規制を変更させようとする人や組織〕に屈するのか、海外のレントシーカーに屈するのかの選択になるケースも少なくない。前者の場合、レント（超過利潤）は少なくとも国内に残る！

最終的には、市場が必要とするルールを作る権限を誰に与えるのかということが問題となる。正統な民主主義の説明責任は、いまでも国民国家が中心となって担っている。それがこのグローバル経済における逃れられない現実だ。批評してくれた経済学者の非難に対して、私は自分の罪を認めることを厭わない。私は確かに世界を民主的な政治家にとって安全な場所にしたいと思っている。率直に言うと、そう思わない人のことを不思議に思うくらいだ。

ミルトン・フリードマンの呪術的思考

ケインズ以降、ミルトン・フリードマンほど政策立案者の経済に対する理解に多大な影響を与えた人物はおそらくいないだろう。フリードマンは二十世紀を代表する経済学者の一人で、金融政策と消費理論の分野で大きな貢献をしたノーベル経済学賞の受賞者だ。ただ人々の記憶に残るのは主に、二十世紀後半に自由市場の信奉者に理論武装の武器を提供した優れた洞察力のある思想家であり、一九八〇年以降の経済政策の劇的なシフトに多大な影響を与えた黒幕としての彼の姿だろう。

市場に対する懐疑的な見方が広がったとき、フリードマンは民間企業こそが経済的繁栄の礎だということを明快かつわかりやすい言葉で説明した。経済的に成功しているあらゆる国は、倹約、勤勉、個人の進取的精神が土台となっている。彼はアントレプレナーシップを妨げ、市場の自由を制限する政府の規制を激しく非難した。二十世紀におけるミルトン・フリードマンは、十八世紀におけるアダム・スミスのような存在だった。

フリードマンが出演した画期的なテレビ番組である『選択の自由』が一九八〇年に放送されたとき、世界経済は過去に類を見ない変革の苦しみの中で立ちすくんでいた。フリードマンの思想に感化され、ロナルド・レーガンやマーガレット・サッチャーを中心に多くの政府首脳が、過去数十年の間に次々と導入された政府による制約と規制を撤廃し始めた。

中国は中央政府による計画経済を廃止し、農産物を皮切りに、やがては工業製品でも市場経済の拡大を許した。ラテンアメリカ諸国は貿易障壁を大きく引き下げ、国営企業を民営化した。ベルリンの壁が一九八九年に崩壊したとき、それまで計画経済だった国が次にどの方向に舵を切るのかに関しては、もはや疑問の余地はなかった。それは自由市場だった。

ただ、フリードマンはあまりありがたくない遺産も残した。市場の力を熱心に伝えようと思うあまり、市場と国家を明確に区別しすぎたのだ。実際、彼は政府に市場の敵という役回りを演じさせた。経済的に成功しているあらゆる国では政府と市場が混在しているものの、彼はその明らかな現実に対して我々の目をくらませたのだ。金融危機は金融市場をあまりに自由にさせたことが大きな原因だったが、残念なことにその経験を経たいまでも、世界経済はその目くらましと戦っている。

フリードマン的な世の中の見方は、市場における制度の必要性をあまりに過小評価している。政府が単に所有権と契約さえ守らせるようにすれば――あら不思議！――市場がその魔法を使えると思っているのだ。実際、現代の経済が必要とする市場は、自ら創造し、規制し、安定化し、正統化するものではない。政府が輸送網や通信網の整備に投資し、情報の非対称性や外部性、対等ではない交渉力に対応し、金融恐慌や景気後退を和らげ、セーフティネットや社会保障を求める大衆の要求に応えなければならない。

レモンがレモネードのエッセンスだというのと同じ意味で、市場は市場経済のエッセンスだ。果汁百パーセントのレモンジュースなど飲めたものではない。おいしいレモネードを作るには、水や砂糖を混ぜる必要がある。もちろん、水を入れすぎるとレモネードは台無しになる。政府の介入が行きすぎると市場が機能不全に陥るようなものだ。コツは水や砂糖を捨てるのではなく、適正な配分を心がけることだ。フリードマンが市場経済の社会の模範として取り上げた香港は、政府と市場が混在すべきという経済ルールにおける例外的な存在だが、その香港でも政府は住宅のための土地を提供する上で大きな役割を果たしてきた。

大半の人がフリードマンに対して抱くイメージは、『選択の自由』で市場の力を説明するためにカメラの前で鉛筆を手に持つ、笑顔で小柄で控え目な教授のイメージだろう。フリードマンは番組の中で次のように言った。この鉛筆を作るのに世界中の何千もの人がかかわっている。黒鉛を採掘し、木を切り倒し、部品を組み立て、最終製品を市場で売買する。彼らの行動を調整する中央権力などいない。それは自由な市場と価格システムの魔法によってなされた妙技なのだ。

およそ四十年後、その鉛筆の話には面白いエピローグ（経済学者のレオナード・E・リードが書いた論文に基づいている）が加わった。今日では世界中の鉛筆のほとんどが、中国――民間のアントレプレナーシップと政府の統制が独自に混在している経済――で生産されているのだ。

フリードマンが生きていれば、どのようにして中国が（ほかの多くの産業もそうだが）鉛筆産業を支配するようになったのかを聞きたいかもしれない。メキシコや韓国にはもっと良い黒鉛の採掘場がある。森林資源はインドネシアやブラジルの方が豊富だ。ドイツや米国の方が技術は進んでいる。中国には豊富な低賃金の労働力があるが、それはバングラデシュやエチオピアなど多くのほかの人口が多い低所得国でも同じだ。

その大きな理由が、中国のアントレプレナーと労働者の進取的精神と勤勉さのおかげであることに疑いの余地はない。ただ、現在の鉛筆物語を最後まできちんと語るには、次のようなことにも言及しなければならない。製造技術や労働訓練に最初に投資した中国の国有企業、木材の価格を人工的に低価格に維持した森林管理政策、寛大な輸出補助金、そして中国の製品に費用面での大きなアドバンテージを与えた為替市場への政府介入だ。急速な産業化を確実にするために、中国政府は企業に補助金を出し、保護し、後押しすることで、グローバルな分業体制を自分たちに有利な形に変えたのだ。

フリードマン自身はそうした政府の政策を残念に思っただろう。ただ、もし中国政府が鉛筆産業を軌道に乗せるために市場の背中を押していなければ、鉛筆工場で雇われている数万人規模の労働者は貧しい農家のままだったはずだ。中国の経済的な成功を考えると、政府の産業化政策が果たした貢献を否定することはできない。

経済思想の歴史における自由市場信奉者の居場所は、これからも安泰だろう。ただフリードマンのような思想家は、どう理解すればいいのかわからない不可解な遺産を残している。真に重要な経済の歴史において実際に成功を収めてきたのは、介入主義者たちの方なのだ。

重商主義者が突きつける挑戦

経済学の歴史とは主に、二つの対立する学派、自由主義と重商主義の間の争いの歴史である。民間のアントレプレナーシップと自由市場を重視する経済的自由主義が、今日でも支配的なドクトリンだ。ただ、その思想上の勝利が、重商主義的慣行の大きな魅力――そしてその度重なる成功――を覆い隠してしまった。重商主義はいまだに健在であり、今後も続けられる自由主義との争いが、グローバル経済の将来を形成する大きな力になるだろう。

現在では一般的に、重商主義は時代遅れで明らかに間違った経済政策の思想体系だと一蹴される。その最盛期には、重商主義者は確かに非常に奇妙な考えを擁護していた。その代表的なものに、金や銀などの貴金属を蓄積できるかどうかを基準に、国の政策は判断されるべきだという考え方がある。アダム・スミスは一七七六年に出版した論考『国富論』の中で、こうした考え方の多くをみごとに論破している。そのなかでも特に、スミスはお金と富を混同すべきではないと説明している。彼の言葉を借りると、「国の富は保有する金や銀の量だけではなく、土地や家、あらゆる種類の消費財によって成り立っている」。

ただ、重商主義は国家と経済の関係を体系づける異なる一つの考え方――十八世紀のころと変わらず、現在でも現実世界に適用できるものの見方だ――と捉えた方がより正確だ。実際、トーマス・マンのような重商主義の理論家は資本主義を強く支持していた。ただ彼らは、自由主義とは異なるモデルを提示していただけだ。自由主義のモデルにおいては、国家は常に資産を略奪する存在であり、民間部門はその成り立ちとして利潤を追求する存在だと見なされる。それゆえ、国家と民間のビジネスを厳格に区別することを奨励するのだ。対照的に、重商主義はコーポラティズム（協調主義）的見方を採用している。国家と民間企業は同盟関係にあり、国の経済成長や国力の増強など共通の目標を手を携えて追求する存在なのだ。

重商主義のモデルは、国家資本主義や縁故主義などと嘲笑されるかもしれない。ただ、（アジア諸国ではよく見られたように）うまく機能すると、そのモデルの「政府と民間企業の協力」や「企業に寄り添った国家」という特徴は、瞬く間に大きな賞賛を得る。重商主義は自分たちの味方かもしれない。後進国は抜け目なくそのことに気づいたのだ。英国でさえ、古典的な自由主義が到来するのに十九世紀半ばまでかかった。つまり、同国が圧倒的な世界の工業大国になった後の出来事なのだ。

両モデルの二番目の違いは、消費者利益と生産者利益、どちらが特別な扱いを受けるのかにある。自由主義者にとっては、消費者こそが王様なのだ。経済政策の最終的な目標は家計の潜在消費力を引き上げることであり、そのためには彼らが可能なかぎり最も安い財やサービスへアクセスする上での障害を取り除く必要がある。対照的に、重商主義者は経済の生産サイドを重視する。彼らにとっては、健全な経済には健全な生産構造が不可欠なのだ。さらに消費も、高い雇用水準と適切な賃金によって支えられる必要があると考えられている。

これら二つの異なるモデルは、国際経済政策にも予想し得る影響をもたらした。自由主義的アプローチのロジックでは、貿易に伴う経済的利益は輸入から生じる。仮に結果的に貿易赤字に陥ったとしても、輸入品が安ければ安いほどいいのだ。一方、重商主義者は貿易を国内の生産と雇用を支える手段と見なし、輸入よりも輸出の促進を好む。

中国の指導者たちは決して認めないが——その言葉にはいまでも大きな悪評がつきまとっているからだ——、現在の中国は重商主義の先頭走者だ。中国の経済の奇跡は（国内と海外で）工業生産者を支え、鼓舞し、公然と補助金を与えた能動主義的な政府によるところが大きい。

　中国は二〇〇一年に加盟したWTOの加盟国になる条件として、あからさまな輸出補助金の多くは段階的に廃止したものの、重商主義的なサポートシステムにはほとんど手をつけないままだった。なかでも製造業者の利益率を維持するために、政府は為替相場を管理しており、そのおかげで巨額の貿易黒字を抱えている（最近は減少傾向にある）。さらに加えて、輸出志向の企業は引き続き、多様な税制上の優遇措置から利益を得ている。

　自由主義的な観点から見れば、こうした輸出補助金は中国の消費者を犠牲にしてほかの国の消費者の利益に寄与するものだ。ノッティンガム大学の経済学者であるファブリス・デフェヴァーとアレハンドロ・リアノの研究では、中国の「損失」が同国の所得のおよそ三パーセント、中国以外の国の利益が世界の所得のおよそ一パーセントという数字を弾き出している。(8) ただ重商主義者の観点から言えば、そうした損失は近代的経済を構築し、長期的繁栄の舞台を整えるための費用にすぎない。

　輸出補助金の例を見ればわかるように、この二つのモデルは世界経済の中でお互い幸せに共存できる。自由主義者は自分たちの消費に重商主義者から補助金が与えられることを喜ぶべきだ。端的に言うと、これこそが過去六十年の間に世界で起きたことだった。アジア諸国はそれぞれ自分たちの国に合った形で重商主義を導入し、次々と飛躍的に成長していった。日本や韓国、台湾、中国が国内市場を保護し、「知的財産」を盗用し、生産者に補助金を与え、自国通貨を管理している間、豊かな国の政府はほとんどの場合、見て見ぬ振りをしていた。

　ただ、この幸せな共存関係も終焉を迎えた。規制緩和に起因する金融危機に加え、欧米諸国における格差の拡大や中間層の苦境によって、自由主義のモデルは深い傷を負った。欧米諸国の中期的な成長見通しは良くて緩やか、悪ければ真っ暗だ。失業率の高さが引き続き最も大きな頭痛の種で、政策立案者にとっては対処すべき優先課題だ。つまり、先進国においても重商主義の圧力は強まるだろう。

こうした新たな経済環境の中で、自由主義を追求する国々と重商主義を追求する国々との間には友好的な関係よりも、緊張関係が生まれるだろう。どういった形の資本主義が最も偉大な繁栄をもたらすのか。これまで長きにわたって論じられることのなかった議論が、新たに再燃するかもしれない。

経済学がハイジャックされた

絡んでいる利害が大きい場合、敵対し合う政治グループは当然、経済学者などの研究者から得られるあらゆる支援材料を利用する。緊縮財政の支持を正当化するために、保守的な米国の政治家とEUの官僚が二人のハーヴァード大学の教授――カーメン・ラインハートとケネス・ロゴフ――の論文を利用した際にまさに起きたことだ。(9)

ラインハートとロゴフは、公的債務の水準がGDPの九十パーセントを超えると、経済成長に大きなマイナスの影響があることを示唆する論文を発表した。マサチューセッツ大学アマースト校の三人の経済学者は、ラインハートとロゴフの発見は論拠が薄弱だと主張し、その論文を批判した。(10)三人は論文で使われたスプレッドシート上に比較的小さな誤りを見つけた。さらに重要なことに、論文で用いられている方法論上の前提には首を傾げたくなる部分があり、それは論文の結論に疑義を生じさせるものだと非難した。たとえ債務水準と経済成長には負の相関関係があるように見えても、きっかり〔GDPの〕九十パーセントという水準を閾値とした証拠は弱い。相関自体は逆の因果関係の結果かもしれないと主張する経済学者も多くいた。つまり、成長性が低いと債務水準が高くなるのであって、その逆ではないというのだ。

彼らが政治的詐欺の謀略に（故意ではないものの）進んで参加しているという多くの評論家からの非難に対して、ラインハートとロゴフは強く反論した。二人は自分たちの実証研究の手法を擁護し、自分たちは批評家がレッテルを貼るような強硬な緊縮財政派ではないと主張した。

ラインハートとロゴフの事件は、単に学問の世界における難癖にとどまらなかった。九十パーセントという閾値は政治問題となり、その数字の撤回をめぐっても政治問題化した。反論の努力も虚しく、実際には限られた裏付け証拠しかなかった政策に学問的な化粧をほどこしたとして二人は非難された。同様の批判が二人の経済学者、アルベルト・アレシナとシルヴィア・アーダーニャによる論文にも向けられた。その論文では、緊縮財政が経済を刺激することを示しているように見えた——ケインズ学派の推定とは逆の効果だ。[11] その逆の結果を示す証拠が次々と集まり、緊縮財政派が敗北を認めざるを得ない状況に追いやられるまで、その論文も政策立案者の間では影響力が大きかった。[12]

経済研究者と政策立案者がかかわる上で、より良いルールを持って臨めるのは明らかだ。拙著『エコノミクス・ルール』の中で、私は経済学者がどのように一般国民とかかわるべきかについて論じている。経済学者が自分たちのアイデアが公の議論の場でどのように利用され、悪用されるのかを前もって先読みし、公の場での発言の際に言葉をぼかそうとしても、そのアプローチはうまくいかない。例えば、ラインハートとロゴフは強硬な緊縮財政派に研究結果を悪用されないよう、その結果を——たいしたものではないと——控えめに扱ったのかもしれない。ただ、政治がどう転ぶのかを明確に把握できるほど、その世界に精通している経済学者はほとんどいない。その上、経済学者が聴衆に合わせて言葉の中身を調整すれば、自分たちの意図とは逆の結果をもたらす。つまり、瞬く間に信頼を失うのだ。

グローバリゼーションをめぐる議論の中で起きたことがまさにこれであり、経済学者にとっては研究内容をぼかすのは常套手段だった。「保護主義の無教養な人たち」に手を貸すことを恐れ、貿易経済学者は貿易の利益を誇張し、富の分配面やその他のコストを控え目に扱う傾向にあった。その結果、経済学者の議論は自由貿易を求める利益団体――例えば、自分たちに有利なように貿易ルールを操作しようとする多国籍企業など――に利用されることも少なくない。そうしたことが、経済学者はグローバリゼーションをめぐる公の場の議論において、誠実な仲介役とめったにみられないという自体を招いた。

経済学という学問の多様性を隠すのではなく誇示するために、経済学者は経済学においては大半の研究結果があいまいで文脈に依存するということを率直に話すべきだ。その方がよほど良い戦略だ。ところが次章で見ていくように、経済学者はそうすべきではないときでもコンセンサスを称賛し、意見の不一致を残念に思う傾向にある。

第六章　経済学上のコンセンサスの危機

シカゴ大学を本部とするイニシアティブ・オン・グローバル・マーケッツはいまの旬な問題について、多種多様な政治信条を持つ著名な経済学者に定期的に聞き取り調査を行っている。政治志向は異なるにもかかわらず、経済学者の間で驚くほど意見が一致するときがある。例えば、バラク・オバマ大統領の景気刺激策が米国の失業者を減らす上で役に立ったのかと聞かれたとき、回答者の答えはほぼ満場一致だった。二〇〇九年米国再生・再投資法として正式に知られているそのプランには、インフラや教育、医療、エネルギー、税制優遇に対する八千億ドルもの公的資金の投入が含まれていた。経済危機の真っ只中で実行されたもので、伝統的なケインズ主義的対応だった。その調査に答えた三十七人の著名な経済学者のうち、三十六人がそのプランは失業者を減らすという公約した目標に成功したと答えた。ミシガン大学の経済学者であるジャスティン・ウォルファースは、ニューヨーク・タイムズの彼のブログでそのコンセンサスを歓迎した。[1] 財政刺激策に効果があるのかをめぐっては公の場で激しい議論がなされているが、そのような議論は専門家が知っていることや同意していることとは完全に乖離していると彼は不満を述べた。

経済学者は、政治的には賛否の分かれる多くの問題について意見を共有している。ハーヴァード大学の経済学者グレッグ・マンキューは二〇〇九年、そうした問題の一部をリストにまとめた。[2] 以下に掲げる命題は、少なくとも九割の経済学者の支持を得ているものだ。輸入関税や輸入割り当ては全体の経済厚生を引き下げる。家賃統制は住宅の供給を減らす。変動相場制が実効的な国際通貨制度を提供する。米国政府は雇用主が仕事を海外の国にアウトソーシングすることを制限すべきではない。完全雇用が達成されていないとき、財政政策は経済を刺激する。

これほど多くの重要な問題について、経済学者の間でコンセンサスが得られているということは、彼らが意見を一致させることはめったにないという一般的な認識とは見事に対照的だ。「すべての経済学者が端から端まで並んだら、彼らは結論を得られないだろう」とジョージ・バーナード・ショーが皮肉を述べたことは有名だ。ドワイト・アイゼンハワー大統領は矛盾するアドバイスやはっきりしないアドバイスを経済顧問から受けることにフラストレーションを感じ、「片手だけの〔一方では（on the one hand）……、他方では（on the other hand）……などと言わない〕経済学者」をかつて求めたことがあると言われている。

もちろん、経済学者が精力的に意見を戦わせている公共政策の問題はたくさんある。所得税の最高税率は何パーセントがいいのか？　最低賃金を引き上げるべきか？　財政赤字は増税と歳出削減、どちらで対応すべきか？　特許はイノベーションを刺激するのか、それとも妨げるのか？　これらを含めた多くの問題に対して、経済学者は問題の両面を見るのが得意な傾向にあるため、聞き取り調査を行ってもほとんどコンセンサスを得られることはないと思う。

経済学者の間のコンセンサスにも、良い理由と悪い理由がある。例えば、人は危機にあるときインセンティブの役割を無視するものだと経済学者が主張している場合、コンセンサスに到っても全く害はない。その意見に異を唱えられる人などいるだろうか？　また、ある特定の出来事に限ったことで、事実を裏付ける多くの証拠に基づくコンセンサスもある。ソ連の経済システムは非常に非効率だ。オバマの二〇〇九年の景気刺激策は失業を減らした。こういった類のコンセンサスだ。

ところが、ある特定の経済モデルがどのような状況にも普遍的に適用できると経済学者が意見を一致させた場合、我々は問題を抱えることになる。多くの状況において、そのモデルの重大な前提条件は満たされないからだ。

前述した、経済学者の間で幅広くコンセンサスが得られているリストの一部を見てほしい。貿易制限が経済厚生を減ずるという命題は間違いなく、一般的に正しいとは言えないものだ。例えば、ある条件――外部性や規模に関して収穫逓増など――が存在するとき、その命題は成立しない。また、この命題は富の分配に関して、経済学者に価値判断を要求するものだ。それは有権者自身に委ねるべき問題だ。

同様に、家賃統制が住宅の供給を減らすという命題は、不完全競争の状況では成立しない。変動相場制が実効的な制度であるという命題は、通貨制度や金融制度（これらは問題を抱えていることがわかった）がどのように機能するのかにかかわる前提に左右される。いま世論調査を実施すれば、その命題を支持する人の数は大幅に減っていると私は思う。

ほかの旬な問題についても考えてみよう。最低賃金は雇用にはマイナスの影響があると広く考えられてきたが、この推定は今ではあまり重視されていない。結果がまちまちであることを示す証拠が増えているからだ。いくつかのモデルにおいては、最低賃金は雇用を減らさない、もしくはむしろ雇用を増やすという結果になる。数々の証拠や理論が経済へのマイナスの影響を予測しているブレグジットに関しても、経済学者は自信よりも確信がないことを強調する方が賢明だったのではないだろうか。

ある種の前提条件は現実世界により一般的に当てはまるということに関しては、経済学者の間で異を唱える者はおそらく少ない。もしくは、ある種のモデルはほかのモデルよりも「平均的に」現実をよりうまく説明していると経済学者は考えている。たとえそうであっても、科学者として経済学者は自分たちの支持に適切なただし書きを添えるべきではないのか？　少なくともいくつかの状況下では、前述したような断定的発言は結果的に誤解を招きかねないことを懸念すべきではないのか？

　問題は、あるモデルが唯一無二の普遍的なモデルだと経済学者が勘違いしてしまうことが少なくないということだ。そうした勘違いが起きたとき、経済学者のコンセンサスも決して手放しで喜ぶべきものではない。

　こうした勘違いから、二つの種類の過ちが起こる。まず第一に、不作為の誤謬——経済学者の間のコンセンサスに盲点が隠れており、彼らは迫り来る問題に気づくことができないケース——だ。わかりやすい例で言えば、偶然の出来事が重なって危険な状況が醸成されていることを、経済学者が察知できないときだ。そうした状況が、直近の世界金融危機を引き起こしたのだ。すでに述べたように、そうした過ちは市場のバブルや情報の非対称性、インセンティブの歪曲、銀行取り付けなどを分析するモデルがなかったからではなく、効率的市場を重視するモデルを重用するあまり、ほかのモデルが軽視されたために起きた。

　第二に、作為の誤謬——経済学者がある特定のモデルだけにこだわるあまり、事前に失敗を予見できたような政策運営に加担することになるケース——がある。経済学者が新自由主義的な「ワシントン・コンセンサス」の政策や金融のグローバル化を擁護したのは、この分類に当てはまる。いずれのケースでも、経済学者が学習の外部性や脆弱な制度のようなセカンド・ベスト〔市場に歪みが存在する場合、ある市場における経済効率性の改善を目的とした措置（貿易自由化や規制緩和など）が市場間の相互作用を通じて、経済全体の効率性を低下させることがある状況〕の非常に込み入った関係を見落とした結果、改革の効果が剝落し、ときには裏目に出ることもあるのだ。

経済学という一風変わった科学

ラインハート＝ロゴフの分析に対する批判はあまりに大きかったことから、経済学の研究における精査と改良という実際には有益なプロセスであったものに暗い影を落とす結果となった。ラインハートとロゴフはすぐに、自分たちが犯していたスプレッドシート上の過ちを認めた。対抗陣営が行った分析は、研究で使われたデータの性質と限界、そして別のやり方でデータを処理することで結果にどのような違いが生じるのかを明らかにした。ただ結局のところ、その証拠が何を明らかにしたのか、そして政策にどういったインプリケーションをもたらすのかについて、二人の主張は批判者とそれほど大きくかけ離れているわけではなかった。

この騒動にも希望の兆しがあるとすれば、経済学が科学のルールに則って進歩できるということを示したことだ。両者の政治的見解にどれほど大きな隔たりがあっても、何が証拠を構成するのかについての共通言語と――多くの部分において――違いを埋めるための共通のアプローチを共有していたのだ。

経済学では自然科学とは違い、あらかじめ決まった結果が出ることはめったにない。経済学とは本来、複数のモデル――それぞれのモデルが現実のある側面を異なる形で形式化して表している――を操るツールキットだ。モデルによる推論には文脈に左右されるという性質がある。つまり、現実世界の状況の潜在的な数と同じだけの結論があり得るということだ。あらゆる経済学の命題は、「if-then」文だ。経済分析者としての手腕は、目の前の状況に合った正しいモデルを選ぶ能力にかかっている。どの救済策がある特定の状況において最も成果を出すのかを導き出すのは、科学というよりも技芸だ。

私がこうした発言をすると、次のような反応が返ってくる。「起こり得るすべての結果に対応して一つのモデルがあるのであれば、どうして経済学が役に立つのか？」。世界は複雑であり、我々はそれを単純化することで理解する。売り手がたくさんいる場合と数人しかいない場合では、市場の振る舞いは異なる。数人の売り手しかいない場合でも、売り手同士の戦略的相互作用の性質にその結果は左右される。そこに不完全情報が加わると、可能性はさらに増える。我々にできる最善策は、各々のケースにおける市場の振る舞いの構造を理解することだ。その上で、我々が関心を持っている特定の文脈に合った正しいモデルを選ぶ手助けをしてくれる、実証的手法を開発することだ。私の本のタイトルのように、「一つの経済学には多くの処方箋が詰まっている」というわけだ。[3] 自然科学とは違い、経済学は古いモデルに置き換わる新たなモデルを生み出すことによって進歩するわけではない。より豊かな種類のモデルをそろえることで進歩する学問であり、モデルの数が増えるほど多様な社会の経験をより明るく照らし出してくれるのだ。

そう考えると、経済学で経済診断学とでも呼ぶものにほとんど研究の労力が割かれていないのは驚くべきことだ。つまり、複数の該当しうるモデルの中から、どのモデルがある特定の現実世界の状況に実際に適用できるのかを選別するやり方を研究する分野だ。経済学者は例えば、ファーマやシラーの理論モデルと実証モデルの述語〔モデルを記述する変数や変数間の関係を表す数式〕をよく理解している。ただ、きょうのウォール街や二〇〇七年の住宅ローン市場の特徴を最もよく表しているのがどちらのモデルかを断定する体系的なツールを持たないのだ。そのため彼らが現実の世界を扱う際、条件判断〔もし……であれば、……という判断〕ではなく全称判断〔すべてものが……という判断〕を下してしまうことになる。つまり、状況に応じて複数のモデルから適したものを選ぶのではなく、一つのモデルだけを最良なものとして選ぶのだ。経済学者はまだ解明されていない現象を解き明かす新しいモデルの開発には大きな評価を与えるが、特定の文脈に合う適切なモデルや救済策を選ぶやり方を教示する研究に対するインセンティブはほとんどないように思える。私は同僚とともに、発展途上国の成長政策の問題にそうした考え方を導入した。(4) ただ、この分野は明らかにもっと一般的な研究課題として含まれるべきものだ。もちろん長い時間をかければ、優秀な経済学者は必要な経済診断を行うコツを見つける。ただ、あくまで直観的になされるものであり、体系化されたり詳細に説明されたりすることはめったにない。

残念なことに、経済学における実証研究が示す証拠には、深く意見の対立している論争に――特にすぐには――かたをつけるほど信頼のおけるものはめったにない。これは特にマクロ経済学に当てはまることで、この分野における時系列データは様々な解釈が可能となる。例えば、ユージン・ファーマのように金融市場の効率性に強く肩入れする経済学者でも、責任をほかの要因になすりつけることで、金融市場には危機の責任がなかったと主張し続けることができる。ケインズ学派と「古典派」の経済学者は、高い失業率の解釈について引き続き意見を対立させているのだ。

ミクロ経済学ではランダム化比較試験を行うことで、正確な実証分析による推定値を得ることが可能なこともあるが、それでもその推定値はある特定の環境においてのみ当てはまるものだ。より一般的に適用するには、外挿法を使ってパラメーターを推定――主観的判断や多くの適当なごまかしを使って――しなければならない。新たな経済学の証拠は、せいぜい頭の柔らかい人たちの見解を軽く推し進める――この部分を少し、あの部分を少し――くらいの役割しか果たさない。

開発経済学者のカウシック・バスーは、「専門家が知っていて、専門家以外の人が知らないことの一つは、専門家は専門家以外の人が考えているほど物事がわかっていないということだ」と述べている。(5) この言葉の意味することは、専門家はどんな研究結果も売り込みすぎてはいけないということだけにとどまらない。ジャーナリストや政治家、一般大衆は、経済学者が居心地の悪さを感じるほど経済学者の言葉には権威があり正確なものだと考える傾向にある。残念なことに、経済学者が謙虚であることはめったにない。特に公の場ではそうだ。学界の経済学者がキャリアを昇る上で必要なのは、良識ではなく利口さだということも火に油を注いでいる。一流大学の教授は現実世界を正しく理解しているからではなく、経済理論に想像力豊かな工夫を施した、もしくは新しい証拠を発見したことによって有名になった。もしこうしたスキルによって、彼らが現実社会に通じた観察者となり、健全な判断ができるようになったとしても、それは決して意図したものではない。

つまり、経済学は科学であり技芸でもある。皮肉なことだが、この技芸の要素を軽視する――経済学を科学の地位まで引き上げようとして――からこそ、経済学がいんちきな学問として扱われることが少なくないのだ。

経済学者の間の不満

経済学はこれまで決して批判に事欠くことはなかったが、それも驚くべきことではないだろう。数学や統計学の要素を次々と取り込んでいった経済学が科学の衣をまとい始めた十九世紀後半以降、経済学の実務家はいろいろな罪で非難されてきた。非難する――彼らの傲慢さ、所得だけにとどまらない社会的目標の軽視、形式的なテクニックへの過度な傾斜、金融危機など大きな経済の出来事を予測できなかったことなどがその対象――のは通常、外部の人々や異端の非主流派の人々だった。ただ最近では、この分野の先頭を走る研究者でさえ現状に対しては不満を感じているようだ。

ノーベル経済学賞受賞者で新聞にコラムも執筆しているポール・クルーグマンは、最近のマクロ経済学のモデルが昔ながらのケインズ経済学の原理を軽視しているとして酷評するのが定番となっている。[6] 新たな成長理論の創始者の一人であるポール・ローマーは、「mathiness」――数学を使って明確にするどころか、わかりにくくしているという意味――という言葉を使い、ノーベル経済学賞受賞者であるロバート・ルーカスを含めてこの分野の著名人数名を非難している。[7] シカゴ大学の著名な行動経済学者であるリチャード・テーラーは、人々が常に合理的で効用を最大化するものだと想定するモデルを好み、現実世界の行動を無視しているとして経済学者を非難した。[8] 同様に、シカゴ大学の金融論の教授であるルイージ・ジンガレスは、仲間である金融の専門家が金融業が世の中にもたらす利益を誇張することによって、社会を誤った方向に導いたと非難した。[9]

学界の重鎮がこうした批判的な評価をすることは健全であり――特にきちんとした内省が足りないこの分野では――歓迎すべきことだ。ただ、この新たに湧き上がる批判にも不安に感じる要素がある。その点はここではっきりさせた上で、否定しなければならない。経済学は、あらゆる文脈において最善の働きをする唯一の真のモデルが存在するような科学ではない。大事なことはローマーが述べたように、「どのモデルが正しいのかに関してコンセンサスに至ること」ではなく、所与の状況にどのモデルが最もよく当てはまるのかを理解することだ。それはいつでも技芸（ケインズの言葉で言うと芸術）と呼ぶべき作業であり、科学ではない。特にリアルタイムで選択をしなければならないときはそうだ。

社会という世界は物質的な世界とは異なり、人間の手によって作られるもので、ほぼ無限の可鍛性がある。つまり、自然科学とは違い、経済学は古いモデルをより良いモデルで置き換えることによってではなく、モデルのライブラリーを拡張することによって科学的に進歩する。そしてモデルはそれぞれ、異なる社会の偶発的な出来事を解明する手がかりとなるのだ。

例えば、不完全競争や情報の非対称性の存在する市場のモデルは、今ではたくさんある。これらのモデルの存在は、完全競争に基づいた過去のモデルを時代遅れにするわけでもない。ただ、異なる状況には異なるモデルが必要であることを我々により強く意識させただけだ。同様に、ヒューリスティックな〔経験則に基づいた〕意思決定を重視する行動経済学のモデルは、そうした考え方が重要かもしれない環境における我々の分析の精度を上げてくれる。それらは合理的選択理論のモデルに置き換わるわけではない。合理的選択理論のモデルは引き続き、それ以外の状況では柱となるツールだ。先進国に当てはまる成長モデルは、発展途上国ではあまり役に立たないかもしれない。期待を重視するモデルは、インフレや失業率の水準を分析する上では最良なことがある。そのほかのケースでは、ケインズ経済学の要素を組み入れたモデルが素晴らしい仕事をすることもあるだろう。

アルゼンチンの作家、ホルヘ・ルイス・ボルヘスが書いたある短編小説――実際はたった一段落の小説――は、科学的手法の最良の手引書かもしれない。[10] その小説は遠く離れたある国について書かれており、その国では地図作成学――地図を作る科学――が馬鹿げたほど極端な発展の仕方をした。ある州の地図は非常に細部まで描かれ、広げると一つの都市と同じ大きさになった。その帝国全土の地図になると、一つの州を覆い尽くすような大きさになった。やがて、地図製作者はさらに大きな野心を抱くようになる。一対一の縮尺の帝国全土の地図を作ったのだ。ボルヘスが皮肉たっぷりに指摘しているように、次の世代の人々はそれほど扱いにくい地図の実用的な使い道がわからなかった。そのため、その地図は砂漠の真ん中に放置され、ボロボロになった。その地図が表している地理の科学とともに。

今日の多くの社会科学者はいまだに、ボルヘスの物語の核心を理解できていない。現象を理解するためには、現実世界の多くの細部を単純化し、抽象化する必要があるということだ。社会生活の複雑さに対応する最善の方法は、もっと精巧なモデルを開発することではなく、それぞれの原因機構がどのように作用するのかを一つずつ学び、その上である特定の状況ではどのモデルが最適かを見つけ出すことだ。

我々は家から仕事場まで運転するのにある地図を使い、ほかの都市へ旅行する際には別の地図を使う。また、自転車に乗っているとき、歩いているとき、公共交通機関を利用するつもりのときも、それぞれ異なる種類の地図が必要になる。

複数の経済モデルの間で舵を取る――どのモデルがより最適かを選ぶ――のは、正しい地図を選ぶよりもずっと難しい。専門家は様々なスキルを用いて、多種多様な公式、非公式の実証分析手法を利用する。拙著『エコノミクス・ルール』において、私は経済学のトレーニングを批判している。経済学に必要な実証分析による診断法を、学生にきちんと身につけさせていないという理由からだ。

ただ、経済学者はいまだにどれが「正しい」モデル（もちろん自分好みのモデル）かに関するコンセンサスに至っていないため、経済学は失敗した学問だと内部の批判者が主張するのは間違っている。経済学のあらゆる多様性――合理的選択理論と行動経済学、ケインジアンと古典派、ファースト・ベスト［あらゆる市場で歪みがなく完全に機能するときに実現する経済状態］の理論とセカンド・ベストの理論、正統派と異端派――を大事にしよう。そしてどのようなときにどのフレームワークを使うのか、より賢く選べるようになることに自分たちの労力を使おう。

フレームワークの健全な多様性を維持して初めて、我々はこの時代における重要な問題の一部を理解できる。ここからは、重要な政策課題に満ちている二つの問題について考えてみよう。一つは不平等、もう一つはテクノロジーとイノベーションの影響だ。

良い不平等と悪い不平等

経済理論の殿堂において、平等と効率性の間のトレードオフは非常に重要な位置を占めていた。米国の経済学者アーサー・オーカンは、公共政策とはこの二つの価値観の間の葛藤をうまく管理することが中心であると考えていた（このテーマについての彼の古典的名著は『平等か効率か』だ）。二〇〇七年にはニューヨーク大学の経済学者、トーマス・サージェントがカリフォルニア大学バークレー校の卒業生に対する講演で、経済学の叡智を短い十二原則にまとめて伝えたが、トレードオフはそのうちの一つだった。[11]

社会をより平等にするには、経済的な効率性を犠牲にしなければならないという信念は、経済学において最も大切にされているある考えに基づいている。それはインセンティブだ。企業や個人は所得が上がるという見通しがあるからこそ、貯蓄し、投資し、懸命に働き、イノベーションを起こすのだ。もし儲かっている企業や金持ちの家計に課税することによってそうした見通しがなくなると、企業や個人は努力をしなくなり、経済成長は鈍化する。平等主義の実験が経済的な失敗につながった共産主義諸国は、富の再分配政策の過ちを訴える裁判における「第一号証」としての役割を長い間、果たしてきた。

ただ近年では、経済理論も実証研究の証拠もそうしたトレードオフの存在を支持していない。好調な経済パフォーマンスと公正な富の分配は両立できるどころか、好調な経済パフォーマンスには公正な富の分配が必要だということを示す新たな論拠を、経済学者はこれまで積み上げてきている。例えば、貧しい家計が経済的、教育的な機会を奪われている格差の大きな社会では、経済成長は停滞する。

代表的なのはスカンジナヴィア諸国で、それらの国では平等主義的な政策が導入されているものの、経済的な繁栄は明らかに阻害されていない。IMFの経済学者は二〇一四年、過去のコンセンサスを覆すような実証研究の結果を発表した。[12] 国際比較でも国内における比較でも、より平等な社会の方が中期的には経済成長のペースが速いことを見出し、さらに政府による再分配政策は、経済のパフォーマンスに対していかなるマイナスの影響があるようにも見えなかったというのだ。どうやら、我々はいいとこ取りが可能なようだ。これはまさに、驚くべき結果と言える——IMFは異端派や急進派とは縁遠い組織であり、そうした機関から出た研究結果だからなおさらだ。

経済学は普遍的な真理をほとんど発掘したことがない（仮にあったとしても）科学と言える。社会生活におけるほかのほぼすべてのことと同じように、平等と経済パフォーマンスとの関係は定まったものではなく、不平等をもたらした根本となる原因や多くの媒介要素次第でその関係は変わってくるものだ。つまり、不平等がマイナスの影響をもたらすとするこの新たなコンセンサスも、過去のコンセンサスと同様に誤解を生むものである可能性がある。

例えば、産業化と不平等の間の関係を考えてみよう。大半の労働者が伝統的な農業に従事している貧困国では、都市の工業部門で働く機会が生まれることで、特に産業化の初期の段階のころには格差が生まれるだろう。農業従事者が都市に移動し、高い賃金を得ることで、所得格差はさらに広がる。ただこれは同時に、経済成長を生み出すプロセスでもある。成功したすべての発展途上国が、このプロセスを経験したのだ。中国では一九七〇年代後半からの急速な経済成長に伴って、格差は大きく広がった。その原因のおよそ半分が都市と地方の収入格差によるものだったが、それが経済成長のエンジンでもあったのだ。

もしくは、貧しい家計の所得を補助するために富裕層や中間層に課税する所得移転政策を考えてみよう。メキシコやボリビアなど多くのラテンアメリカ諸国は、政府赤字が債務水準を高め、マクロ経済の安定性を損なうことがないよう留意し、財政的に慎重を期しながらそうした政策を実行した。一方、ウゴ・チャベスと後任のニコラス・マドゥロの下で実施されたベネズエラの積極的な所得再分配政策は、一時的な石油からの歳入で賄われたため、その政策自体とマクロ経済の安定性の両方を危険にさらした。ベネズエラでは（しばらくの間）格差は縮まったものの、経済の成長見通しは著しく悪化した。

ラテンアメリカは世界の中で、一九九〇年代初頭以降に格差が縮まった唯一の地域だ。社会政策の改善と教育への投資を増やしたことが、その大きな要因だった。また、熟練労働者と非熟練労働者の間の収入格差――経済学者は「スキル・プレミアム」と呼ぶ――の縮小も、重要な役割を果たしている。[13] これが経済成長にとって良いニュースか悪いニュースかは、スキル・プレミアムが低下した理由に左右される。もし熟練労働者の相対供給の増加によって賃金格差が縮まったのであれば、ラテンアメリカにおける格差の縮小は経済成長を阻害しない（成長の加速の前兆ですらあるかもしれない）ものだという希望を持つことができる。ただ、もし熟練労働者に対する需要の減少がその原因であれば、賃金格差の縮小は将来の成長を左右する近代的な技術集約的産業が十分に成長していないことを示唆する。

先進国においては、格差拡大の原因についての議論は収束していない。自動化などのテクノロジーの変化、グローバリゼーション、労働組合の弱体化、最低賃金の引き下げ、金融部門の肥大、会社内で許容される給与格差の基準の変化、これらすべてが原因であり、どの要因がより格差の拡大に寄与したのかは、米国と欧州でも分かれる。各要因が経済成長に対してそれぞれ異なる影響をもたらす。テクノロジーの進歩は明らかに経済成長を助長するものだが、一九九〇年代以降の金融の台頭は金融危機や債務の積み上がりを通じておそらくマイナスの影響をもたらした。

経済学者はもはや、平等と効率性の間のトレードオフを鉄則だとは見なしていない。それは良いことだが、その誤りを反転させて、より平等な社会は必ず経済パフォーマンスが優れていると結論づけるべきでもない。結局、経済学にはたった一つしか普遍的な真理はない。状況次第なのだ。

テクノロジーのイノベーションが持つ異なる表情

我々はますます加速しているテクノロジーの革命的なブレークスルーの時代を生きているように思える。人工知能やバイオテクノロジー、デジタル化、自動化などの分野における新しい大きな進展が、ほぼ毎日のように発表されている。しかし、そうしたテクノロジーの進歩が我々の生活をどのように変えるのかを知っているように思える人々ですら、〔テクノロジーが経済や社会に与える影響に関しては〕考えがまとまっていない。

二つの両極端な見方がある。その一端にいるのがテクノロジー楽観論者で、我々は世界の生活水準がかつてない速度で改善する新たな時代の幕開けに立っていると彼らは考えている。もう一端がテクノロジー悲観論者で、彼らは生産性に関する期待外れの統計データを見て、新たなテクノロジーが経済全体に及ぼす利益は今後も限られるだろうと主張する。その両陣営に加えて、イノベーションの規模と範囲に関しては楽観論者に同調するが、雇用や公正に及ぼすマイナスの影響に関しては思い悩んでいる人々――テクノロジー不安論者？――もいる。

これら三者の見方を区別するのは、技術革新の速度に関してではない。技術革新の進歩の速度が早まっているということに対して、真顔で疑問を差しはさむ人などいるだろうか？　主な論点は、イノベーションが数少ない技術集約的な部門に限られたままなのか、それとも経済の大部分にまで拡大するのかということだ。最もスキルの高い専門家を雇う技術集約的な部門は、相対的にＧＤＰに占める割合が小さい。イノベーションが生産性や雇用、公正にどのような影響を与えるのかは、突き詰めれば労働市場や生産市場にどれほど急速に普及するのかにかかっている。

テクノロジーの普及は、経済の需要サイドと供給サイドの両方で制約を受けるかもしれない。まず需要サイドから見ていこう。豊かな国では、消費者は所得の大半を医療や教育、交通費、住居などのサービスや日用品の買い物に使う。こうした部門の多くでは、技術革新の影響はこれまでのところ比較的ほとんど見られていない。

マッキンゼー・グローバル・インスティチュートがまとめた「デジタル・アメリカ」という報告書に掲載された数字の一部を見てみよう。[14] 二〇〇五年以降、米国において最も急速に生産性が改善した二つの部門はＩＣＴ（情報通信技術）とメディアだ。ただ両部門を合わせても、ＧＤＰに占める割合は十パーセントを下回る。これに対して、ＧＤＰの四分の一以上を占める政府サービスとヘルスケアの両部門では、ほとんど生産性の改善が見られなかった。

マッキンゼーの報告書をまとめた人たちのようなテクノロジー楽観論者は、そうした数字を好機と捉えている。遅れている部門に新たなテクノロジーを導入することによって生産性が改善する大きな余地が残されているからだ。一方、そうした生産性の違いは今の経済における構造的かつ永続的な特徴だと悲観論者は考えている。例えば、経済史家のロバート・ゴードンは経済全体に与えるインパクトの大きさという点では、昨今のイノベーションは過去のテクノロジー革命に見劣りすると主張している。[15] 電気や自動車、航空機、エアコン、家電製品は、一般大衆の生活を根底から覆す作用があり、経済のあらゆる部門に入り込んでいった。おそらくＩＴ革命も、（影響は大きかったものの）そこまで生活を大きく変えるまでには至らないだろう。

供給サイドで重要な問題は、イノベーションが起きている部門が、急速かつ継続的に拡大するために必要な資本とスキルを確保する手段を持っているのかどうかだ。先進国においては、どちらの制約も通常はそれほど大きな問題ではなかった。ただ、そのテクノロジーの活用に労働者の高いスキルが要求されるとき——経済学の用語で言うと、テクノロジーの変化が「スキル偏向的」なとき——、テクノロジーが導入され普及していく中で、低技能労働者と高技能労働者の収入格差は拡大する傾向にある。つまり一九九〇年代のように、経済成長に格差の拡大が伴うということだ。

発展途上国では大半の労働者が低技能労働者であることから、彼らが直面する供給サイドの問題はより深刻だ。歴史的に見ると、衣類や自動車など労働集約的な組み立て作業が中心の製造業の場合、労働者の技能不足は遅れて産業化した国にとってもそれほど不利な条件ではなかった。ほぼ一夜で農家は工場労働者に姿を変え、経済に大きな生産性の改善をもたらした。製造業は伝統的に、より高い所得水準に至るための手っ取り早い成長手段だったのだ。

ところが製造工程がロボット化され、高い技術が求められるようになると、供給サイドの制約が大きな足かせになり始める。事実上、発展途上国は豊かな国に対しての比較優位を失うことになるのだ。今日の発展途上国に見られる早すぎる脱工業化という現象に、その影響は現れている。早すぎる脱工業化の世界において、低所得国が経済全体の生産性を改善することは非常に困難になっている。これまでの章で見てきたように、産業化を代替してくれる有力な候補があるのかどうかは定かではない。

経済学者のテイラー・コーウェンは、発展途上国は先進国からのイノベーションのトリクルダウンの恩恵を受けるかもしれないという考えを提示してきた。発展途上国の人々は安価な値段で多くの新製品を消費できる。[16] コーウェンが「自動車工場の代わりに携帯電話」と名付けたモデルだ。ただ、まだ疑問は残っている。輸入する携帯電話を買うために必要な外貨を稼ぐために、それらの国は――一次産品のほかに――何を作って、輸出するのか？

ラテンアメリカでは、最も経営が順調な企業や経済を牽引する部門では大きなイノベーションが起きているにもかかわらず、経済全体の生産性は停滞している。その明らかなパラドクスを解く鍵が、私と共著者が「成長を減速させる構造変化」と名付けた現象だ。[17] つまり、生産性の高い部門から生産性の低い部門に労働者が移動することで、局所的なイノベーションによる急速な生産性の改善の効果が相殺されてしまうのだ。経済全体に深刻なテクノロジーの二重構造があり、生産性の高い経済活動が十分に速いペースで成長していないときに、こうした逆転現象が起こり得る。不安なことに、成長を減速させる構造変化は最近では米国でも起きているという証拠が出てきている。[18]

最終的には、生活水準を引き上げるのはイノベーション自体ではなく、技術革新を活用した経済全体の生産性の改善だ。イノベーションと低い生産性は相入れないものではない（逆に、経済資源がより生産性の高い部門に移れば、イノベーションがなくても生産性の改善は可能なことがある）。テクノロジー悲観論者はこのことを認識している。楽観論者も間違ってはいないかもしれないが、証拠を挙げて自分たちの正しさを証明するには、テクノロジーの効果が経済全体にどのように伝播するのかをしっかりと解明する必要がある。

狡猾な学者を称賛

我々の住む世界は複雑だ。そのため単純化せざるをえない。周囲の人間を友人と敵に色分けし、彼らの動機を良いと悪いに分類し、複雑な根源の出来事を単純な原因に落とし込む。そのように物事を単純に捉えることは、我々という社会的存在の複雑性の中で舵取りする助けになる。また、自分や他人の行動の結果を予想する手助けにもなり、それだけ意思決定が容易になる。

ただ、そうした「観念的モデル」はあくまで単純化したものであり、必然的に間違っている。日々の課題を切り抜ける上では役に立つかもしれないが、多くの枝葉末節を省略しているため、我々が定めた分類や出来合いの説明がそれほど当てはまらない状況に陥ったとき、裏目に出ることがある。カルチャーショックという言葉は、我々の予想をあまりに裏切るような他人の行動に遭遇し、そうした経験によって自分自身の価値観が揺さぶられる状況を指している。

ただそれでも、物事を単純化して捉えるようにしなければ、我々は途方に暮れるか、ただその場で固まるしかない。我々という社会的存在の網の目のような因果関係の全容を解明するほどの知的能力も理解も、我々は持ち合わせていない。つまり、我々の日々の行動や態度は、不完全でときに人を誤らせる観念的モデルに頼らなければならないのだ。

社会科学が提供しなければならない最善のものもそれほど大きな違いはない。社会科学（特に経済学）は「モデル」と呼ばれるシンプルな概念的枠組みを使って、世界を分析する学問だ。そうしたモデルの長所は、原因と結果の連鎖を明らかにし、ある特定の予測が依って立つ具体的な前提条件を明白にすることだ。

良い社会科学というのは、まだ検証されていない我々の直観（仮説）を因果関係の矢印を示す写像に変換する。論理的結論まで引き伸ばされたときに、これらの直観からいかに驚くべき、予期せざる結果が導き出されるのかを明らかにすることもある。

経済学者愛用のアロー＝ドブリューの一般均衡モデルのように、完全に一般的なフレームワークは非常に範囲が広く、包括的なため、現実世界を説明・予測する上では全く役に立たない。有用な社会科学のモデルは、例外なく単純化したものだ。ある具体的な文脈における最も関連のある側面だけを切り取るため、多くの枝葉末節を省略している。応用経済学者の数理モデルが最もわかりやすい例だ。形式化していようがいまいが、単純化されたナラティブは社会科学者の屋台骨だ。

様式化された歴史的類推が同じような役割を果たす。例えば、国際関係学の学者は一九三八年にミュンヘンで行われたネヴィル・チェンバレンとアドルフ・ヒトラーの会合を、拡大主義に走る権力者を宥めようとする努力がいかに無駄（もしくは危険）になるかを表すモデルとして利用する。

単純化は説明する上では避けられない方法である一方、罠でもある。ある特定のモデルに固執するあまり、状況が変わって新たなモデルが必要とされていることを認識できないというのはよくあることだ。ほかの人と同じように、社会科学者も自分たちが選好したその時代のモデルに対して自信過剰になる傾向にある。モデルを裏付ける材料ばかりを誇張し、矛盾する新たな証拠からは目をそらす傾向にあるのだ。いわゆる「確証バイアス」として知られる現象だ。

多様で刻々と状況を変える世界においては、社会科学者は誤ったモデルを適用してしまうと、実害を与えかねない。効率的に機能している市場に基づく新自由主義の経済政策は、発展途上国では不発に終わった――まさに有能な官僚を前提とする計画経済のモデルがそれ以前に失敗したようなものだ。過度な金融の規制緩和を促すことで、効率的市場仮説は政策立案者に道を誤らせてしまったのだ。ある具体的な国際紛争に対して、その実態は一九一四年のサラエボをむしろ彷彿とさせるのにもかかわらず、一九三八年のミュンヘンから類推を働かせようとすると損失は大きくなるだろう。

では現実を単純化した複数のモデルの中から、我々はいかにして正しいモデルを選ぶべきなのか？例えば、いまの米国経済はケインズ経済学的な需要不足に苦しんでいるのか、それとも政策の不確実性が元凶なのかといったような疑問を、厳格な実証分析を行うことによってうまく解決できるかもしれない。ただ、実証分析によって導かれた明白な証拠もない中で、即座に決断を迫られるケースも少なくない。（リカルド・ハウスマンやアンドレス・ヴェラスコなどと）私が行った成長診断法の研究は、こうしたスタイルの研究の一例だ。ある具体的な文脈の中で、いかにして複数の制約要因の中からより成長を阻害する要因を突き止められるかを明らかにしたものだ。[19]残念なことに、経済学者やほかの社会科学者は、複数のモデルの中から正しいものを選ぶ訓練をほとんど受けていない。また、そうした素質があったとしたところで、職業的に報われるわけでもない。新しい理論を開発し、実証分析を行うことが科学と見なされる一方、優れた判断を下すことは明らかに技芸なのだ。

哲学者のアイザイア・バーリンが、思考の二つのスタイルを区別したことは有名だ。一つはハリネズミ、もう一つは狐に例えられた。[20]ハリネズミはたった一つの大きなアイデアに取り憑かれ、何に対しても画一的にそのアイデアを当てはめようとする。対照的に、狐はこれといった大きなものの見方を備えておらず、世界を多くの異なる視点で捉えている――そのいくつかはお互い矛盾することすらあるのだ。

我々はハリネズミの問題の対処の仕方をいつも予想できる――市場原理主義者があらゆる経済問題に対して、どのような性質の問題であれ市場の自由化を常に処方するように。一方で、狐の頭の中では理論がお互い競い合っており、その一部はお互い矛盾していることもある。特定のイデオロギーに加担せず、状況を見て考える方が容易だと思っている。ダニエル・ドレズナーの言葉を借りれば、ハリネズミは「ソート・リーダー（thought leader）」〔世の中について独自の視点や大きな考え方を持ち、周囲の人々を感化しようとする指導者〕であり、狐がまさにパブリック・インテレクチュアル（public intellectual）〔社会一般に広く知られている学者などの知識人〕と言える。[21]

状況に合わせてある説明のフレームワークから別の説明のフレームワークへ柔軟に舵取りできる学

者の方が、我々を正しい方向に導いてくれるだろう。世界に必要なのはもっと少ないハリネズミと、もっと多くの狐なのだ。

第七章　経済学者、政治、アイデア

アイデア（観念、思想）の世界に住む住人にしては珍しく、経済学者は人々の行動や社会の行く末を方向づける上でアイデアが果たす役割に関して妙に無口だ。彼らは「interests（利益）」――物質的、社会的、政治的な競争の場で自分の立場を有利にする露骨で自分本位の動機――を強調する。ただ、（どのように世界は動くのか、どのような目的を我々は追求すべきか、目的を追求するためにはどういった戦略が可能なのかに関する）アイデアがなければ、利己心という概念は空虚で無益だ。アイデンティティ、規範、価値、世界観、機会、制約、これらすべては形のないアイデアの産物だ――もちろん、経済学者のアイデアだけではない！

アイデアについて真剣に頭をめぐらせることは、社会生活や政治の舞台における多くの謎を解明する手がかりになる。どうして自分たちの政治権力が揺らぐかもしれないという不安から経済改革を妨害するエリートのいる社会があれば、経済改革を支持するエリートのいる社会もあるのだろうか？どうして左派の知識人と政党は大衆からの反発に対応できないにもかかわらず、グローバリゼーションの旗手に転じるのか？　二〇一六年の大統領選で、米国の白人の中間層に明らかに自分たちの経済的利害に反するような投票行動をさせた要因はなんだったのか？　同様に重要なのは、アイデアについて真剣に頭をめぐらせることは、経済と政治の改革に取り組む中で、既得権という鉄の檻から逃れる手助けをしてくれるのだ。

経済学と政治経済学

我々経済学者は、政治から距離を空けていた時期があった。市場経済がどのように機能するのか、いつ失敗するのか、巧みに練られた政策がいかに効率性を高めるのか。これらを説明することが、自分たちの仕事だと考えていた。相反する目的（例えば、公平と効率性）の間のトレードオフを分析し、公平を含めた望ましい経済結果を出せる政策を処方した。我々のアドバイスを聞くかどうかは政治家の仕事であり、それを実行するかどうかは官僚の仕事だという立場をとっていた。

ところが一部の経済学者は、より大きな野心を持つようになった。自分たちのアドバイスがほとんど無視されることにフラストレーションを感じ（自由市場による解決があまりにまだ実行に移されていない！）、政治家や官僚の行動を経済学の分析ツールを使って分析し始めたのだ。市場経済における消費者と生産者の意思決定の分析に使うフレームワークと同じものを使って、政治行動を調べてみることにした。政治家は国民の所得を最大化するよう政策を実行してくれる人、市民は利潤を追求する圧力団体や特殊利益、政治制度は票や政治的影響が経済的利益と交換される市場になったのだ。

このようにして、合理的選択に基づいた政治経済学の分野と多くの政治学者が容易に模倣できる理論化のスタイルが誕生した。経済合理性に明らかに反する政治家の行為は枚挙にいとまがないが、我々は今ではその理由を説明できる。こうしたことは政治経済学の発展の明らかなメリットだ。実際、あらゆる経済の機能不全は既得権という三文字で説明できる。

なぜ多くの産業が、真の競争を免れているのだろうか？　それは政治家が〔寡占や独占によって〕今まさに利益を享受している人々から資金を得ているからだ。[1]　なぜ政府は国際貿易に障壁を設けるのか？　それは〔自由貿易から利益を得る〕消費者がバラバラで、組織的ではない一方、貿易保護から利益を得る人や企業は一致団結しており、政治的な影響力が大きいからだ。[2] なぜ政界のエリートは、経済の成長や発展を促す改革を阻止するのか？　それは経済の成長や発展によって、彼らの政治権力が脅かされるからだ。[3] なぜ金融危機が起こるのか？　それは銀行が一般大衆を犠牲にしてでも過度なリスクを取れるよう、政策立案のプロセスを牛耳っているからだ。[4] 例えば金融危機の後、多くの経済学者は巨大銀行の強大さにその責任を押し付けた。大きな社会的犠牲が伴っても金融業者が巨額の報酬を享受できるような規制環境は、政治家が彼らに借りがあるためだと言うのだ。

最も広く支持されている政治学の理論は、最もシンプルでもある。それは、力の強い者が自分の欲しいものを手に入れるというものだ。金融規制は銀行の利益、医療政策は保険会社の利益、税に関する政策は金持ちの利益を考慮して作られる。政府に最も影響力のある人々が――資金や情報、関係者へのアクセス、もしくは暴力による威嚇などをうまく使って――自分たちの思い通りにことを運ぶのだ。

これは世界中、どこの国でも同じことだ。外交政策はまず第一に、国益に従って決まると言われている。他国への親近感やグローバル・コミュニティに対する気遣いで決まるわけではない。米国や台頭するほかの大国の利益と合致しない限り、国際的な協定は不可能だ。権威主義政体においては、政策は統治者とその取り巻きの利益を如実に反映したものとなる。

政治ではおかしなことがよく起こるが、その背景を容易に説明することができる説得力のあるナラティブだ。民主国家であれ、独裁国家であれ、国際社会の舞台であれ、大多数の人々に被害を与えるような成果を成し遂げられる、ごく一部の特殊利益の力を反映した結果なのだ。世界を変えるためには、まずこのことをよく理解する必要がある。こうした理解に基づく分析を行うことで、経済や政治の結果をより深く理解できるようになると考えられた。

ただ、これまで述べてきたことは深刻なパラドクスを抱えている。ある理論の説明能力が高いと主張すればするほど、事態を改善する余地は小さくなる。もし政治家の行動が彼らに貸しを作っている既得権の利益に左右されるのであれば、経済学者が政策を改革するよう支持したところで誰も耳を貸さないだろう。つまり我々の社会科学が完全であればあるほど、政策分析は無意味なものになる。

ここで人間の科学と自然の科学の間で類推を働かせるとわかりやすい。一方が他方に似ていると言いたいわけではなく、その違いを明確にするためだ。科学と工学の関係について考えてみよう。科学者による自然の物理法則の理解が洗練されればされるほど、エンジニアはもっといい橋や建物を建造できるようになる。自然科学の進歩は我々が物理的環境を構築する能力を妨げるどころか、より高めるのだ。

政治経済学と政策分析の関係は全く異なる。政治家の行動をモデルの内在的な一部〔モデルの内部で決まるもの〕とする——経済学者の用語で言えば内生化する——ことによって、政治経済学は政策分析の効力を奪うことになる。例えて言うならば、物理学者が考え出した理論が自然現象を説明するだけにとどまらず、どんな橋や建物をエンジニアが建造するかも決めてしまうということだ。工学を学ぶ学校の必要性がほとんどなくなるのだ。

それは何かおかしいのではないかと思えるのであれば、あなたは勘が鋭い。実際は、現代の政治経済学のフレームワークは、我々の社会や政治制度の運営の基礎となるアイデアの体系に関して暗黙の仮定に満ちている。これらの仮定を明らかにすれば、既得権が政策立案において決定的な役割を果たすことがなくなる。政策設計、政治的リーダーシップ、人間の主体性が復活するのだ。

アイデアの最重要性

ジョン・メイナード・ケインズが「最も実務に通じた人でさえも、ずいぶん前に亡くなった経済学者のアイデアの奴隷であるのが常である」と述べたことは有名だ。おそらく彼のこの言葉だけでは〔経済学者のアイデアの影響力は〕言い尽くせていない。例えば、過去数十年の間に桎梏のないグローバリゼーションや金融の肥大をもたらしたアイデアは、（ほとんどが）今でもご健在の経済学者が考え出したものだ。二〇〇八〜〇九年にかけての世界金融危機を巨大銀行の強大さのせいにした人々は、経済学者自身が正統化する上で果たした役割を都合よく見落としている。ウォール街にとって良いことは実体経済にとっても良いことだと信じてもかまわないと政策立案者や規制当局にお墨付きを与えたのは、経済学者と彼らのアイデアだ。

利益は不変でもなければ、あらかじめ決まっているものでもない。利益はアイデア――我々は誰なのか、何を成し遂げようとしているのか、そしてどのように世界は機能するのかに関する自身の考え――によって決まるものだ。自己の利益に対する我々の認識は常に、アイデアというレンズを通して得られるものだ。実際には、我々は「利益」を持たない。自分たちの利益が何なのかというアイデアを持っているだけなのだ。

市場における競争的地位を高めようと奮闘しているある企業を考えてみよう。従業員の一部を解雇し、製造業務をアジアのコストが安い地域にアウトソーシングするというのが一つの戦略だ。また、従業員の技能訓練に投資することで、より生産性の高い労働力に鍛え上げるという戦略もある。従業員の忠誠心も高くなるため、離職に伴う費用も抑えられる。その企業は価格で勝負することも、製品の質で勝負することもできる。ただ、企業の所有者が利己的だという事実だけでは、どの戦略を選ぶかは見当がつかない。企業の選択を最終的に決めるのは、それぞれの戦略の費用と便益に加えて、それぞれのシナリオがどのくらいの可能性で起こるのかに関する一連の主観的な評価だ。

同様に、自分がある貧しい国の独裁的な統治者になったと想像してみてほしい。権力を維持し、国内と国外からの脅威に対して先手を打って対応するための最善の方法は何だろうか？　強力な輸出志向の経済を育てるのか？　それとも政権内部を重視して、ほかの国民全員を犠牲にしてでも、軍部の仲間やほかの取り巻きに報奨を与えるのか？　東アジアの権威主義的な統治者は前者の戦略を採用した。一方で、中東の権威主義的な統治者は後者の戦略を選んだ。何が自分たちにとって利益になるのかに関して、両者は異なる考え方を持っていたのだ。

もしくは、中国が世界経済で果たす役割について考えてみてほしい。中華人民共和国が大国になるにつれて、指導者たちは自分たちが望むべき国際システムがどのような形なのかを決断しなければならないだろう。これまで自分たちにとって都合が良かった既存の多国間主義の体制を強化する道を選ぶかもしれないし、個々の国との取引でより有利な条件を引き出せる二国間の、特定の問題に限った関係を好むかもしれない。中国という国とその利益はこれからより大きくなると認識したところで、世界経済がどのような体制になるのかを予見することはできない。

こうした例は、いくらでも挙げることができる。ドイツ政府にとって、最も国内政治に資するのは次のうちどちらのやり方か？　たとえ新たな債務再編が必要になったとしても、ギリシャに緊縮財政を無理やり飲ませる方がいいのか。それとも彼らに突きつける条件を緩和し、経済成長によって債務負担を軽減させる機会を与えた方がいいのか。もしくは、世界銀行における米国の利益に資するのは次のうちどちらのやり方か？　米国人を総裁として直接任命した方がいいのか。それとも米国人であるかどうかにかかわらず、他国と協力して最も適した候補者を選んだ方がいいのか。

こうした疑問をめぐって熱い議論を戦わせているということは、何が自己の利益になるのかについての考え方がみんなそれぞれ異なるということを示唆している。我々の利益は実際は我々のアイデアによって決まるのだ。

それでは、そうしたアイデアはいったいどこから来るのか？　我々と同様に、政策立案者も流行に流されやすい。何が実行可能で、何が望ましいのかに関する彼らの見方は時代思潮、つまり「はやりのアイデア」によって形成される。つまり、経済学者などのソート・リーダーは良い意味でも悪い意味でも、大きな影響力を行使できる立場にあるのだ。経済学者は組織化された特殊利益を、あらゆる政治的悪の根源と見なす理論を好む。現実世界では、経済学者は自分たちがこれまでに何度も生み出してきたあまたの悪いアイデアに対しての責任から、容易には逃れることができない。影響力には必ず、説明責任がついて回る。

アイデアの役割を明確にする

政治＝経済の分析は、組織だった利益が主要なプレイヤーとして存在していなければ中身がなく、不完全であり続けるだろう。だからと言って、利益が政治的な結果を左右する最も重要な決定要因ということにはならない。実際、利益と政治的な結果の間には、明確に定義された写像〔対応関係、因果関係〕があるわけではない。政治主体は（1）自分たちの目的（2）世の中の仕組み（3）自分たちの利益を大きくするために自由に使えるツール――などについて各々のアイデアを持っている。そうしたアイデアに付随する数多くの暗黙の仮定の中身に、利益と政治的な結果の間の写像は左右される。重要なのは、これらのアイデアは何者かによって巧みに操作され、イノベーションにも影響を受けるものだということだ。そのため、そうしたアイデア自体が政治的ゲームの一部になる。経済学者がいまではモデルに内生化することが当たり前になっているテクノロジーの発明的活動と、政治の世界における説得や政策イノベーションに対する投資の間には類似性があり、それは有用なものだ。それらがいかに変わりやすい性質を持つのかが認識されれば、既得権が政治的結果のそれほど大きな決定要因ではなくなり、起こり得る結果の可能性の幅は大きく広がる。

あらゆる経済学のモデルにおいて暗黙の仮定が役割を担っているが、政治経済学においては特に、利益（とその追求）を決定づける上でアイデアが果たす役割を認識しないことによってもたらされる影響は甚大だ。アイデアを考慮に入れることによって、政治＝経済の世界における停滞と変化の両方について、より説得力のある説明が可能となる。政策分析（何がなされるべきか）と政治経済学（実際に何が起きているのか）の間に横たわる大きな溝の橋渡しをしてくれるのだ。また、現実世界で起こる多くの不可思議な現象に説明を加えてくれる。なぜ人々は、自分たちの「利益」にならないように思える政策を支持するのか？　なぜ多くの改革は結果的に、それまで改革を妨害していたエリートの利益になるのか？　なぜ同じように思えるグループも、各々の利益の定義にそれほど違いが出るのか？　なぜかつては石のように結束しているように見えた既得権が、急に解体してしまうようなことが起こるのか？

それではこれから、いかにしてアイデアが政治経済学に関する確立した考え方に（大抵は知らず識らずのうちに）影響を与えていくのかを見て行こう。

あらゆる合理的選択モデルは、個々の意思決定者による目的を持った行動の上に成り立っている。一般的には、明確に定義された最適化問題と経済学者が呼ぶものを各個人が解くと仮定することによって、彼らの行動は決定づけられる。そうした最適化問題においては、少なくとも三つの要素を明確にしなければならない。（消費者効用関数のような）目的関数、（予算制約のような）一連の制約、そして（消費水準のような）一連の選択変数だ。合理的選択を原型とした政治＝経済のモデルにおいては、こうしたフレームワークを政治の世界に置き換えるのだ。政治主体――有権者、圧力団体、エリート、議員――は、明確な最適化問題を解く合理的な個人として表される。つまり、彼らは消費や利潤、政治的利益に関して定義された効用関数を最大化するということだ。経済と政治、両方におけるゲームのルールによって課された制約の範囲内で彼らは活動し、制約を所与として目的関数を最大化するような一連の行為――様々なモデルでは、投票、政治的寄付、反乱、抑圧などが含まれる――を選ぶというわけだ。

例えばもっと単純な言葉に言い換えると、財界の圧力団体は政治家が寄付と並んで社会福祉にも価値を置くということを考慮に入れながら、関税保護の見返りとしていくら政治的寄付をすべきかを決める。(5)もしくは、独裁者は在任中の利潤を最大化するために経済を発展させるべきかどうかを決めるが、その際には自らの決断が政権の寿命を含めて経済と政治、両方の行く末に影響を与えることを考慮に入れる。(6)

アイデアもこのフレームワークにいくつか異なるルートでかかわってくるのだが、それはめったに認識されることがない。実は選好や制約、選択変数という最適化問題の三つの要素はいずれも、暗黙のアイデアに左右されるのだ。

1　我々が何者であり、どういった目的を追求すべきかに関するアイデアによって、人々の選好は決まる

2　世の中の仕組みに関する我々のアイデアによって、制約は決まる

3　どのような自由に使えるツールを我々が持っているのかに関するアイデアによって、選択変数は決まる

これらをわかりやすく説明するために、現在の政治＝経済の苦境を実際の例として取り上げながら、三つの要素を一つひとつ順番に論じていく。私は政治の世界における基礎的な最適化のフレームワークの合理性や有用性に、異議を唱えているわけではないということを強調しておきたい。利益がどのように定義され、追求されるのかを決定づける上でアイデアが果たす役割を探求し、経済学者が果たす貢献――良い貢献も悪い貢献も含めて――について議論し、その結果、より役に立つ新たなアイデアの可能性を切り開くことが私の目的だ。

選好――我々はいったい何者なのか？

Self-interest（自己利益、利己心）は「self（自我）」というアイデアを前提とする。つまり、私は何者なのか、私の目的はいったい何なのかという観念だ。経済学を応用する多くのケースで、我々が追求する目的ははっきりしている。家計は消費者余剰を最大化したい、生産者は利益を最大化したいと仮定するのは、全く異論がないというわけではないものの、概ね理にかなった考え方だ。ところが政治の分野では、何を最大化すべきなのかがそれほど明確ではない。その場の文脈次第では、名誉、栄光、名声、尊敬、所得、権力、権力に居座る期間、「国のためになること」、これらすべてが妥当な選択肢だ。ヤン・エルスターが歴史上における政治の発展を説明しようとする合理的な政治＝経済のフレームワークに関する評論の中で述べているように、十七世紀のフランスの貴族は物質的な利益と同じく

らい名誉や栄光にも関心があったのかもしれない。[7]人間の行動の多くは抽象的な理想や神聖な価値、忠誠心という概念に突き動かされ、それらは経済的目的だけに矮小化できない。人類学者や心理学者による研究によると、「人間は自分自身の命や親類を守るためだけではなく、アイデア――自分自身、つまり「我々は何者なのか」を基に作り上げた道義的概念――のために殺し合うものだ」ということが示唆されている。[8]今のような自爆テロの時代においては、異論の余地はないはずだ。

異なる社会状態をいかにして評価するのか。そして、それぞれの社会状態が我々の「利益」を増進するのかどうかをいかにして判断するのか。それは我々が自分たち自身をどのように定義するのかに、極めて大きく左右される。我々は自分たちを様々な集団の一員と見なす。例えば、社会階級(「中産階級」)、民族グループ(「白人のマジョリティ」)、宗教(「キリスト教福音派」)、国家(「グローバル市民」)、人口統計上の一群(「ベビーブーマー」)、職業(「教師」)といった集団だ。アマルティア・センが述べたように、程度の差はあるものの、我々はこれらすべてのアイデンティティを併せ持つかもしれない。[9]

政治学においては、政治主体の利益は明確に定義された具体的事実によって決まるのではなく、社会の中で形成されるということが一連の確立した研究によって長い間支持されてきた。この「構成主義」の伝統においては、利益という概念は規範やイデオロギー、原因となる信念から内生的に生じるものだ。[10]つまり、利益とは「アイデアの一つの形態」なのだ。[11]国際法においては、国家間の行動はもっぱら、もしくはほとんどの場合、国益によって決まると主張する「法的現実主義者」と、正義の規範や法律の役割を重視する学者の間の争いがあるが、それと似たような議論だ。[12]

経済学者は自己利益やアイデンティティの定義に微妙な差異があることを認めるだけで、こうしたほかの学問の領域にまで手を伸ばすリスクをこれまであまり冒さなかった。ただ、選好を決定づける上でアイデアが果たす役割は、経済学の研究の様々な領域に入り込んできている。例えば、マクロ経済学における派閥政治に関する論文では、各政党に明確なイデオロギー（一般的にはインフレを重視するのか、失業を重視するのかに関する異なる選好として表現される）が与えられる。[13] こうした選好の違いは、モデルの外部から与えられることが一般的だが、きちんとした説明はほとんどない。より最近では、マクロ経済学、ミクロ経済学の両分野において、どのようにイデオロギーが形成され、発展するのかを調べる研究もあった。社会の出来事やメディアの視聴、小さい子どものころの経験を通じて、人々の政治的選好がいかにして形成されるのかを調べるのだ。[14]

ジョージ・アカロフとレイチェル・クラントンが共同で行ったアイデンティティの経済学に関する論文が、まさにこうした問題を扱っている。[15] 人々が自分自身を特定の社会的分類に結びつけ、理想とされる行動はそれらの分類の属性に由来するというモデルを二人は考え出した。例えば、労働者は企業の目的に向かってより従順に行動させるよう設計された雇用主が与える誘引両立性制約〔代理人（労働者）に望ましい行動を選択させるよう、委託人（雇用主）が適切なインセンティブを彼らに与えること〕の効果を低下させるようなアイデンティティを獲得するかもしれない。それに対して、雇用主は職場での労働者のパフォーマンスを引き上げるために、そうしたアイデンティティを改めようとするかもしれない。こうしたモデルによって、目の前の物質的利益に反する投票行動を含めた「矛盾した」一連の政治的行動を説明することができるかもしれない。ただ、こうしたアプローチを政治的現象に応用する可能性については、まだそれほど大きな注目を集めてはいない。

こうしたフレームワークすべてにおいて、アイデアが決定的な役割を果たす。暗示的、もしくは副次的にではなく、アイデアは直接的に選好を決定づけ、政治行動のパターンを決めるのだ。このような見方をすると、社会科学者はアイデアがどこから来たのか、そしてどのように伝播し、内在化されるのかといった疑問と向き合うことが求められる。

利益はアイデンティティによって決定づけられ、アイデンティティは我々の社会的、政治的な相互交流によって形作られる。成功している政治家は、アイデンティティが政治的な目的のために形成されることを熟知している。米国ではここ数十年の間、所得が一部の富裕層に極端に集中したにもかかわらず、彼らが格差の拡大を訴える大衆の反乱をどのように回避してきたのか考えてみよう。

富裕層はいかに支配するのか

選挙において誰もが平等な一票を持つ民主国家においてさえ、金持ちは貧しい人よりも政治的な影響力を持っているが、そんなことはもはやニュースにもならない。ただ、マーティン・ギレンズとベンジャミン・ページという二人の政治学者は最近、米国にとって身もふたもない研究結果を発表した。米国やその他の国における、民主主義の機能に関して大きなインプリケーションを持つ内容だった。[16]二人の研究は、一九八一〜二〇〇二年にかけてギレンズが苦労して集めた、政策に関して二千近い質問をしている世論調査に基づいている。二人は連邦政府が調査から四年以内に質問で取り上げた政策を導入したのかどうかを調べ、所得分布においてそれぞれ異なるランクに位置する有権者の選好に、政策の実施状況がどれだけ近かったのかを追跡調査した。

個別の結果を見ると、「平均的」な有権者——つまり、所得分布で真ん中に位置する有権者——の選好は一見、政府の最終的な対応に非常に強い影響を与えたように見える。平均的な有権者が選好した政策は、非常に高い確率で政府によって実行されているのだ。ところがギレンズとページが指摘しているように、政府の決断がどれほど有権者の声を代表しているのかに関して誤った前向きな印象を与えている。実際は大半の政策に関して、平均的な有権者と経済的エリートの選好にそれほど大きな違いはない。例えば、いずれのグループも強い国防や健全な経済を望んでいる。より望ましい調査は、両方のグループで見解が異なるときに、政府がどのような行動を取るのかを調べることだ。

この調査を実施するにあたって、ギレンズとページの二人はどちらの有権者グループがより影響力が大きいのかを調べるために、平均的な有権者の選好と経済的エリート——所得分布において上位十パーセントの個人——の選好のどちらが優先されるのかを競い合わせた。結果は、経済的エリートの影響力は変わらず大きいままだったが、平均的有権者の影響力は無視できる程度まで後退した。

この結果が何を意味しているのかは明白だ。エリートの利益がほかの社会の利益と対立するとき、(ほぼもっぱら)重視されるのはエリートの意見だということだ(ギレンズとページが説明しているように、上位十パーセントの選好が大金持ちであるトップ一パーセント——真のエリート——の見解も表していると考えるべきだ)。政策の形成過程に大きな影響力のある組織された利益団体についても、二人は同じような結果を報告している。彼らが指摘するように、利益団体の協力と裕福な米国人の選好を考慮に入れると、「一般大衆が何を考えているのかはほとんど重要ではない」のだ。

我々を失望させるような研究結果だが、重要な疑問が浮かび上がる。大多数の有権者の選好に応えない政治家が、どうして選挙で選ばれるのか? さらに重要な疑問は、最富裕層の指示ばかりをもっぱら遂行していながら、どうして選挙で再選されるのか?

その理由の一つは、大半の有権者が政治システムの仕組み、それがいかに経済的エリートに有利な設計になっているのかをあまり理解していないからかもしれない。ギレンズとページが強調しているように、彼らの研究結果は政府の政策が平均的な国民の生活を貧しくしていると示唆しているわけではない。一般市民の選好とエリートの選好は重なることが多いことから、結果的に一般市民も自分たちの要望を叶えてもらっていることが少なくないのだ。両グループの選好が連関していることから、有権者にとって政治家のえこひいきは見分けにくくなっているのかもしれない。(社会にとってより害が大きな)もう一つの理由は、政治指導者が選挙で選ばれるために利用している戦略にあるのかもしれない。主に経済的エリートの利益を代表する政治家は、〔票を集めるために〕大衆に訴えかけるほかの手段を探し出す必要がある。そこで登場するのがナショナリズムであり、派閥であり、アイデンティティによる政治だ――人々の生活にかかわる利益ではなく、文化的価値や象徴主義に基づく政治と言える。政治がこうした領域で戦われたとき、我々の心の奥底に潜んでいる文化的、心理学的な色分けを刺激するのに最も成功した政治家が選挙で勝つのだ。

カール・マルクスが、宗教は「人民の阿片だ」と述べたことは有名だ。宗教感情の力を借りて、労働者など搾取される人々は日々の生活で経験する物質的な欠乏をごまかせると彼は言いたかったのだ。同様に、宗教右派の台頭とそれに伴う「家族の価値」をめぐる文化的争い、その他の大きく意見の分かれる問題（例えば移民など）が、一九七〇年代後半以降の経済的格差の急速な拡大から米国の有権者の目を逸らすのに一役買った。右派の報道機関やシンクタンクは、所得の上がらない有権者がその困窮の責任を、政府が自分たちより優先していると考えられていたマイノリティ――アフリカ系米国人、移民、生活保護を受けている女性――に押し付けるようなお話を作り出した。[17] その結果、保守派は中産階級や貧困層の利益に反するような経済・社会政策を遂行しているにもかかわらず、権力を維持し続けることができたのだ。

第四章の発展途上国をめぐる問題の中で論じたように、アイデンティティに訴える政治は極めて有害だ。特権的なインナーサークルの周囲に境界線を引いて、その外側にいる人々――ほかの国や価値観、宗教、民族に属する人々――を排除しようとする傾向にあるからだ。ロシアやトルコ、ハンガリーなどの非自由主義的民主国家において、最も如実に現れている現象だ。自分たちの選挙基盤を盤石にするために、これらの国々の指導者は国家や文化、宗教的な象徴に強烈に訴えかけるのだ。そうすることで、彼らは通常、国民の間に宗教的、民族的マイノリティに対する強い反感を焚きつける。経済的エリートを代表する（さらに中枢まで腐敗していることが少なくない）政権にとっては、そうした策略は投票の際、大きく報われるのだ。

先進国と発展途上国、その両方の地域における格差の拡大は、民主的な政治に二つの大きなダメージを与えている。中産階級と貧困層の権利がより剝奪されるだけではなく、エリートの間に有害な派閥政治を蔓延させることにもなるのだ。

制約——世の中の仕組みを説明するモデル

それでは本章の冒頭で概略を説明した「最適化問題」にかかわる二番目のアイデア、世の中の仕組みについてこれから説明する。投資家、消費者、労働者、政策立案者、いずれの人々も、自分たちの周囲で起きている出来事の因果関係について一定の作業仮説を設けて行動している。政治と経済、両方の分野において、自分と他人の行動でいったい何が起こるのか？　その認識は、彼らの世界観によって形作られるものだ。経済思想の歴史には世論を二分する大きな論争がいくつかあるが、世の中の仕組みをめぐるアイデアもそのいずれかの陣営に収まるものかもしれない。例えば、以下のような論争だ。自由競争と計画経済、どちらの方が経済がうまく機能するのか？　自由貿易と保護貿易、どちらの方が経済の成長と発展を早めるのか？　マクロ経済を安定させるためには、ケインズ主義の景気対策がいいのか、ハイエク主義の不介入政策の方がいいのか？　いずれの立場も経済の仕組みに関して異なるモデルを想定しているため、政治行動にも異なる影響を与える。ここ数十年の間、一連の経済思想（ケインズ主義、マネタリズム、合理的期待仮説、そして「ワシントン・コンセンサス」）がエリートとそうでない人々、両方の「経済的現実」に対する理解を変え、それによって政治的均衡も変わった。

利潤を搾取する独裁者は、国民に拒否する選択の余地がほとんどないと考えているとき、ぎりぎりまで彼らに重税を課すだろう。同じ独裁者も、国民が税から逃れることができる、もしくは反対する力があると考えているときには、課税負担を和らげるだろう。二つのうちどちらのモデルが正しいのか？「弾力性悲観論」、つまり経済活動が価格に反応しないという考えが、一九五〇年代と六〇年代に統制経済による経済発展が幅広く支持された背景にあった。プラタップ・メフタとマイケル・ウォルトンの二人は、独立してから数十年間のインドの発展を決定づけた〔初代首相の〕ネルー的な認知地図について説明している。つまり、投資を強く促す必要性、民間部門に対する懐疑、資本財が果たす主導的な役割の重視、そして輸出悲観論（輸出の拡大はいずれ頭打ちになるという不安）だ。これらすべてが、市場制度の機能（と機能不全）をめぐるアイデアに基づいている。[18] 貧しい人も金持ちと同じように価格インセンティブに反応することが研究によって明らかになるにつれて、発展途上国の政策はよりマーケット志向に変わっていった。[19]

経済学とは、ある文脈においてどのモデルが「正しいモデル」なのかに関する我々のアイデアを、突き詰めて研ぎ澄ましていく学問だ。この点に関しては、後で詳しく述べるつもりだ。ところが政治＝経済のフレームワークにおける主体は、こうした疑問がすでに解決済みの世界に住んでいる。正確にとは言えないが、少なくとも確率的には世の中がどう動くのかを自分たちがすでに知っているものだと考えられているのだ。この考え方を支持する人々によると、仮にしばらくの間は「正しいモデル」をめぐって主体の間で意見が分かれたとしても、選んだ政策によって何が起こり、どのような反応が返ってくるのかがわかるにつれて、最終的にはどれが正しいモデルか意見が一致するというのだ。

ところが実際は、自分たちのモデルの世界観と矛盾する証拠が出てきたとき、その証拠から目を背けるということが少なくない。矛盾した結果はただのまぐれ、もしくは自分たちが選んだ政策が十分熱心には遂行されなかっただけだとして、片付けてしまうのだ。異なる事前の信念を持っている人々は、同じニュースを聞いても、全く異なる結論を導き出すかもしれない。失業率の突然の上昇を見ると、ケインジアンであれば金融政策が過度に引き締めすぎだという自身の信念を強めるかもしれない。一方、マネタリストであれば金融政策が思っていたよりも緩和的で、将来のインフレ期待を誘発して企業が雇用を控えるようにしていると推論するかもしれない。[20] さらに、すべての主体が合理的で、完全に用意周到だとしても、外部環境が十分に変わりやすいときには、正しいモデルに対する信念は必ずしも一つにまとまらない。[21]

人々の認識などには限界があり、政治主体は因果関係についての自分たちの理解が全く不確実な世界に住まざるを得ないというのがより現実的な表現かもしれない。[22] 彼らの世界観は間違っているかもしれず、新たな証拠が突きつけられても、それが過去の信念を裏付けるためだけに利用されるのであれば、ずっと間違ったままかもしれない。逆に新しい情報が、以前には考えられなかった現実を提示することもあるかもしれない。例えば、有権者は権力者に長期にわたる犯罪歴があることを急に知らされるかもしれないが、それはそれまでは彼らの計算には入っていなかった可能性だ。そうした新たな情報を得ることで、有権者の行動に変化が現れることを示す興味深い新たな実証分析の論文も出てきている。[23]

最近起こった世界経済金融危機、そしてその経験がどの程度、我々の信念を変えたのかを考えてみよう。サイモン・ジョンソンやジェイムズ・クァクなどの専門家は、金融危機を引き起こした政策は、強大な銀行と金融部門の利益団体が思い通りにした結果だと主張した。まさに特殊利益の理論を、素直に応用した考え方のように思える。[24] ただ、金融の自由化や市場の自己調整機能を支持し、政府による規制の不可能性（もしくは望ましくなさ）を強調した「はやり」のアイデアが専門家の間に伝播していなければ、既得権があれほどの求心力を得ることはなかっただろう。結局、民主国家ではあからさまに自己利益を主張することで、力のある利益団体が自分たちの思惑通りにことを運べることはめったにない。そうではなく、これらの政策は公共の利益に資すると訴えることによって、彼らは自分たちの主張を正統化しようとする。金融の規制緩和への支持を例にとると、金融業界にとって良いと主張するわけではなく、実体経済にとって良いと主張するのだ。

一部の専門家は、金融危機は（特に低所得の住宅ローンの借り手を対象とした）住宅市場を支えようとする政府による過度な介入の結果だと主張した。こうした議論も、ある特定の――持ち家の社会的価値や低所得者層に対する金融部門の注意怠慢をめぐる――アイデアに基づくものだ。チャールズ・カロミリスとステファン・ヘイバーは、金融危機が銀行業界の利益団体とコミュニティ・グループが手を携えることで起きた現象だという考えを示した。コミュニティ・グループは低所得者層における持ち家の保有比率を増やそうと努めており、それが極めて重要な役割を果たしたというのだ。[25] ここでも、世の中がどのように動くのかをめぐるコミュニティ・グループや政治家の見解――つまり、危機を引き起こすような振る舞いをすることに対する彼らの利益――を明確に決定づけたのは明らかにアイデアだった。コミュニティ・グループが借金の問題に対してもっと注意深ければ、低所得者層の持ち家の保有比率を増やすことに、そこまで興味を示さなかったかもしれない。あらゆる政党が同じグレート・リセッションを目の当たりにしていたにもかかわらず、金融部門に対する規制は過剰なのか、それとも不足しているのかをめぐる基本的な信念を変えた政党は、相対的に限られていた。

自分自身の階級

大富豪は「君や僕とは違うんだ」とF・スコット・フィッツジェラルドが書いたことは有名だ。彼らは富を持っているからこそ「僕たちが信用している場合でもシニカルになり、僕らよりも自分たちの方がましだ」と考える。もしこの言葉が今日、その通りだと思えるのであれば、それはおそらくこの言葉が書かれた一九二六年、米国の格差が今日と変わらない水準まで拡大していたからだ。

いかにして金持ちと政界のエリートが、自分たち以外の人々の政治的な選好に影響を与える目的で、集団のアイデンティティを巧みに利用するのかはすでに見てきた。では金持ちは、何が自分たちの最善の利益になるのかに関するアイデアをどこから得ているのだろうか?

先進国における格差がもっと控え目だった時代、大富豪とそれ以外の人々との格差も――所得や富という観点からだけではなく、郷土への愛着や社会的目的という観点からも――今ほどとてつもなく大きくは見えなかった。もちろん、金持ちの方がお金をたくさん持っていたが、彼らもまだ貧しい人々と同じ社会の一員のように思えた。国土や国籍から、自分たちが運命共同体の一員であることを認識していたのだ。世の中の仕組みに関する心象地図を持つことで、金持ちは社会に対してより幅広い関心を抱いていた。

マーク・ミズルーキは、戦後の米国の企業エリートがいかに「市民としての責任と啓蒙された自己利益という倫理観」を備えていたのかを示した。(26) 彼らは労働組合とも協力し、市場を規制し、安定化させる強い政府の役割を支持していた。州間高速道路や貧しい人々と高齢者に与えるセーフティネットなどの重要な公共財の原資として、税金が必要であることを理解していた。財界のエリートはいまと変わらないほど大きな政治的影響力を持っていたが、幅広く国益に資するアジェンダを遂行するためにその影響力を利用したのだ。

対照的に、ジェイムズ・スロウィッキーのイメージを喚起する言葉を借りれば、今日の大富豪は「〔不満の〕うめき声をあげる権力者たち」だ。(27) 彼がいの一番に挙げる人物は、プライベート・エクイティ会社ブラックストーン・グループの会長兼CEOであるスティーヴン・シュワルツマンだ。彼の資産は百億ドルを超える。シュワルツマンはまるで「自分がおせっかいで課税好きの政府と泣き言ばかり言って嫉妬深い大衆に包囲されている」かのように振る舞う。彼は「貧困層の所得税率を上げるのは妙案かもしれない。そうすれば彼らも〔福祉制度に〕「自費をつぎ込むことになる」」、「成功報酬による税の抜け穴――彼自身が個人的に利益を得ている――を塞いでしまおうという提案は、ドイツによるポーランド侵攻のようなものだ」などと述べている。スロウィッキーがほかに挙げた人物は、「ベンチャー・キャピタリストのトム・パーキンズ、ホーム・デポの共同創業者であるケネス・ランゴーンで、いずれもポピュリストによる富裕層に対する攻撃をナチスによるユダヤ人に対する攻撃になぞらえている人物だ」。

このように大富豪の姿勢が変わったのは、グローバリゼーションと深くかかわっているとスロウィッキーは考えている。米国の大企業と大銀行は世界中を自由に股にかけて活動しており、もはや米国の消費者にはそれほど依存していない。世の中の仕組みに関する彼らのアイデアは、そのことによって大きく変わったのだ。今では米国の中産階級が健全であるのかどうかは、彼らにとってほとんど興味の対象外だ。さらに、社会主義は過去の遺物であり、労働者階級を仲間に引き入れる必要性はもはやないのだ。

ただ、もし財界の権力者たちが自分たちはもはや国の政府に頼る必要がないと考えているならば、彼らは途方もない勘違いをしている。彼らに富をもたらした市場の安定と開放は、かつてないほど政府の一挙手一投足にかかっているというのが現実だ。比較的平静な時代において、市場の機能を司るルールを作り、維持する政府の役割が見えにくくなっているのかもしれない。市場はオートパイロットによって操縦され、政府は避けるに越したことはない不都合な存在のように思えるのかもしれない。だが、地平線の向こうに経済の暗雲が垂れ込めたとき、誰もが避難先として頼るのは自国の政府なのだ。その時になって初めて、大企業とその母国の地とをつなぐ臍《さい》帯がむき出しになる。マーヴィン・キングが金融について述べた核心をつく言葉をもう一度ここで繰り返そう。「銀行の活動はグローバルだが、破綻するのは国内だ」。

二〇〇八〜〇九年にかけての世界金融危機のとき、金融と経済の安定化を図るために米国政府がどのように経済に介入したのかを考えてほしい。もし政府が大手銀行や大手保険会社のＡＩＧ、そして自動車産業を救済していなければ、また、もし米連邦準備制度理事会（ＦＲＢ）が経済に流動性を大量に供給していなければ、大富豪が持っていた富は大きく毀損していたはずだ。政府は住宅所有者だけを救済すべきだったと主張する人もたくさんいる。ところが、政府は銀行を支えるという選択をした——金融業界のエリートが最も利益を得る政策だ。

実は平時においてさえ、大富豪は政府の支援と行動に依存している。ＩＴ革命やその革命の立役者である企業（アップルやマイクロソフトなど）を生み出した基礎研究に資金を提供したのは、主に政府だった。知的財産権を保護する著作権や特許、商標権にかかわる法律を制定して施行し、成功した発明者に独占的な利益の安定確保を保証したのは政府だ。技能労働者を訓練する高等教育機関に補助金を与えたのも、国内の企業が海外市場にアクセスできるよう他国と貿易交渉を行うのも政府だ。

もし大富豪が自分たちはもはや社会の一員ではなく、政府はほとんど必要のない存在だと思うのであれば、それはそうした信念が客観的な現実と符合するからではない。我々の時代に広く受け入れられている筋書きにおいては、市場が自らの燃料のみで動く自立した存在として描かれているからだ。これは社会のあらゆる階級、富裕層と同じくらい中産階級も苦しめているナラティブだ。

大富豪がほかのグループほど、自己本位的な振る舞いをしないと期待する理由はないが、格差の解消や社会的包摂の改善への道を阻んでいるのは彼らの利己心ではない。それよりも、市場は健全な社会や優れたガバナンスという下支えがなければ、（誰にとっても）長きにわたり繁栄することはできないという認識の欠如の方がより深刻な障害となっている。

ここでも経済学者の果たす役割は大きい。彼らが市場の失敗を軽視して、市場の効率性ばかりを過度に強調してしまうと、それらの不完全な見方を助長し、強化する結果になる。一般の人々の認識とは対照的に、経済学は自由市場を手放しで称えているわけではない。経済学は世界の仕組みを説明するモデルの寄せ集めであり、積極的な政府の介入を求めるモデルがあれば、政府にはあまり介入しないよう求めるモデルもある。ある特定の文脈においてどのモデルがより妥当かについて、経済学者は多くの意見を持っている。ただ、本章までに論じてきたような理由から、彼らは公の場での議論において実りのある貢献ができていないことが少なくないのだ。

政策の選択——どのようなツールを我々は自由に使えるのか？

我々はいったい何者であり、どのように世の中が動くのかをめぐるアイデアが、いかに人々（大衆と同じくらいエリート）が認識している利益を決定づけるのか、そして経済学が良い方向にも悪い方向にもそうしたアイデアの形成に寄与してきたのかを見てきた。次章ではついに、我々の政策選択と戦略についてより詳細に論じることで、アイデアが利益を決定づける三番目の要因に話を進める。

政治とは概ね戦略だ。アジェンダを設定し、同盟の輪を広げ、公約を掲げ（もしくは脅迫をし）、選択肢のメニューを加減し、政治的資本を増強・利用する。自分たちの懐を肥やす目的であろうが、より広範な社会の利益を増進する目的であろうが、政治主体は常に「何がなされ得るのか」を問い続けなければならない。社会科学者として、経済学者は現状維持を好む傾向にある。ただ、我々は現状に固執すればするほど、代わりとなる仕組みを想像できなくなるだろう。ゲーム理論の言葉を使えば、我々は戦略空間を恣意的に制限するのだ。メニューにある政策の選択肢を制限することによって、政治ゲームは非常に整備されたものになる。しかし、何がなされ得るのかに関して新たなアイデア――革新的な政策――が生まれることで、既得権の鉄の支配力のように見えたものを解き放つことができるのだ。(28)

政治の世界における政治主体の行動と市場における消費者の行動の間の表面的な平行性は、ここでは最も役に立たない。市場における消費者はその選択が明確に定義されている。つまり、所与の価格と予算制約の下で、それぞれの財をどれくらい消費するのかという選択だ。標準的な効用最大化問題でも、消費者の戦略空間を概ね正しく表現している。対照的に、政治主体は自ら戦略空間を設計する。どのようなツールが利用できるのかは定まっておらず、それを制限するのは彼らの政治的な想像力だけなのだ。

第八章　政策イノベーションとしての経済学

我々経済学者は、効率性に強く関心を持つ。そのため、政治家が明らかに効率的ではない政策を選択するのを目の当たりにしたとき、我々は困惑する。どのようにこの不可解な行為を説明すればいいのか？　ここで再び、我々は既得権に助けを求める。強力な特殊利益が経済問題の改善に向けたあらゆる取り組みを妨害するため、政治制度は最適とはいえない状況にはまり込んでいると説明するのだ。

現状を説明する限りにおいてはこの論法で問題ないのだが、一方で非常に気の滅入るようなインプリケーションを含んでいる。力を持つ利益団体を解体するような戦争や革命などの大変動が起きない限り、重大な問題——不平等、社会的排除、低成長——を解決する裁量が我々にはほとんど残されていないことになるのだ。

幸運なことに、これは政治の世界の現実とは大きく異なっている。政策イノベーションとしてのアイデアの役割を考慮に入れていない。本章で見ていくように、既得権は新しい政策アイデアによって打破することができる。そうしたアイデアは、既存の秩序に立ち向かおうとする挑戦者が政治的な制約を回避する手助けをしてくれることもある。アイデアというのは欠陥を持っていたり、狭い自分の利益しか考えない集団の主義に資することもある一方、しっかりと社会を前進させることもあるのだ。

非効率の政治経済学

政策の非効率性を「説明する」政治＝経済のフレームワークは、多くの構成要素の上に成り立っている。（1）主体の政策の選好は彼らの利益によって決定づけられる（2）政治力のパワーバランスによって誰の利益が（より）重視されるかが決まる（3）支配的な政治制度（もしくは「ゲームのルール」）によって具体的な政治的均衡は決まる。

これら三つの根本原理によって、政治力の弱いグループから政治力の強いグループへの富の再分配を説明できる。権力のレバーを制御する人が、誰が何を得るのかに関する采配をふるうのだ。ただ、これらの根本原理は政策の非効率性自体を説明するわけではない。非効率というのは、力のある者の所得を減じることなく、力のない者の所得を増やすことができる――もしくはこの問題に関して言えば、両者の所得を増やすことができる――ことを意味する。もしエリートが欲するものが社会から所得を絞り上げることだけで、それをやり遂げる力があったとしても、どうしてわざわざ非効率を生じさせるやり方でやり遂げる必要性があるのか？

非効率な結果を生じさせるためには、我々はこのフレームワークにさらに一つ、もしくは二つの仮定を追加する必要がある。いずれも政界のエリートが利用できる政治上の選択肢を制限するものだ。（4）一括型移転〔一括型の課税や補助金〕、つまり効率性を達成する再分配メカニズムは利用できない（5）経済を効率的フロンティア〔最も効率性の高い組み合わせの集合〕に近づける結果はエリートの力を損ねるかもしれないため、政治的権力者自身は現状維持を求める。

この最初の仮定によって、均衡を非効率なものから効率的なものに移動させることのできる多くの補償政策は除外される。例えば、課税や輸入関税の廃止のような経済自由化政策の大半は、〔損失を被ったグループへの〕補償が伴わなければすべてのグループが利益を得る結果にはならない。自由化によって損失を被る、政治的に影響力を持ったグループへの補償を不可能にすることは、非効率な結果を生じさせる簡単なやり方だ。従って、貿易政策に関する政治経済学の論文では通常、貿易を制限する政策（実際、富の再分配目的としては三番目に良い政策だ）を可能性として残すように、一括型移転だけではなく、生産者への補助金もできないと仮定する。(1) 同様に、生産性を改善するような国有企業の民営化がどうして行われないのかを説明するために、影響力のある内部の人間（労働者、経営者）は民営化によって失う損失に対する補償がなされる可能性がないとき、改革を阻むと経済学者は主張する。補償というのは約束ができないものであるという点を訴えることで、そうした制約は正当化されることが多い。この問題に関しては、次章で米国の貿易協定について論じる際に再び触れるつもりだ。

五番目の仮定は、効率的な政策を実行することで、自分たちの政治力、つまり将来の政策を決定する力が損なわれるという不安から、政界のエリートが効率的な政策を回避しようとするということだ。このシナリオに基づけば、実行可能な効率的フロンティアへの移動は必ず、エリートの効用を減ずるような移動だということだ。これはダロン・アシモグルとジェイムズ・ロビンソンによる研究で取り上げられた議論で、十九世紀の欧州で多くの国が産業化や経済成長を促す政策を行わなかった理由などを説明してくれる。(2) 経済成長は人々を因襲的な田舎から〔都市部へと〕追い立て、集団的な政治活動を容易にするため、盤石だったエリートの既得権を脅かしかねない。先を読んでいるエリートは、非効率であろうが、成長を阻害しようが、自分たちの権力に誰も楯突くことがないようにすることを好むだろう。

同様の結果をもたらす別のメカニズムが、補償政策の動学的不整合性〔選好が時間とともに変わること〕

だ。ラクエル・フェルナンデスと共同で作成した我々のモデルでは、個人特有の不確実性が改革が実行された際に情報が徐々に明らかになるというパターンと相まって、改革は妨げられる結果になる。(3)現在の非効率な政策によって利益を得ている人々は、改革の補償は後日行うという提案を決して受け入れない。改革によって勝者の大集団がどのグループであるのかが明らかになり、将来の政治力が彼らの手に移行することを知っているからだ。改革がなされた後では、利益を得た人々は損失を被った人々に対する補償の約束を果たす必要性（もしくはインセンティブ）がないのだ。

エリートが自らの権力を保持し続けるために経済的機会の拡大を妨げるという主張は、多くの状況で理にかなった行為と言える。一方で、実行可能な戦略に不当な制限を加える行為でもある。特に、エリートには自らの権力を失うことなくより大きな経済的機会を利用できるようにする政策を考え出す想像力がないと言っているようなものだ。そうした戦略全般を除外すべき明らかな理由などないのではないか。政策イノベーションと新たな政治的発想の力で、戦略空間を望ましい方向に拡大できるかもしれないのだ。

私はイノベーション（革新）という言葉を意図的に使っている。というのも、技術革新とまさにふさわしい類似性があるからだ。我々はテクノロジーのアイデアが資源面での制約を撤廃するものだと考えるように、政治的なアイデアも政治的な制約を撤廃し、権力者が必ずしも政治権力を失うことなく自分たちの（できれば社会全体の）生活を豊かにできるものだと考えることができる。経済学者は技術革新の重要性を認識しており、長期成長モデルの中核的要素として扱っている。対照的に政治＝経済のモデルでは、新たな発見の余地はないというのが作業仮説となっている。多くの政治的イノベーションは短命かつ取るに足らないもので、すぐに忘れ去られるという扱いだ。ただ汎用性の高いテクノロジーのように、重要で永続性のある政治的イノベーションもある。例えば、政党や司法機関の独立、そしてまさに民主主義を考えてみればわかることだ。

テクノロジーの変化は、必ずしも我々全員の生活を豊かにするわけではない。同様に、政策イノベーションもエリート以外の人々の生活を悪化させる可能性がある。社会全体という観点からは良くないかもしれないが、それでも広く受け入れられているアイデアがある。来世で救済されるかもしれないから、現世ではもっと懸命に働くべきだ、もしくは（もっと身近な例えでは）資本所得に対する極端に低い税率が実際は自分たちの利益にもなる、と市井の人々を説得することに成功しているエリートを想像してほしい。

実践的な経済学者や政策立案者は、政治的制約をうまく回避する（毎回成功するわけではないが）ような新たな政策アイデアを考案することに多大な労力を費やしている。政治的イノベーションのおそらく最もわかりやすい例は、教科書ではなく現実世界の中にある。過去、そして現代の例をいくつか見てみよう。

権力を失うことのない経済改革

統治者がなぜ自国の経済成長を妨げることがよくあるのかという謎に話を戻そう。もし権力を失うことに対して不安を感じているのであれば、統治者は自分たちの権力を弱めるのではなく、強めるような経済発展の戦略を考え出すことができるかもしれない。アシモグルとロビンソンは、そうした例をいくつか挙げている。一八六八年に起きた明治維新の後、なぜ日本のエリートたちが産業化と経済発展を促す決断をしたのか考えてほしい。二人は「日本の近代化を推進したのは、中央集権化した政府の権力を強め、官僚エリートの力をさらに確固たるものにするという特殊なやり方だった」と指摘している。つまり、経済の産業化を後押ししながらも、エリートの転覆の可能性を最小化する経済戦略を考え出したのだ。これは英国やドイツで起きたこととも似ており、両国では「産業化が進展したにもかかわらず、産業界に属していないエリートが政治権力を掌握し続けた」。英国では「段階的譲歩の戦略を採用することで、産業化が政治に影響を与え始めてから少なくとも一世紀もの間、〔エリートは〕政治的均衡をコントロールし、権力を維持することができ、……〔さらに〕貿易立国と商業大国としての英国の歴史が長く続いたことで、多くの貴族の間で相対的に富が分散された……」。ドイツでは「ユンカー〔貴族的地主〕が「鉄とライ麦」の連携を築きながらも、台頭する産業労働者階級は自分たちの経済的利益を確保できた」[4]。

こうした例で際立っているのは、経済的変動の副次的な結果として権力を失うことに対する不安を和らげるために、エリートが意図的な戦略を追求していたということだ。政府主導の産業化、台頭する産業労働者階級への段階的譲歩、商業と産業への分散、産業界の利益団体との連携、そのほかの似たような選択は、エリートが政治ピラミッドの頂点にとどまりながら、産業化によってエリートが利益を得られるようにするためのものだった。そこで湧き上がる疑問は、なぜほかの国でもそうした戦略が採られなかったのかということだ。戦略的発想の欠如からか、それとももっと根本的、構造的な理由があったのか？　このより広範な疑問に対する答えが何であれ、これらの例は撤廃することができないように思えた政治的制約を緩和する政策イノベーションの役割——とその余地——に明るい光を当ててくれるものだ。

中国の二重路線改革

一九七〇年代の中国は計画経済であり、価格管理が共産党政権によって目をかけられているグループに利益や富が移転されるメカニズムだった。価格の自由化と強制的に政府に穀物を引き渡す制度の廃止によって、国民の大半が住む田舎における効率性は大きく改善するはずだが、政府は課税基盤を、都市部の労働者は安価な食料の配給を失うことになる。基礎的な政治＝経済のフレームワークの基準に従うと、こうした富の再分配がもたらす大きな影響を見れば、効率性を改善する改革がなぜ中国の指導者による抵抗に遭ったのかがよくわかる。

ところが中国政府は抜け道を考え出すことに成功した。一九七〇年代後半以降、通常の富の分配には影響を与えない形で市場志向のインセンティブを効果的に導入する、二重路線の価格付けや経済特区などの政策イノベーションを活用したのだ。例えば、農業分野における改革がどのように遂行されたのかを考えて欲しい。政府は固定価格での計画的な穀物配送を廃止するのではなく、中央集権的な配給制度を残しつつ、市場システムを単に継ぎ足した。政府が設定した価格で計画通りに穀物を引き渡せば、農家は残った余剰作物を市場価格で自由に売買できるのだ。ローレンス・ラウ、インイー・チエン、ジェラード・ローランドの三人が明らかにしたように、このシステムはかなり制約の少ない条件の下で資源配分の効率性を達成できる。[5] ただ政治＝経済の観点から言うと、二重路線アプローチの最大の長所は改革を断行した上で既得権を守れる点にある。政府は歳入を失わず、都市部の労働者も安価な食料の配給を引き続き受けられるのだ。

中国における経済特区も同様な働きをする。非効率な国営企業を淘汰することになる標準的なやり方で貿易制度を自由化するのではなく、政府は経済特区の企業にはほぼ自由貿易のルールに従って活動してもらう一方、ほかの地域では一九九〇年代後半まで貿易制限を維持した。こうしたやり方で中国は見事に世界経済の仲間入りを果たしつつ、国営部門での雇用と利益を守ったのだ。その結果、中国共産党は弱体化するどころかさらに地歩を固め、富を得ることになった。

南アフリカにおける民主化

南アフリカにおいて、少数派の〔白人による〕アパルトヘイト体制から民主主義への移行を求めていた多数派の黒人は、典型的な政治＝経済の問題に直面した。アフリカ民族会議（ＡＮＣ）がいったん権力を握れば、支持母体である多数派の黒人から白人エリートを搾取する〔少なくとも厳しく課税する〕よう強い圧力を受けるということを両陣営とも理解していた。白人エリートが政治改革に同意するには、搾取されることがないという確実な保証が必要だった。国際社会からの制裁や当時の経済不況を考えると、民主主義を導入した方がエリートの生活も豊かになるはずだった——ただそれはあくまで、新しい体制の下での政府による課税が、それほど重くならないことが保証されればの話だ。そうした保証なしでは、自分たちの生活や国全体の経済発展を大きく犠牲にしてでも、白人エリートにとっては多数派の黒人を抑圧し続けた方が利益が大きかった。

ネルソン・マンデラはそうした問題をしっかりと自覚していた。「民主的な政府が誕生してから特に最初の数年間は、あるグループがほかのグループを抑圧できないようなメカニズムが制度の中に組み込まれていることを証明する手立てを打たなければならないかもしれません」と彼は一九九一年に述べている。[6] 民主主義に移行する一九九四年までの準備期間の間、南アフリカの連邦制度は貧しい多数派の黒人が豊かな少数派の白人を搾取できないよう明確に設計されることになった。なかでも二つの条項が極めて重要だった。まず第一に、富の再分配にかかわる大きな仕事は〔連邦政府ではなく〕州政府の手に委ねられた。そして第二に、少なくとも一つの重要な州（西ケープ州）は少数派の白人によって統治されることが保証されるよう州の境界線が引かれた。ロバート・インマンとダニエル・ルービンフェルドによると、この二つの取り決めが同時に保証されたことで、「人質ゲーム」が成立した。つまり、〔もし下手なことをしたら〕西ケープ州の州政府が対抗策として州内に住む黒人への公共サービスの提供を減らすと暗に脅すことで、黒人が支配する中央政府が白人エリートに対して課税を強化するインセンティブが弱まるという仕組みだ。(7) 創造力を駆使してルールを操作することで、〔少なくともしばらくの間は〕政治的な移行と社会が効率的フロンティアに近づくことを同時に可能にしたのだ。

そのほかの例

こうした例はいくらでもある。一九八〇〜九〇年代にかけて、ラテンアメリカの改革志向のテクノクラートは、大半の人々――エリートを含めて――が不可避であり必要なことだと認識していたディスインフレ政策の中に〔大きな富の再分配効果のある〕自由化と民営化を組み込むことで、強力なインサイダーの反対を押し切った。(8) 米国では、社会保険や補償として機能する貿易調整援助などの政策が、国際的な貿易協定に対する労働団体からの支持を勝ち取るための飴の役割を果たすのが一般的だ〔次章で説明するが、この取引は次第にうまくいかなくなる〕。(9) また、議員側に明らかなメリットがなければ、米国議会は電波のオークションを許可しない。政治的な付帯条件がある――営利目的の無線サービス業者だけに参加を限定する、〔女性やマイノリティ、零細企業など〕特定のグループに特別な権利を与えるなど――ときだけ、オークションを許可するのだ。「結局、議会において決定権を持つ議員は全員、資金や政治的監督権など見返りを得ることになった」とウェイン・レイトンとエドワード・ロペスは書いている。(10)

そうした戦略が、当初は克服できないように思えた政治的制約を見事に克服した政策イノベーションだ。インサイダーやエリートの権力を守り、彼らの利益を維持しながら、経済の効率性を高めることを可能にする。南アフリカのように、急進的な政治変動を可能にすることがあれば、中国のように政治変動を不可能にするよう設計されている場合もある。国の進路を変えるような大規模な政策イノベーションを重点的に見てきたが、そこまで革命的ではない政策イノベーションも容易にいくらでも挙げることができる。例えば、所得税、高齢者への年金給付、国際貿易における最恵国待遇、預金保険、生活保護受給者への就労要件、条件付き現金給付、中央銀行の独立、汚染物質の排出権取引などだ。これらすべてに共通して言えるのは、社会が効率的フロンティアに近づくための変化を阻害する要因を取り除いているということだ。

これらのようなケースでは、結果的に効率性さえ改善すれば、エリートを助けることは常に正当化されるのだろうか?

独裁者のための政策アイデア

経済学者がその専門知識を使って、政治指導者たちが政策アイデアを考え出す手助けをするというのは当たり前のように思えるかもしれない。発展途上国の権威主義的な指導者たちと働く場合でさえも、経済学者のアイデアは彼らが国を発展させる可能性を大きく広げる。経済学者のアドバイスがなければほとんど発展することがなかった国の人々に、大きな利益をもたらすことになるのだ。ただ、相手が本当におぞましい国家体制を敷く国の指導者であった場合はどうだろうか?

数年前、ハーヴァード大学の同僚がリビアの当時の最高指導者の息子であるサイフ・アル・イスラーム・エル・カダフィが街に来て、私と会いたがっているとメールで教えてくれた。その同僚によると、彼は面白い男で、ロンドン・スクール・オブ・エコノミクス（LSE）で博士号を取っているという話だった。私なら彼と楽しく会話でき、経済問題について彼にアドバイスできるかもしれないというのだ。

結局、彼との面談は期待はずれなものに終わった。モニター・カンパニーで以前働いていた人物が、最初に彼について簡単な説明をしてくれ、私にあまり期待しすぎない方がいいと遠回しにほのめかしてくれていた。サイフはメモを書き込んでいる私の本の数ページをコピーしたものを持参し、私の専門領域とはかけ離れているように思えた質問――国際NGOの役割についてだったと記憶している――をいくつかした。彼は私にあまり感銘を受けなかったと思うし、私の方でもそうだった。面談が終わると、サイフは私をリビアに招待してくれた。私も喜んで伺いたい――単なる社交辞令だ――と伝えた。

それ以降、サイフから音沙汰はなかった。私も彼に連絡することはなかった（その後、カダフィ政権は転覆し、サイフは投獄された）。もし本当に招待状をもらっていたら、私はリビアに行って、彼とともに時間を過ごし、もしかしたら彼の父親やその取り巻きと会っていたのだろうか？「我々はこの国の経済を発展させようとしており、君の専門知識があれば大いに助けになる」といった言葉でそそのかされていたのだろうか？　つまり、私もリビアに行って、独裁者と意見を交わし、アドバイスしていた――その見返りに報酬をもらっていた――ハーヴァードの何人かの同僚たちと同じ轍を踏んでいたのだろうか？

彼らはここ数週間、カダフィにすり寄ったとしてメディアで叩かれている。サー・ハワード・デイヴィーズは、サイフに博士号（論文は盗用されていたと主張する人もいる）を授与し、リビア政権から運営資金を受け取っていたとされるＬＳＥの学長の職を辞任する道を選んだ。

各国政府からけしかけられたケースも間違いなく多々あるものの、浅ましい体制の国に手を貸した学者や機関は、深刻な判断の過ちを犯したという意見は根強い。ただ、後知恵で振り返るとたやすくそう判断したくなるものの、アラブの春がリビアにまで拡大する以前は、カダフィと取引することに道義的な意味合いがそれほど明確にあっただろうか？　もっと包括的な問いを立てると、政策アドバイザーが独裁政権とかかわるべきではないということは、それほど自明のことだっただろうか？

現在、世界中の大学が中国との関係を深めようと先を争うかのように競っている。ほとんどの学者は、中国の習近平国家主席と会談する機会があれば飛びつくだろう。私はそうしたコンタクトを批判する声をほとんど耳にしたことはなく、普通の問題のない行為だと見られる傾向にある。ただ、中国は抑圧的な体制であり、敵対する人々を厳しく処分している。そのことを否定する人はほとんどいない。天安門事件の記憶はそれほど遠い過去のことではない。体制を弱体化させる恐れがある民主主義を求める反乱がこれから起きた際に、中国の指導者たちがどのように対応するかなど誰も知る由もない。

もしくはエチオピアのような国はどうだろうか？　私は〔同国首都の〕アディスアベバで、亡くなったメレス・ゼナウィ首相と経済政策に関して熱い議論を交わしたことがある。白状させてもらうが、ワシントンを含めた民主国家の首都で行った大半の会談よりも、私は彼との議論を楽しんだ。メレスが民主主義に対して強い思いがある――もしくはそうした思いがない――ことに幻想を抱いていたわけではなかったが、少なくとも彼は経済を発展させようとしていたとは思っている。私はエチオピアの一般国民の利益になると思い、彼に政策アドバイスを提供した。

権威主義政体にアドバイスをする人々が直面する難問は、「汚れた手」のジレンマとして知られる、道徳哲学において古くからある問題と似ている。あるテロリストが数人の人を人質にとっており、そのテロリストはあなたに水や食料を人質のもとに運ぶようお願いした。あなたは自身の高潔な道徳観を優先し、「テロリストと絶対に取引するつもりはない」と言うかもしれない。ただあなたは、人質を支援する機会を逃したことになるだろう。大半の道徳哲学者は、テロリストに手を貸すことになったとしても、この場合には人質を助けることは正しい行為だと言うだろう。

ところが、より大きな善のための行為を選択したとしても、我々は道義上の非難を免れることはない。テロリストや独裁者に手を貸せば、自らの手をやはり汚すことになるのだ。マイケル・ウォルツァーはこうした状況をうまい言葉で表現している。「政治の世界にいれば、君の手はすぐに汚れる」。ただ、こんな風に自分の手を汚す行為は「正しい行為である場合が多い」と、彼はすぐにつけ加えている。(11)

結局、権威主義的な指導者にアドバイスをする人々は、このジレンマから逃れることはできない。指導者たちは自分たちの支配のやり方を正統化するためだけに付き合いを求めてくることも多いが、そうした場合は他国のアドバイザーは単に距離を置いた方がいい。ただ、自分の研究がその指導者が事実上人質にしている人々にとって利益になると考えたなら、彼らはアドバイスを与える義務がある。

ただその際にも、ある程度道義的に共犯になることを自覚すべきだ。もし独裁者と交流した後にも自分がいくらか汚れていると感じず、少しの罪の意識さえも感じていなければ、そのアドバイザーはおそらくその関係性の性質について十分に考えていないということだ。

政策アイデアはどこから来るのか?

革新的な政治戦略の考案と利用を決定づける要因はいったい何なのか? なぜ一部の政治システム

は、多くの政策イノベーションに恵まれているのだろうか？　政策イノベーションがひらめくタイミングを説明する要因はいったい何なのか？

技術革新とまさに同じように、そうした疑問には十分満足のいく答えを出すことはできないかもしれない。基礎科学の発見が予想もつかない実利をもたらしたり、実験や試行錯誤が新しい製品や製法につながったりと、イノベーションはセレンディピティ〔偶然にすばらしいものを発見できる才能〕に依るところが大きい。同様に、政治的リーダーシップと政治的創造力にも非常に特異な要素があると考えるべきだ。

それでも、研究開発や内生的成長に関する経済学の論文が示すように、体系的な要素もそこにはある程度含まれている。[12] 例えば、技術革新は市場のインセンティブ――競合他社に対する一時的な優位を獲得することによる独占的利益の追求――に反応する。同様に、政治的な制約を緩和する政策アイデアは、特異なプロセスと目的意識を持った態度、その両方によってもたらされると考えられる。過去に繰り返し見られた新しいアイデアの源泉をいくつか紹介する。

政治的アントレプレナーシップ

非効率があるからこそ、政治的アントレプレナーシップ〔創造意欲を持ち、リスクを取って新しい政策を始める姿勢〕の機会がある。まだ手つかずの効率性を改善する余地がある限り、彼らを駆り立てる具体的な動機が何であれ、改善する方法を探すなんらかのインセンティブを政治主体は持っている。例えば、経済学者であれば経済パフォーマンスを改善すると思えるような提案を考えるだろう。（アセモグルとロビンソンが強調するように常にそうとは言えないが）[13]、経済学者が出す提案は政治的に実行可能かどうかを考慮に入れている。ただ根本的には、政治の世界のアントレプレナーは、学問的なアイデアと政治の非効率性の間でさや取りをする人々だ。そうしたさや取りが実際に起こる状況や、政界のアントレプレナーが実際に自分たちの政策イノベーションを実行できる状況がどういったものかを知るのはすばらしいことだろう。今のところ、こうした疑問に取り組んでいる研究はほとんどないようだ。

レイトンとロペスは著書の中で、政策による改革を可能にする上で政治的アントレプレナーシップが果たす役割の重要性をことさら強調している。[14] 新たなアイデアを用いて既得権を打破するには、「アントレプレナーがアイデアや制度、インセンティブの構造におけるほころびに気づき、それを活用する」というプロセスが起きなければならないと二人は記している。[15] 彼らはこうしたプロセスが実際に起きた四つのケーススタディを提供している。帯域免許のオークション、航空産業の規制緩和、社会福祉制度改革、そして住宅ローンだ。彼らの言葉を借りれば、「政治的な変革の顔となる人物は、表向きの顔は狂人かもしれないし、知識人かもしれないし、学会の三文文士かもしれない。その指導者の表向きの顔がどういったものであろうが、彼らは政治的アントレプレナー――アイデアや行動が変革をもたらすことに焦点を合わせている人々――だ」。[16] 二人が強調している点だが、個人の利益の追求によって全体の効率性が犠牲になることがあるように、政治的アントレプレナーは社会的に有害である可能性もある。ただ、彼らが経済パフォーマンスを向上させることによるリターンも、非常に大きくなり得るのだ。

実践的学習

アントレプレナーシップは学習と関連が深い。企業が経験を蓄積することによって費用曲線を下方移動できるように、官僚機構などの公的組織は効率性を改善する機会について学習できる。組織は年数を重ねるにつれて、学習が蓄積されていく一方、退廃していく面もある。その潜在的なトレードオフについて調べている論文は数多い(17)。同様に、政治家も過去に経験した成功と失敗から学習するかもしれない。限定的な合理的主体による試行錯誤に基づいた経済学の進化論的アプローチが、学習に関して有益な補完的視座を提供してくれるが、いまのところ政治経済学の分野では取り入れられていない(18)。

テクノロジーの学習内容はほかの企業に漏洩してしまうことが少なくないため、技術革新のインセンティブを損なう原因となっている。興味深い可能性としては、政治の世界の実践的学習も同様の負の外部性の特徴を有するかもしれない。現政権担当者は、政策面での実験が失敗した場合のコストをすべて背負うことになる一方、成功によってもたらされる利益に関しては、その政策を模倣できる潜在的な政敵と共有することになる。そのため、彼らはそうした実験を思いとどまるかもしれないというのだ。このフレームワークの中では、自由な政治参加を許容するより競争的な政治制度は、政治的アイデアにプラスとマイナス両面の効果をもたらすかもしれない。競争が激しいということは、より多くのアントレプレナーが新しいアイデアを出そうと競争することになる一方、同時により多くの模倣者――脇で出番を待っている政敵たち――がいることを意味する。そのため、新たな政策を実験しようとするインセンティブや政治的制約を緩和するような戦略について学習しようとするインセンティブを損ねているのだ。

政策の突然変異

「政策の突然変異」とはつまり、既存の政策の周辺に生じた意図せざる政策実験のことを言う。そうした実験は、政策立案者が行政的な理由などから、現行のルールに厳格に則って行うことができない結果であることが少なくない。無作為の突然変異のように、一般的に受け入れられていた慣習を変えてみたところ、従来よりも良い実際の結果につながり、結果的に新たなより良い政策が生み出されるというわけだ。例えば、中国における二重路線政策のアイデアは計画者自身の頭からではなく、農家が違法に穀物を販売していた田舎の闇市場から生まれたものだ。計画者は単に、計画された割当量さえ守ってもらえれば、余剰作物の市場が国政に害を与えることなく農家を豊かにすることを理解する賢明さを持ち合わせていただけだ。同様に、カリフォルニアやテキサスにおける「特別割引運賃」の実験は、より激しい競争やより自由な参入がもたらす大きな価格面での利益を明らかにし、一九七〇年代の航空産業の規制緩和を大きく後押しした。[19]

ジェイムズ・レイツェルは「ルール回避」と名付けた行為が改革主義にもたらす影響について書いているが、非常に鋭い洞察力だ。[20] 彼によれば、「回避的な行動は本質的には実験であり、社会を設計する新しいやり方だ」という。[21] 彼はルール回避が新たな政策への道を開く理由を二つ挙げている。まず第一に、回避的な行動は通常、誰もが知ることとなり、既存の政策が失敗であるという意識が広がる。第二に、現行の政策に代わる新しい政策を提案する(例えば、闇市場を合法化する)、もしくは改革を求める支持者を生み出すことで、改革に向けたインセンティブを醸成するのだ。本書の議論の観点から言えば、政治的制約の中で何がよりうまくいくのかについて、政策立案者に新たなアイデアをもたらしてくれるものと言える。

危機こそ既存の政策について再考する絶好の機会だ。危機のときには、社会に君臨している利益がその正統性の一部を失うかもしれない。もしくは、現政権が何か新しい政策をやってみようと前向きになる可能性もある。新たなナラティブの必要性、そして実験をやってみようという挑戦心がより大きくなるのだ。マーク・ブリスは「先行きが見えないとき、危機の本質を明らかにするアイデアとは主体に対して「何がおかしくなったのか」だけではなく、「何がなされるべきか」についても教えてくれるものだ」と書いている。[22]

米国では世界恐慌が新たな制度上の取り決めを構築するための、まぎれもない実験の場となった。フランクリン・D・ルーズベルトは一九三二年、「大胆かつ弛まない実験」を求める有名な掛け声をかけている。「新たなやり方を取り入れて、それをやってみるのは良識のある行動です。失敗すれば潔く認め、別の方法を試せばいい。何より大事なのは、何かを試すことです」。[23] 一九七〇年代のインフレ危機も世界恐慌ほどではないものの同じような役割を果たし、合理的期待や中央銀行の独立などマクロ経済学における新しいアイデアの基礎を築いた。直近の金融危機は、課税と国境を越えた資本移動の制限を国民の間でより受け入れやすいものにした。ただ、金融業界の利益団体がどれほど弱体化したのかはまだ議論の余地が残るところだ。

危機と新しいアイデアの間にはなんらかの関連がありそうなものの、説明すべき点はまだ多く残されている。なぜ一部の危機においては、新たなアイデアがより多く生み出されるのか？　どういったアイデアが社会に根付くのかを説明する要因はいったい何なのか？　世界恐慌は米国ではニューディール政策を生んだが、欧州の一部ではファシズムや社会主義を生んだ。利害関係の構造によって、こうした結果の違いは運命づけられていたのだろうか？ 政治的アントレプレナーシップとアイデアはどの程度、それぞれ自立した役割を果たしたのか？

模倣

アイデアと政策イノベーションの最も重要な源泉はおそらく、異なる地域でうまくいっている実践だ。ほかの地域である政策がうまくいった――少なくともうまくいったと考えられている――という事実は、その政策を模倣する大きな理由になり得る。チリの社会保障制度の民営化、バングラデシュのマイクロファイナンス、メキシコの条件付き現金給付、中国の経済特区などは、母国で実践された後に世界中で支持を集めた政策イノベーションの実例の一部だ。発展途上国における法律と規制をめぐる改革の大半は、北米や西欧の既存のモデルを模倣したものだ。「輸入されたアイデア」の魅力は明白だ。既成の政策は、イノベーションを自国で生み出したり実験するのに必要な費用をなくす、もしくは低減してくれるのだ。また、ほかの地域で成功したという事実は、国内の強力な既得権に対抗するための説得材料にもなり得る。

もちろん政策を模倣した結果、成功するという保証はどこにもない。うまくいくかどうかは、文脈に大きく左右される。海外から輸入したアイデアは、当地の経済的・政治的背景になじまなかった結果、裏目に出るかもしれない。さらに政策を模倣する背景には、良い動機だけではなく悪い動機が潜んでいる可能性もある。仮にある国に対する経済援助が失敗に終わったとしよう。その際、援助国が政策の失敗の言い逃れをする［自分たちが考えた政策ではないと言う］ために政策の模倣が利用される。

また新しく誕生した政権が、自分たちが「グッド・ガイ」であるという印象を与えるために、政策の模倣を利用することもある。もしくは国内の圧力団体が、自己本位のアジェンダを正統化するために利用する場合もあるかもしれない。[24]

ポール・ディマジオとウォルター・パウエルは、組織が変わろうと努力しているにもかかわらず、ほぼそのままの形にとどまるよう求められる圧力を意味する言葉として「isomorphic mimicry」〔形だけの模倣〕」という言葉を作った。[25] 私の同僚であるマット・アンドリューは、「isomorphic mimicry」によって貧困国における改革が本来の意味での進歩をほとんど果たせず、いかにうわべだけの変化に終わるのかを立証している。例えば、官僚組織は先進国の組織と似たような形に再編される一方、組織の効率性はほとんど改善されていないといった具合だ。[26] 私はシャルン・ムカンドとの共著の論文で、政府が他国の政策を模倣する背後にあるインセンティブを説明する形式モデルを開発している。つまり、自国になじまない政策を実行するコストは高くつくものの、政策を実験するコストも同様に高くつく。さらに不完全情報しか持たない有権者は政策の模倣は進んで受け入れる一方、国内で政策の実験をすることをレントシーキングと解釈する可能性が高いかもしれないのだ。[27]

アイデアの役割を考えることで得るものとは?

既得権は政治経済学の世界では非常に重視されているものの、実際は一見してそう思えるほどは重要な役割を果たしていないということを示してきた。アイデアの果たす役割を軽視してきたことで、政治＝経済のフレームワークでは政治的変動をあまりうまく説明できないケースも少なくない。既得権を打破して改革が遂行されたとしても、それはそもそも既得権がそれほど社会に深く根付いたものではなかった、もしくはその改革が既得権に損失を与えるものではなかったからだと解釈される。この種の理屈付けは後付け講釈だと感じることが多い。自分たちが追求できる戦略に関して政治主体が持つアイデアをきちんと考慮に入れていなければ、政策の停滞を説明する標準モデルはあくまで不完全だ。それでは実際に改革が起きたときに、その背景を十分に解明できないのだ。

アイデアの重要性をきちんと考慮に入れれば、利益という概念が不安定で短命なものになる。エリートは実際に変化が起こるまでは改革に必死に抵抗するものの、改革が実行されたあかつきには、彼らも利益を得ることがある。標準的な政治＝経済の観点から見ると、そうした事例は不可解に思えてしまう。例えば、韓国の軍事独裁者である朴正熙《パク・チョンヒ》大統領は一九六一年に権力の座につくと、同国を代表する実業家たちを刑務所に入れた。朴大統領は彼らからそれぞれ具体的な産業投資の約束を引き出した後、ようやく彼らを出所させた。韓国経済がいかに繁栄したかを考えると、そうした投資によって実業家たちの生活は悪くなったどころかむしろ良くなっているのではないだろうか。

同様に、二重価格路線やその他の市場志向の政策イノベーションから大きな利益を得たのは中国共産党指導部だった。毛沢東の死後まで、彼らはそうしたイノベーションを検討することさえ拒んでいた。こうしたケースにおいて最も重要だった変化は、権力構造における変化ではなく、権力の座にいる人たちによる新しいアイデアの実行だった。改革が実際に起こるのは、既得権が屈したときではなく、彼らの利益を追求するために異なる戦略が取られたとき、もしくは利益そのものが再定義されたときである場合が少なくない。

改革によって政治的状況にどのような変化が現れるのかという視点を欠くことで、善意による改革が失敗したり、意図せざる結果をもたらしてしまうことが少なくない、とアセモグルとロビンソンは主張する。私のこれまでの主張とこの二人の主張とを対比して比べると、様々な示唆を与えてくれる。(28)

経済学者が政策アドバイスを行う際、政治は「概して考慮の対象外であることが多い」と二人は書いている。彼らは「経済分析は理論的にも実証的にも政治と経済が対立する状況を明らかにすべきであり、こうした対立や対立によって生じる可能性のある反発を考慮に入れて、政策提案の中身を評価する必要がある」と主張する。(29)

政治を考慮に入れる必要があるという点に関しては、私は二人と同じ意見だ。ただ、アセモグルとロビンソンは既得権を概ね所与のものと考えており、その結果、政策が成し遂げられることに関してむしろ悲観的になっている。二人とは対照的に、政治をきちんと考慮に入れているからこそ、成功している政策アイデアはうまくいくというのが私の一貫した立場だ。単に政治的な対立を回避するよりも良いやり方はある。政治的制約を緩和するために、アイデアが役に立つかもしれないのだ。経済政策のアイデアも十分に練られていないと、政治に破滅的な影響をもたらすことがある。同様に、政治的な側面を十分に考慮に入れたアイデアは、政治的な現実とうまく調和しながら、社会を効率的フロンティアに近づけることができるのだ。

アイデアの注目度を高めることは、一方に政治経済学、もう一方に標準経済学と政策分析、その両者の間に横たわる緊張関係を和らげる手助けにもなるだろう。政治経済学は政治＝経済の成り行きを説明することを目的としている。ところが、もし利害関係の構造によって政策の成果が縛られるのであれば、政策を薦めることは不毛な行為になってしまう。つまり、政策を薦めても受け入れる人はおらず、そのように薦めたところでなんら影響をもたらさない。せいぜい既得権に〔自分たちの狭量な〕イデオロギーを正当化する材料を提供し、彼らが一般大衆の前でむき出しの権力を行使した際に不快な印象を和らげるよう利用されるだけだ。政治経済学がアイデアを軽視して、既得権一辺倒になりすぎると、社会科学は標準的な政策分析を役に立たないものに追いやってしまう。アイデアの役割を明確に考慮に入れることで、ある程度の政策分析の余地が生まれるのだ。

最後に、アイデアに注目することで、既得権についても新たな視座が生まれる。社会的構成主義者が好んで使う言葉だが、「利益はアイデアだ」。経済主体は純粋に利益に突き動かされているとしても、自分たちの利益がどこにあるのかについては限られた先入観しか持っていないことが少なくない。もちろんこれは一般的にも言えることかもしれないが、選好が人々のアイデンティティの感情と密接にリンクし、新たな戦略が常に考案され得る政治においては、特に当てはまることだ。経済学者が通常、変わることのない自己利益として扱うものは、三つの問い――我々はいったい何者で、世の中の仕組みはどうなっており、どういった行動が可能なのか――についての個々人のアイデアの産物であるケースが非常に多い。

我々が新たな時代――一国、もしくは世界全体の経済の仕組みに関するルールを刷新することが最重要課題となった時代――に突入する中で、これらの考え方すべてがひときわ重要になっている。グローバリゼーションや経済成長、社会的包摂などの問題は、想像力を駆使したアイデアや解決策を必要としている。民主主義の国において国民は、意識的にそして慎重に選択をするよう、適切な話し合いを行う義務を負っている。残る章では、具体的な提案に話を進める。

第九章　何がうまくいかないのか

現在のポピュリストによる反乱は、世界の知的エリート・専門職エリートと一般有権者との間で世界に対する見方に大きな溝が生じていることを反映している。両グループはいま異なる社会の住人であり、異なる認知地図を使って自分たちが置かれている状況を判断しているのだ。ところが、現代の政治的、経済的状況を方向づけている知識人の間のコンセンサスは、まだほとんど変わっていない。お偉い方々の集まりでは、格差の拡大について多少の懸念が表明され、敗者に対する補償を多少重視するようになってはいるものの、それ以上踏み込んで議論されることはめったにない。我々に必要なのはより大胆で、より壮大なアイデアだ。そうしたアイデアがなければ、現在のコンセンサスによって生み出された良いもの——特に自由で民主的な秩序——が、その行き過ぎから来る大衆の反発によって台無しになる事態に直面する可能性すらあるのだ。

もし資本主義がこれからも存続するのであれば、その存続を揺るがす原因となっているグローバリゼーション、（国内と国家間の）不平等、テクノロジーの急速な変化、気候変動、民主的な説明責任など山積する課題に取り組むために、資本主義を再設計しなければならない。残る章で、私は必要とされる政策イノベーションについて論じる。どうすればグリーンテクノロジーの開発を促すために、公共政策をより効果的に展開できるのか？　どうすれば格差の拡大に加担している技術革新の力を、より公平な社会と社会的包摂の実現のために利用できるのか？　グローバリゼーションと不平等の間には緊張関係があるように見えるが、どうすれば国内と国家間の格差の解消をもたらす方向にグローバリゼーションの形を変えることができるのか？　どうすれば革新主義者たちは、大衆迎合的なデマゴーグ（煽動政治家）の人気に打ち勝ち、政治で勝利を収められるようなアジェンダを考え出すことができるのか？

まず最初に、二つの重要な提起について議論する。今日の一般的な見解は、これら二つを核に展開している。すなわち、グローバリゼーションがもたらす敗者への補償とグローバル・ガバナンスの強化だ。いずれのアイデアも概ね行き詰まっている。一般的に理解されているように、敗者への補償やグローバル・ガバナンスを提供したところで、我々を正しい方向に導いてはくれないのだ。既存の貿易協定とグローバルな金融ルールが、将来の優れたモデルを提供することはない。私は国内の政策の優先順位をより尊重した、「軽度の」グローバル・ガバナンスという新たなモデルを提唱するつもりだ。

補償するには手遅れだ

ドナルド・トランプなどのポピュリストはグローバリゼーションに対する反発を非常に巧みに利用したが、我々はこの反発にどのように対処すればいいのか？　この点については現在、世界の財界と政界のエリートの間に次のような新たなコンセンサスができつつある。グローバリゼーションは我々全員の利益になるという強気の主張はもはや影を潜め、我々はグローバリゼーションが勝者と敗者を生むことを受け入れなければならないということをエリートは認めている。ただ、正しい対応はグローバリゼーションの流れを停止する、もしくは反転させることではなく、グローバリゼーションの敗者がきちんと補償されるようにすることだ、というのが彼らのコンセンサスだ。

ヌリエル・ルビーニはその新しいコンセンサスを次のような簡潔な言葉でまとめている。グローバリゼーションに対する反発は、「グローバリゼーションが労働者にもたらした損失と費用を補填する政策によって抑え、対処することができる。そうした政策を実行して初めて、グローバリゼーションの敗者は自分たちもゆくゆくは勝者の仲間入りを果たすかもしれないと思い始めることになるのだ」[1]。

経済と政治、いずれの観点からも、この彼の主張は非常に理にかなっているように思える。貿易の開放は国の経済全体のパイを大きくする一方、所得の再分配をもたらし、一部のグループが絶対的な損失を被るということは、経済学者もこれまで長い間ずっと認識していたことだ。つまり、勝者が敗者の損失を補填する限りにおいて、貿易協定があいまいさを残さずに国民の厚生を改善すると言えるのだ。補償を提供することは幅広い有権者からの同意も得ることができるため、優れた政治であるとも言える。

社会保障制度が整備される以前は、労働者の大規模な海外移住、もしくは特に農業分野において貿易保護を再び課すことによって、貿易の開放と所得の再分配の間の緊張関係を解決していた[2]。社会保障制度の充実に伴い、制約は以前よりも緩和され、より積極的な貿易の自由化が許容された。今日では、国際経済に対して最もオープンな先進国で、セーフティネットや社会保障プログラムは最も充実している[3]。欧州における研究では、国内におけるグローバリゼーションの敗者は、より積極的な社会保障プログラムや労働市場への介入を支持する傾向にあることが明らかになっている[4]。

今日の欧州において貿易に対する反対が政治の舞台でそれほど目立っていないのは、そうした社会的保護がまだしっかりと残っている(近年ではやや後退したが)ことがその要因の一つだ。国家の自律を強く求める声がかつてないほど強まっている英国でさえ、貿易開放政策については意見の対立は見られない。実際、ブレグジットを支持するグループも、EUからの離脱によって英国はより自由な貿易政策を導入できるようになると主張することによって、自分たちの立場を有利にしようとすることが少なくない。二十世紀の大半の期間、社会保障制度と経済の開放は同じコインの両面だったと言っても決して過言ではないのだ。

大半の欧州諸国と比べると、米国はグローバリゼーションの新参者だった。国内市場が大きく、地理的にも相対的に孤立していたことから、特に賃金の低い国からの輸入に対しては最近までしっかりと守られていた。また、米国は伝統的に低福祉国家だった。

一九八〇年代以降、メキシコや中国などの発展途上国からより広範囲の輸入を受け入れたとき、米国は欧州の道を歩むだろうと誰もが期待していたかもしれない。ところがレーガン支持者と市場原理主義者のアイデアに感化され、米国は反対の道を歩むことになった。経済政策研究所のラリー・ミシェル所長が述べたように、「敗者の無視は意図的なものだった」のだ。一九八一年、「レーガンの攻撃の標的となった最初の政策の一つが貿易調整援助プログラムであり、毎週の補償給付金は削減されることになる」[5]。被害はその後の民主党政権でも続いた。ミシェルの言葉を借りれば、「もし自由貿易支持者が労働者階級のことを気にかけていれば、彼らはしっかりとした賃金上昇を支えるあらゆる種類の政策を支持していたかもしれない。完全雇用、団体交渉、高い労働基準、適正な最低賃金などだ」。これらすべての政策は、「低賃金国との貿易を拡大することによる「ショック」に対処する前に」できたことだ。

米国は今から方向転換し、新たに浮上している社会通念に従うことができるだろうか？　二〇〇七年になってようやく、政治学者のケン・シブと経済学者のマット・スローターの二人が米国における「グローバリゼーションのためのニューディール」を求めた。「世界経済への参加と大きな所得の再分配[6]」

を関連づける政策だ。米国においては、これはより累進的な連邦税制の導入を意味すると彼らは主張する。

スローターはジョージ・W・ブッシュ大統領の共和党政権に仕えた人物だ。似たような提案が最近の共和党から出されることを想像できないということが、いかに今の米国の政治情勢が偏向してしまったのかを示唆している。トランプ大統領と彼の議会の協力者がオバマの医療保険プログラムを骨抜きにしようと強く決意していることから明らかなように、社会保障プログラムを拡大するのではなく、縮小することが今の保守派のアジェンダなのだ。

グローバリゼーションの敗者に対する補償をめぐる今日のコンセンサスは、グローバリゼーションの勝者が啓蒙された利己心に動機づけられているということを前提としている。つまり、経済活動において開かれた国境を維持するためには、敗者からの同意が不可欠であると彼らが信じているということだ。もう一つの見方は、少なくとも現在の解釈では、グローバリゼーションが政治力のバランスをグローバル経済から利益を得るスキルと資産を持つ人々に有利な方向に傾けるというものだ。結果的に、敗者が持っていたあらゆる組織的影響力がまず最初に弱まるのだ。トランプの大統領就任がすでに十分に明らかにしたように、グローバリゼーションをめぐる漠然とした不満は容易に骨抜きにされ、（むしろエリートの利益に沿っている）全く異なるアジェンダに利用されることがある。

補償をめぐる政治には、経済学者が時間的不整合性〔現在、最も望ましいとされた行動が、将来の時点では望ましくなくなり、事前の決定が覆されること〕と呼ぶ問題が常につきまとう。新たな政策——例えば、貿易協定——が導入される前、その政策の受益者は損をする人に対して補償を約束するインセンティブを持つが、いったん政策が導入されてしまえば、約束したはずの補償を実行することに対してほとんど関心がなくなる——今さら政策を撤回するのはあらゆる部分で甚大なコストを無駄にすることになる、もしくはパワーバランスが自分たち〔受益者〕の方に傾いたためだ。米国の貿易協定の歴史を考えると、調整援助を行うという約束が現在ではほとんど信頼されていない理由の一つ――唯一の理由ではないが――がこの時間的不整合性の問題だ。

補償の時代は過ぎ去った。二十年前ならば敗者への補償は実行可能なアプローチだったかもしれないが、もはやグローバリゼーションがもたらす損失に対する実践的な対応としては役に立たない。もし本気で敗者にもグローバリゼーションの利益の分け前に預かってもらいたいのであれば、グローバリゼーションのルール自体を変えることを検討する必要があるだろう。次章で私は自分の案を提唱するつもりだが、その前にこの問題に対するもう一つの標準的なアプローチを見てみよう。

グローバル・ガバナンスという嘘の約束

次のような言葉を我々は何度も耳にする。世界中の国の相互の結びつきはあまりに強くなったため、政策の適用範囲を国内だけに限定することはできなくなった。グローバルな問題に対応するには、グローバルな解決策が必要だ。この時代の大きな経済問題――経済の脆弱性、低成長、金融危機、不平等、失業――に対応できるのは、グローバル・ガバナンスだけだ。

こうした主張はあまりに巷にあふれており、その背後にあるロジックを疑問視することはめったにない。また特定の政策領域においては、より国際的な協力と協調を求める声は確かに理にかなっている。ただ、気候変動やパンデミック〔感染病の世界的流行〕など真にグローバルな問題には当てはまるかもしれないことでも、経済の領域では正しくないことの方が多い。大気や海洋、オゾン層などと違い、世界経済はグローバル・コモンズではない。世界経済を修復する上で、グローバル・ガバナンスにできることは限られている。むしろ、害を与えることとさえ珍しくない。

例えば、地球温暖化が一国の問題ではなく地球規模の問題なのは、地球が一つの大気に包まれているからだ。どの国で温室効果ガスが排出されようが違いはない。いくら二酸化炭素排出量を国内で抑制しても、他国でも同様にそうした政策が導入されなければ、全く、もしくはほとんど自国の利益にはならない。同様に、国境を越えるパンデミックに対応するための早期の警告システムの導入に投資すれば、世界全体に共通の利益を提供することになる。一方、その費用は資金を投じた政府が負担することになる。いずれの分野においても、自国の裁量に委ねられれば、国民国家はグローバル・コモンズを保護するインセンティブをほとんど持たないだろう。こうした理由から、グローバルな協力が不可欠なのだ。

対照的に、優れた経済政策は異なるものだ。経済の開放や金融とマクロ経済の安定、完全雇用、人的資本やインフラ、イノベーションへの投資といった政策は、真っ先に国内経済に資するものだ。悪い経済政策に伴う代償を払うのは主に国内の居住者だ。それぞれの国が豊かになれるかどうかは、海外ではなく国内での出来事に概ね左右される。

これは特に貿易政策に当てはまる。貿易障壁を取り除くべきだという論拠は、国内経済を全体としては豊かにするからだ。もし開放経済政策が望ましいのであれば、それは経済の開放がその国家の利益に資するからだ。他国の利益になるからではない。開放政策などの優れた政策は、結果的に世界経済の繁栄に寄与するものの、その政策を実行するのかどうかはグローバル・スピリットではなく、あくまで利己心に左右されるのだ。

もちろん、一国の政策は他国に影響を与える。我々が特に関心があるのは、自国の経済的な強みが他国の犠牲の上に成り立つ「近隣窮乏化」政策と呼ばれるケースかもしれない。石油などの天然資源の有力なサプライヤーが価格を引き上げるために、世界市場への供給を抑えるのがその端的な例だ。こうした場合、輸出国の利益はその他の国の損失の裏返しと言える。大国が輸入を抑制することで交易条件を操作する――海外から買う商品の価格を引き下げる――いわゆる「最適関税」でも同様のメカニズムが作用する。これらのケースでは、そうした政策の使用を制限、もしくは禁止するグローバル・ルールが声高に求められている。

ただ、世界の貿易や金融においてグローバルな政策の立案者の頭を悩ませている事例の大部分は、この種の政策ではない。通常、政府が貿易障壁を課すとき、輸入材を安くしようとする意図はほとんどない。保護政策の核心は国内価格を引き上げることで、相対的に非効率に運営されている輸入財との競合企業において、利益と雇用を改善させることにある。同様に、農家への補助金、欧州における遺伝子組み換え生物（ＧＭＯｓ）の禁止、米国における反ダンピングルールの濫用、発展途上国における不適切な投資家の権利の保護について考えてほしい。これらはすべて、本質的には「自国窮乏化」政策であり、「近隣窮乏化」政策ではない。他国に対してもマイナスの影響をもたらすかもしれないが、経済的コストは自国の人々が主に負担することになる。こうした政策は他国を踏み台にして自国の強みを引き出すためではなく、国内のほかの競合する目的――富の分配、行政、公的医療、政治などをめぐる懸念――の方が経済的効率性を高めようとする動機よりも優先された結果、実施されるのだ。例えば、経済学者は農家への補助金が非効率であり、欧州の農家の利益は、高い価格、高い税金、もしくはその両方に転嫁され、農家以外の人々の多大な犠牲の上に成り立っているという見方に概ね賛同している。それでも、国内の政治的な動機を背景に、欧州の民主国家は農家に対する補助金を維持しているのだ。

不十分な銀行規制や下手なマクロ経済政策は景気循環の振れ幅を大きくし、金融の不安定化や金融危機をもたらすものだが、そうした政策にも同じことが言える。世界金融危機を見れば明らかなように、これらの政策は国境を越えて重大な影響をもたらすことがある。米国の規制当局は職務怠慢だったかもしれないが、それはほかの国にコストを押し付けながら自国が利益を得られるからではない。米国経済も最も深刻な被害を受けた国の一つなのだ。

おそらくこの時代において最も大きな政策をめぐる失望は、先進的な民主国家の政府が格差拡大の是正に取り組まなかったことだろう。この問題に関しても、その根本原因は国内政治にある――金融界と財界のエリートが政策立案過程を牛耳り、所得再分配政策の限界について自説をまくし立てたのだ。確かに、グローバルなタックスヘイヴン〔租税回避地〕の利用は近隣窮乏化政策の一例だ。ただ、米国や欧州諸国などの強大な国は、租税回避――そして法人税率の引き下げ競争――を制限するために、（やろうと思えば）自分たちでやれることがもっとあったはずだ。

現在、我々が抱える問題は国際的な協力の欠如とはほとんど関係がない。事実上、国内問題であり、国際機関を通じたルール作りでは解決できない問題なのだ。国内政策は特殊利益によって蝕まれているが、国際機関もその同じ利益に簡単に手の平で転がされる。グローバル・ガバナンスという言葉は、こうした利益団体による世界戦略の追求の表向きの言い方である場合が非常に多い。この点が最も如実に現れているのがおそらく貿易協定だ。

貿易協定をめぐる錯綜した事実

グローバルな貿易交渉は、長い期間にわたってこう着状態が続いていた。それに代わって各国が目を向けたのが、地域レベルの貿易協定だ。トランプ大統領がそうした取り決めにノーを突きつけるまで、米国は世界貿易の行く末を左右し得る二つの巨大な貿易協定における中心国だった。環太平洋パートナーシップ協定（TPP）は地域レベルの貿易協定が進化したもので、米国のほかに十一カ国が加盟し、加盟国を合わせると世界のGDPの四割を占めるほどの巨大な自由貿易圏だ（大事な点だが、中国は含まれていない）。米国がEUとの間で交渉を進めている大西洋横断貿易投資パートナーシップ協定（TTIP）が包括する範囲はより野心的で、世界貿易の半分を占める二つの巨大な地域を結びつけることになる貿易協定だ。

貿易協定はずいぶん以前から専門家やテクノクラートの領分ではなくなっている。そのため、いずれの構想に対しても国民の間で白熱した議論がなされているのは驚くべきことではない。貿易協定の支持派と反対派、いずれの見方も非常に偏っており、協定によって実際に何が起こるのかについては、常に誤解が入り混じっている。これらの二つの貿易協定でもほかの貿易協定でも、何が重要な問題であるのかを正確に理解するためには、こうした協定には様々な目的――グローバルな観点から見れば、良い目的もあればそうでないものもある――がその動機として背後にあるということを理解しなければならない。

経済に関して言えば、貿易協定の擁護派は矛盾した発言をする傾向にある。貿易障壁を引き下げることは、経済の効率性を改善し、専門化〔得意な産業への特化〕を促すと言われる一方、相手国の市場へのアクセスを拡大することで輸出と雇用を増やすとも考えられている。前者は貿易の自由化を支持する伝統的な比較優位の議論だが、後者は重商主義の議論だ。

ここで難しいのは、比較優位と重商主義の目的は相反するということだ。比較優位の観点から言えば、貿易に伴う利益は輸入によってもたらされる。つまり、輸出とは輸入品を購入する資金的余裕を確保するために、その国が差し出さなければならないものにすぎない。また、こうした利益は貿易が均衡的に拡大する限り、あらゆる国にもたらされる。一方、重商主義者の世界観では、輸出は善で輸入は悪だ。純輸出を拡大する国があれば、残る国は失うのだ。

比較優位の視点から見れば、貿易協定は雇用を生み出さない。単にある産業から別の産業に雇用を振り替えるだけだ。重商主義の視点から見れば、貿易協定は雇用を生み出すものの、あくまで他国の雇用を犠牲にする限りにおいてだ。つまり、貿易協定は雇用を生み出すと同時に、相互の国に利益をもたらすと主張するのは矛盾しているのだ。米国と欧州各国の政府はそう主張する傾向にある。

政治に関して言えば、協定の支持派はTPPとTTIPには、世界貿易に寄与する優れた自由主義的なルールが盛り込まれることになると主張する。貿易障壁の引き下げと規制における透明性の向上は、一般的には良いことだと言える。ただ、この点に関しても現実はもっと複雑だ。

米国にとって、TPPの大きな魅力は他国により厳格な知的財産ルールを守らせることができるということだった。イノベーションに及ぼす影響は不透明だが、米国の特許と著作権の保有者には大きな利潤をもたらす。TTIPに関しては、米国と欧州の間で貿易に対するいわゆる非関税障壁を引き下げた場合、ほぼ確実に国内で自由に規制を設ける余地が制限されてしまうことになっただろう。〔両地域の間の〕規制のすり合わせによって底辺への競争を免れたとしても、投資家と輸出企業の利益と引き換えに、社会的目標や環境面での目標にかつてないほど大きな悪影響を及ぼしていたはずだ。

おそらく最も大きな懸念材料は、この協定の中の投資家対国家紛争解決（ISDS）条項だ。自国の司法制度の外側に別の司法手続きの道を設けるもので、企業が明らかな権利の侵害に対して、貿易条約に基づいて各国の政府を提訴できるようになる。法の支配が行き渡っている米国などの国にはそれほど影響はなく、法の支配がまだ確立されていないベトナムなどの国への投資を促すことになるものだと主張し、貿易協定の支持派はISDSを擁護している。そうであるならば、なぜ北米と欧州という先進国をカバーすることになるＴＴＩＰにＩＳＤＳ条項が必要なのか？　その点は明らかではない。

こうしたあらゆる分野において、ＴＰＰとＴＴＩＰは自由主義の推進というよりは大企業による公共政策の私物化のように思える。

これら二つの協定が持つ最も重要だが不明瞭な目的の一つは、協定の本文の中には全く記されなかったテーマと関係がある。それは中国だ。米国も欧州も、自分たちのルールに従って中国に貿易活動を行ってほしい。中国を蚊帳の外に置く形で貿易ルールの交渉を進める行為は、ゆくゆくは中国を自由主義のグローバルシステムに組み込むための戦略と見ることができる。また、儲けの出る市場から中国を弾き出し、差別するための障壁を設ける動きとも捉えることができる。

最後に、これらの協定の反対派が特に不快に感じているのが交渉の秘匿性だ。各国が承認した草案が、国民からの厳しい精査の目にさらされることはない。草案に目を通すことが許された少数の部外者も、中身を外部に漏らすことは禁止されている。交渉をスムーズに行うことがその目的とされているものの、米上院議員のエリザベス・ウォーレンが指摘するように、実際には交渉を遅らせる結果を招いている。もし透明性を高めることで最終案を国民に売り込むことがより困難になるのであれば、その条約が果たしてその国にとって望ましいものなのかどうかに関して、深刻な疑問が生じる。

貿易協定の最終案を修正を認めない形で信任投票にかける方が、ずいぶん理にかなったやり方のはずだが、それは草案をきちんと国民の審査の目にさらしてこそ可能なやり方だった。秘匿の時代（もしそういった時代があったとしても）はすでに過ぎ去ったのだ。

結局、これら二つの貿易協定が経済や政治にもたらす影響は不確実性が多く、憂慮すべき余地は大きい。貿易協定の支持派は、懐疑派の人々を保護主義者とあざけることによって、自分たちの信任をただ損ねているだけだ。具体的な条項をめぐる確かな情報に基づく開かれた議論こそが、まさに求められていることだ。それは交渉段階の中身が、国民の厳しい精査の目にさらされる場合においてのみ可能だったことだ。

グローバルな資本ルール

国際通貨基金（ＩＭＦ）は二〇一二年、画期的な方針転換を行い、資本規制を承認し、国境をまたぐ資金フローに課税などによって制限を課すことを正統だと認めた。つい最近まで、国際機関は各国（国の貧富にかかわらず）に海外からの投資や融資を受け入れるよう強く求めていた。ついに、そうした国際機関も金融のグローバリゼーションが混乱――金融危機や不適切な通貨価値の変動など――を伴うものだという現実を認めたのだ。

資本規制との愛憎相半ばする関係をめぐる終わりなき物語が、ここにきて再び新たな急展開を迎えたのだ。

一九一四年まで優位だった伝統的な金本位制の下では、自由な資本の移動は足を踏み入れてはならない領域だった。戦間期の動乱を受けて、多くの人々（最も有名なのはジョン・メイナード・ケインズだが）が資本勘定の開放はマクロ経済の安定とは両立しないと確信した。この新たなコンセンサスは一九四四年のブレトンウッズ協定に反映され、資本規制はＩＭＦの協定規約に盛り込まれた。ケインズの当時の言葉を借りれば、「異端だったものが、今では正統と認められた」。

ところが一九八〇年代後半には、政策立案者は資本移動に再び魅了されることになる。ＥＵは一九九二年に資本規制を違法とし、ＯＥＣＤは新たな加盟国に金融の自由化を強制した。こうした動きが一九九四年のメキシコ、一九九七年の韓国における金融危機の下地となったのだ。ＩＭＦは非常に熱心にそのアジェンダを採用し、その上層部は協定規約を修正し、ＩＭＦに加盟国の資本勘定の管理政策に介入する正式な権限を与えようとした（この試みは頓挫した）。

ところが自由な資本移動に対する期待は長くは続かなかった。全般的に見て、資本の流入は受け入れ国で投資ではなく消費を促進したため、景気循環の振れ幅は大きくなり、被害の大きな金融危機の発生もより頻度が高まった。規律が働くどころか、世界の金融市場では資金の借り入れが容易になったため、財政規律の乏しい政府や拡大しすぎた銀行の予算制約を緩める結果となった。金融危機はアジア、ブラジル、アルゼンチン、ロシア、トルコに続き、最後には欧州と米国で発生するに至ったのだ。

グローバル金融によって経済にダメージを受けたのが発展途上国であれば、それらの国自体に落ち度があったと責め立てるのがお決まりだった。ＩＭＦや欧米の経済学者は、メキシコや韓国、ブラジル、トルコなどの政府は流入した資本を活用し、危機を防ぐために必要とされる諸々の政策――金融部門の健全性規制、財政規律、金融統制――を導入していなかったと主張した。問題はあくまで国内の政策であり、金融のグローバル化ではない。正しい回答は、国境をまたいだ金融フローの規制ではなく、国内の改革だというのだ。

二〇〇八年の世界金融危機で先進国自体が金融のグローバル化の爪牙にかかると、それまでの理屈を通し続けることが難しくなった。グローバル金融システム自体の不安定性――ユーフォリアとバブルが訪れ、それが突然終息するという、監督や規制が十分になされていない金融市場に特有の現象――に問題があることがより明らかになったのだ。各国がこうした病的現象から自国を隔離させようとするのは適切な行為だというＩＭＦの認識は歓迎すべきであり、時宜を得ていた。

ただ、ＩＭＦの心変わりをあまり大げさに捉えてはいけない。ＩＭＦは今でも自由な資本移動を理想だと見なしており、各国の政策はいずれその方向に向かって収斂していくと考えている。なすべきことは、各国が適切な「金融と制度の発展」の分水嶺を越えることだけなのだ。IMFは資本規制を限られた状況――ほかのマクロ・金融政策、もしくはプルーデンス政策〔金融システムの安定を目的とした政策〕が資金の急激な流入を阻止できないとき、為替レートが明確に割高なとき、景気が加熱しているとき、外貨準備がすでに適性水準にあるとき――においてのみ導入すべき、最終手段として捉えている。IMFは「資本勘定の自由化に向けた統合的アプローチ」の計画を立て、自由化に向けた詳細な手順を具体的に示している。一方、資本規制自体といかに効率的にそうした規制を導入するのかに関しては、その種の手順は全く示されていない。

これは二つの領域における、IMFの過度な楽観主義を反映したものだ。第一に、グローバル金融の安全性を損なう制度上の欠陥を直接標的にして、どの程度政策をうまく微調整できるのかという問題。第二に、各国の金融規制をすり合わせることでどの程度、国境をまたぐ資金フローの管理の必要性を排除できるのかという問題だ。

第一の点は、銃規制との類推を利用して考えると最もわかりやすい。資本フローと同じように、銃にはいろいろな用途があるが、誤った使い方や間違った人間の手に渡ったとき、破滅的な結果をもたらす可能性がある。IMFの資本規制の承認に対する割り切れない態度も、銃規制の反対派と似ている。政策は無遠慮に個人の自由を制限するのではなく、害をもたらしている行動だけを標的にすべきだという考え方だ。米国の銃のロビー団体が好んで使う言葉は、「銃が人を殺すわけではない。人を殺すのは人だ」というものだ。銃の流通を規制するのではなく、加害者を罰するべきだという意味が含まれている。同様に金融市場でも、ある種の取引に税を課したり規制するのではなく、仲介業者が自分たちが犯しているリスクをしっかりと金利や価格に反映させれば済む話だという考え方だ。

ところがアヴィナッシュ・ディキシットがよく言うように、世界はせいぜいセカンド・ベストなものでしかない。問題のある行動を特定し、直接規制することが可能であると仮定するアプローチは、実質的、実務的な困難を考えると現実的な観点に乏しい。大半の社会では銃を直接規制している。国民の行動を百パーセント監視し掌握することはできず、できなかった場合の社会的コストが大きいからだ。同様に、慎重を期すのであれば、国境を越える資金フローも直接規制した方がいいのではないか。

資本移動の支持派が繰り返し指摘しているように、金融のグローバル化から利益を得るためには長大なリストに並ぶ前提条件を満たさなければならない。所有権の保護、しっかりとした契約の履行、腐敗の撤廃、金融情報と透明性の改善、健全なコーポレート・ガバナンス、金融と財政の安定、債務の持続可能性、市場による為替レートの決定、質の高い金融規制、金融機関の健全性監督などが含まれる。経済成長を可能にすると考えられているもののまず最初の条件として、先進国〔すでに成長した国家〕の制度を前提とすることの非論理性はあまりにも自明なので、詳しく説明するまでもないだろう。

そのリストは長いだけではなく、終わりがない。世界金融危機で先進国が経験したことを見ればわかるように、最も洗練されているように見えた規制・監督制度ですら絶対的に安全とは到底言えないのだ。資本移動を安全にするような制度の確立を発展途上国に要求することは、本末転倒であるだけではなく、無駄骨ですらある。慎重を期すのであれば、様々な規制やプルーデンス政策に加えて、資本規制の恒久的な役割を認めるより実践的なアプローチが必要なのではないか。理想が達成できないかもしれない世界においては、特定の取引を規制したり禁止したりするのがセカンド・ベスト戦略だ。

加えて、国内の貯蓄不足ではなく、投資需要が経済の制約要因となっている多くの発展途上国において、外部資金へのアクセスはほとんど経済成長に寄与しない。こうした国々では、主な問題は民間部門が投資を控えていることだ。投資に対する社会的リターンは高いかもしれないが、リターンに対する企業の専有可能性［イノベーションを生み出した企業がその利益をどの程度専有できるか］を低下させる外部性や重税、脆弱な制度などの幅広い要因によって、企業にもたらされるリターンは低い。

投資需要の低迷に苦しんでいる国は、資本の流入に対して全く異なる反応をする。奨励されるのは資本の蓄積ではなく消費なのだ。加えて、資本の流入によってもたらされる通貨高は、投資不足をさらに深刻化させる。貿易財を扱う産業――専有可能性の問題に最も苦しみがちな産業――の利益率は悪化し、投資需要はさらに低迷する。こうした国では、資本の流入は成長を刺激するどころか、遅らせるのだ。繰り返しになるが、きちんと練り上げられている規制政策はファースト・ベストの結果をもたらすかもしれないものの、実際にそうなることはめったにない。

そうした懸念から、新興国は様々な資本規制を試してきたが、その多くはあまりうまくいっていない。流入する資金の量や構成に影響を与えないからではなく、その影響が極めて小さいからだ。ブラジルやコロンビア、韓国などの経験からわかるように、債券や短期の銀行貸し出しのような特定の市場をターゲットにした限定的な規制では、狙った目標――為替相場、金融政策の独立、国内金融の安定など――に対して大きな効果が発揮されないのだ。不安に思うかもしれないが、資本規制が真の効果を発揮するためには、標的を絞ったものではなく、思い切った包括的なものである必要があるのかもしれないということを意味している。

あらゆる国がいずれ自由な資本移動に向かうと推定することが難しい二番目の理由は、制度が非常に発展している先進国でさえ、金融規制に関してはそれぞれ異なるモデルに向かっているということだ。金融規制の効率的フロンティアに沿って、各国は金融イノベーションと金融の安定の間のトレードオフを検討しなければならない。一方を求めれば求めるほど、もう一方を犠牲にすることになる。

銀行に対して厳格な資本基準と流動性基準を設ける安定志向の国があれば、イノベーションを優先し、銀行に対する規制を緩めようとする国もある。

自由な資本移動はこの場合に非常に大きな難題をもたらすことになる。資金の借り手と貸し手は国内の規制を逃れ、その規制基準の穴を突くために、国境をまたいだ資金フローという手段に頼ることができる。そうした規制アービトラージを防ぐために、国内の規制当局は規制の緩い国や地域を出所とする金融取引に対して、対策を講じざるを得ないかもしれないのだ。それぞれの主権国家が各々のやり方で金融を規制している世界では、各国の規制の境界面を管理する交通規制が必要とされる。自由な資本移動をあらゆる国が行き着く理想であると仮定すると、我々は本来であればやるべき必死に考え抜くということをしなくなる。

資本規制だけであらゆる問題が解決するわけではない。腐敗や必要な改革の遅れなど、解決した問題よりもタチの悪い問題が生じることも珍しくない。ただ、これは政府がかかわっているほかの分野でも同じことだ。政策による対応がほとんど常に不完全な（部分的にしか効果のない）セカンド・ベストの世界に我々は住んでいる。ある分野における善意の改革もシステムのほかの分野に歪みがある場合、結果的に裏目に出るかもしれないのだ。資本規制をあくまで最終手段として扱うことは、時期や場所を問わず、セカンド・ベストの世界においてはほとんど理論的根拠がない。実際、金融のグローバル化からフェティッシュを作っている。我々に必要なのは、資本規制も時には重要であることを認識する、個々の状況に応じた抜け目のないプラグマティズムだ。

軽度のグローバル・ガバナンス

我々は国際協力がますます難しくなる世界経済の新たなフェーズに突入している。世界がより多極化し、「覇権主義的」ではなくなっていることがその要因の一つだ。米国と西欧諸国は自分たちのルールを押し付け、そのルールに他国が従うと期待することはもはやできない。加えて、それらの国々は高水準の債務と低成長に苦しみ、国内問題で手いっぱいになっている。ユーロ圏ではトラブルが収束する気配がなく、欧州諸国の世界における立ち位置にもその影響は波及するだろう。

このトレンドに拍車をかけているのが、中国やインドなど台頭する強国が国家主権と内政不干渉に大きな価値を置いており、政策面での自律を国際ルールに委ねることを忌避しているということだ。つまり第二次世界大戦後の米国とは違い、それらの国々はグローバルな政策運営体制に資金を投じてくれる候補者にはなりそうにないのだ。

そのため、国際社会におけるリーダーシップと協力に積極的な国は、これからも限られたままだろう。グローバルな文脈におけるこうした変化を考えると、世界経済のガバナンスには注意深く調整した対応が必要とされる。各国の状況の多様性と政策の自由裁量を求める需要を認識した、緩やかなルールが求められているのだ。にもかかわらず、G20やWTOなどの多国間フォーラムにおいては、まるで正しい対応策がどの国でも概ね変わらない――各国の政策により多くのルールを、さらなる調和を、もっと規律を――という前提で議論が進行している。

基本に立ち返れば、「権限移譲」の原則はグローバル・ガバナンスの問題を考える上でも正しいやり方を提供してくれる。どういった種類の政策は、グローバルに調整してすり合わせるべきなのか？　どういった種類の政策は、各国の決断に基本的に委ねるべきなのか？――といった疑問に対する答えを、この原則が教えてくれるのだ。また、広範囲にわたるグローバル・ガバナンスが必要な分野と、緩やかなグローバル・ルールだけがふさわしい分野の境界線を示してくれる。WTO型の（しっかりとした）グローバルな管理体制とGATT型の（緩やかな）管理体制の間の選択と捉えることも可能だ。

これまでの私の議論をまとめると、経済政策には大雑把に言って四つの種類がある。その一つは、教育政策のように他国に影響が及ばない（もしくはほとんど及ばない）国内政策だ。こうした政策においては、国際的な協定は必要なく、国内の政策立案者に任せても安全だ。

もう一つは、地球温暖化など「グローバル・コモンズ」に関する政策だ。グローバル・コモンズの特徴は、各国に与える影響が国内の政策ではなく他国の政策（の総体）に左右されるということだ。その典型的なケースが温室効果ガスだ。これらの政策領域では、グローバル・コモンズの管理にかかる費用の分担金を無視することが個々の国としては利益になる。そのため、強力かつ強制力のあるグローバル・ルールを構築した方が良いという非常に強力な論拠がある。グローバルな協定を締結できなければ、すべての国がいっせいに大惨事に陥ることになるのだ。

その両極端のタイプの政策の間に、私が本書ですでに言及したような他国に波及効果をもたらす二つのタイプの政策がある。これら二つの政策は、それぞれ異なるものとして扱わなければならない。まず、「近隣窮乏化」政策はグローバルなレベルで規制する必要がある。現在において最も重要な事例は、システム上重要な国が過剰な貿易黒字を抱え、他国が完全雇用を維持するのが難しくなっているケースだ。中国が最近まではその象徴的な国だったが、ここ数年は対外黒字が縮小している。経常黒字がGDPの九パーセント近いドイツが、現在では最大の違反国だ。

一方、「自国窮乏化」政策は異なる。他国にも影響を及ぼすかもしれないが、経済的なコストを負担するのは主にその国自体だ。改めて言うが、農家への補助金、GMOsの禁止、厳格さに欠ける金融規制、いい加減な所有権の保護などがその代表的な例だ。自国窮乏化政策に関しては、グローバルな規律が必要だという論拠はそれほど強くはなくなる。競合する目標をどのように順位づけすべきかについて個々の国に教えるのは、「グローバル・コミュニティ」に委ねるべき仕事ではない。民主国家は特に、「過ち」を犯すことが許されるべきだ。他国のコストにもなるかもしれないが、それだけではグローバルな規制を求める十分な理由にはならない。ある国の貿易の自由化によって、世界市場で競合相手となる国に損失を与えることがあっても、そのことに関して経済学者が不満を口にすることはほとんどない。[7]

もちろん、国内の政策が正確にその社会が求める要求を反映しているという保証はない。民主国家でさえ、特殊利益によって牛耳られていることが少なくない。そのため、自国窮乏化政策にもグローバルな規律を求める論拠はあるのかもしれない。それでも、グローバルなルールは各国の政策をすり合わせるのではなく、手続き上の要件に焦点を当てた緩やかな形式を採るべきだ。次章ではこの点について、さらに詳しく論じるつもりだ。

グローバルなレベルでは、異なるタイプの政策にはそれぞれ異なる対応が求められる。現在、あまりにも多くの国際社会の政治的資本が、各国の自国窮乏化政策（特に貿易や金融規制の分野）の間の調整に浪費され、近隣窮乏化政策（マクロ経済の不均衡など）の調整のためには十分に費やされていない。グローバル・ガバナンスを強化しようとする過度に野心的で方向性を見誤った取り組みは、グローバルな協力がますます難しくなるこの時代においては、我々にとってあまりプラスにはならないだろう。

第十章　グローバル経済の新たなルール

世界を主導する政策立案者たちが新たな世界の経済秩序を構築するために、ニューハンプシャー州ブレトンウッズのマウント・ワシントン・ホテルで再び一堂に会すると仮定しよう。彼らが同意するグローバル経済のガバナンスの基本理念とはいったい何だろうか？　私が二〇一一年に初めて提案した、七つの常識的な原則を以下に列挙した。今日の世界においては、かつてないほど的を射た原則になっているのではないだろうか。[1]

1　市場をガバナンスのシステムに深く組み込まなければならない。市場が自ら規制できるというアイデアは、世界金融危機によって致命的な打撃を受け、金輪際捨て去るべき考え方となった。市場には、その機能を支えてくれる様々な社会的制度が必要なのだ。裁判所や法的枠組み、規制当局に頼らなければならず、最後の貸し手や反景気循環的な財政政策が供与する安定化機能の力も借りなければならない。所得の再分配を目的とする課税やセーフティネット、社会保険プログラムの提供などによって、政治的な支持を勝ち取らなければならず、イノベーションのために必要なインフラや研究・開発に対する公共投資も必要となる。国内の市場に当てはまることは、グローバルな市場にも当てはまるのだ。

2　民主的なガバナンスや政治コミュニティは主に国民国家の内側で形成されるものであり、近い将来もそうであり続けるだろう。国民国家は健在であり、完全無欠とは言えないものの、本質的には最も重要な存在であり続けている。広範囲にわたってグローバル・ガバナンスを強化しようとすることは無駄骨だろう。各国政府が重要な権限を多国籍機関に移譲する可能性は低く、各国のルールをすり合わせることはニーズや選好がそれぞれ異なる社会にとってはプラスではないからだ。ＥＵはこの自明の理に対するおそらく唯一の例外だが、ブレグジットやポピュリスト政党の台頭、国家の自律の再主張は、この欧州のプロジェクトの政治的な限界を露呈している現象と言える。

我々は過度に野心的な目標のために国際協力の努力を浪費することが多く、結果的には主要な国々の最小共通項程度の実りの少ない成果しか上げていない。国際協力が実際に「実を結んだ」ときにも、通常は相対的に力のある国々の好みの政策が盛り込まれるのがオチだ。また、そうした力のある国に本社を構える多国籍企業や銀行の好みの政策が盛り込まれるケースはさらに多い。金融機関の資本要件を定めたバーゼル規制やＷＴＯの補助金ルール、知的財産、投資措置、投資家対国家紛争解決（ＩＳＤＳ）などは、この種の行き過ぎた国際協力の典型例だ。もし我々が国内の民主的手続きを骨抜きにするのではなく、そうした手続きにより大きな権限を与えれば、グローバリゼーションの効率性と正統性を高めることができる。

3　繁栄に通ずる「唯一の道」はない。グローバル経済の中核となる制度的インフラは、国家レベルで設けなければならない。そのことを認めてしまえば、それぞれの国の手足を縛るものはなくなり、自国に最も適した制度を各々で発展させるようになる。米国と欧州、日本はいずれも成功している社会だ。長期的に見れば、それぞれが同じくらいの水準の富を生み出してきた。ところが、労働市場、コーポレート・ガバナンス、独占禁止法、社会的保護をカバーする規制、さらには銀行業や金融に対する規制でさえ、それぞれの国・地域で大きく異なってきた。違いがあるからこそ、ジャーナリストや学者がこれら一連の「モデル」——十年ごとに異なるモデル——すべてを、あらゆる国が模倣すべき偉大な成功例として祭り上げることが可能になったのだ。ただ現実は、これらのモデルの中のいずれも「資本主義」コンテストの絶対的勝者と見なすことはできない。一時的流行だけで、その現実を見失ってはいけない。将来最も成功している社会というのは、まだ制度の実験の余地を残し、時間をかけた制度のさらなる進化を許容する社会だ。制度の多様性が必要であること、そしてその価値を認識したグローバル経済こそ、そうした実験や進化を抑えるのではなく、やりやすい環境を作り出す。

4

いずれの国も自国の規制や制度を保護する権利を有する。これまでに挙げてきた原則は異論が出にくく、無害なものに思えたかもしれない。ところが、これらの原則も非常に重要なインプリケーションを含んでおり、それはグローバリゼーションの支持派の間でこれまで受け入れられてきた考えとは対立するものだ。その一つは、我々はそれぞれの国に対して、各国の国民が選んだ制度を保護する権利を容認しなければならないということだ。もしそれぞれの国が国内の制度を「保護する」ことができなければ——もし自国の制度を構築し、維持するために利用できる手段を持たなければ——、制度の多様性を認識することが意味を持たなくなる。

もし貿易によって幅広い国民の支持を得ている国内の慣習が明らかに脅かされる場合、それぞれの国は自国のルール——租税政策、金融規制、労働基準、消費者の健康と安全——を維持できること、そしてそのために必要であれば国境に障壁を設けてもいいということを我々は容認すべきだ。もしグローバリゼーションを擁護している人々が正しいのであれば、規制や制度の保護を求めたところで裏付ける証拠や国民の支持なしでは受け入れられないだろう。一方、もしグローバリゼーションを擁護する人々が間違っていれば、国内の政治討論の場において、二つの争っている価値観――経済を開放することによる利益と国内の規制を維持することによる利益――の両方の声に国民の耳が傾けられるよう、安全弁が設けられることになる。

5

いずれの国も他国に自分たちの制度を押し付ける権利を有しない。国内の価値や規制を維持するために国境をまたいだ貿易や金融に制限を課すことと、自分たちの価値や規制を他国に押し付けるためにそうした制限を課すこと。これら二つは、はっきりと区別しなければならない。米国や欧州の大半の人々が容認できないと思うようなやり方〔児童労働者の利用など〕で生産されている財があるが、グローバリゼーションのルールは、そうした財を彼らに消費せざるを得ないよう強要すべきではない。一方で、ほかの国の労働市場や環境政策、金融における自国流のやり方を変える目的で、米国やEUがそれらの国に対して貿易制裁などの圧力を利用することも許すべきではない。あらゆる国が違ってもいい権利、一つのやり方を押し付けられない権利を持つのだ。

6

国際経済の取り決めの目的は、各国の制度の境界面を管理する交通規則を策定することでなければならない。世界経済にとって極めて重要なガバナンス機能の提供を国民国家に頼るということは、あらゆる国際ルールを撤廃すべきだという意味ではない。ブレトンウッズ体制はその範囲と深度は限られていたものの、明確なルールを持っていた。すべてをそれぞれの国の裁量に委ねたルールなしの状況は、いずれの国の利益にもならない。一国の決断は他国の厚生にも影響を与え得る。我々に必要なのはすべての人に同じ車を与え、同じ速度制限を課すことではなく、大きさと形が異なり、それぞれ異なる速度で走っている乗り物同士がぶつからないように走れるための交通規則だ。我々は国の制度の多様性の維持に反しない形で、最大限のグローバリゼーションを達成するよう努力すべきだ。

7

民主主義ではない国は、国際経済秩序においては民主国家と同じ権利や特権を期待することはできない。これまで述べた原則は、（それが本当に行われる場所である国民国家の中での）民主的な熟議の重要性に光を当てている。だからこそ、そこに魅力や正統性がある。つまり国民国家が民主主義ではないとき、その足場は崩れることになる。その国の制度上の取り決めが国民の選好を反映したものだとは、もはや考えられなくなるのだ。つまり、民主主義ではない国は異なるルール、そこまで自由放任ではないルールに則ってプレイする必要がある。

これら七つの原則は、グローバル・ガバナンスに関して異なるモデルを支持する。つまり、グローバリゼーションを促進するのではなく、民主主義を促進するガバナンスを支持するものだ。民主国家により国内の民主的なプロセスに時間と労力をかける余裕を与えてくれる原則であり、政策が何をもたらすべきか、もしくは政策が経済統合を進展させるのかどうかについて予断を持たないで済む。そうなれば、グローバルな貿易や投資の活発化を目的としたルールに代わって、国内での政策立案を改善するよう設計されたグローバルな規範や手続き上の要件を通じて、グローバル・ガバナンスは民主主義の改善に大きく寄与することができるだろう。

透明性の向上、幅広い意見の代表、説明責任、国内の手続きにおける科学的・経済的証拠の利用などに関連するグローバルな規則は、民主主義を促進するガバナンスの要件の具体的な事例だ。こうしたタイプの規則はすでに、国際機関においてある程度利用されている。例えば、WTOの衛生植物検疫措置の適用に関する協定（SPS協定）では、輸入財に関して健康被害が懸念されているとき、明示的な科学的証拠の利用を求めている。この種の手続き上のルールは、国内での意思決定を改善するために、もっと幅広い分野で効果的に活用できるものだ。反ダンピングルールは、輸入関税を課すことでマイナスの影響を受ける消費者団体と生産者団体に対して、国内での審査手続きに参加するよう要請することで改善する。補助金ルールは、産業政策が静態的効率性と動態的効率性に与える潜在的な影響を組み込んだ、経済学の費用便益分析を要求することで改善する。

大切なポイントは、国内で十分な熟議がなされていないことが根本原因である問題――自国窮乏化政策が生み出す問題――は、民主的な意思決定プロセスの改善を通じてのみ解決できるということだ。グローバル・ガバナンスはこうした場合には極めて限定的な貢献しかできないものであり、しかも国内の意思決定プロセスを妨げるのではなく、改善することを重視した場合でさえそうなのだ。それ以外の場合では、グローバル・ガバナンスは国民による熟議の努力を踏みにじり、無効にするようなテクノクラートによる解決を望むものとなる。こうしたことが民主主義の機能不全とポピュリストによる反発の温床となるのだ。

公平な貿易と自由な貿易

世界経済が抱える問題の多くは、中国と欧米諸国の間の緊張関係によって例えられる。両者は経済運営に対して、全く異なる社会システムとアプローチを採用している。

中国がWTO加盟の交渉の席に着いた際、ある重大な疑問が持ち上がった。中国は米国やEUが理解している意味での市場経済なのだろうか？　外交官がやっかいな疑問に直面したときのお決まりの対応だが、その判断は先延ばしにされた。二〇〇一年十二月に署名された中国のWTO加盟に関する協定では、貿易相手国が最長十五年間、中国を「非市場経済」として扱うことが認められた。非市場経済という地位はつまり、輸入国が中国からの輸入品に対して反ダンピング税の形で特別関税を課すことがかなり容易になるということだ。特にコストの割高な国の生産費用を中国における生産費用として代用することができるため、ダンピングと特定される可能性を高め、ダンピングによって中国側が稼ぐ利ざやも高く見積もることができた。アルゼンチンやブラジル、チリ、韓国など多くの国がすでに中国に市場経済としての地位を与えているものの、米国とEUは認めていない。(2)

市場経済としての承認の遅れは単に、巨大経済国同士の貿易戦争が激しくなるのを遅らせただけだ。世界貿易体制はより根深い欠陥を抱えていたものの、あいにくこうした関係が続いたことで、そうした欠陥に全く手が打たれない結果になってしまった。中国に市場経済の地位が与えられるかどうかにかかわらず、広く行われている反ダンピングという手段は、不公平な貿易をめぐる懸案に対応する手段としては不適切なものだ。そうした懸念が事実無根だからではない。ダンピング以外のケースにも容易に適応されるからだ。反ダンピングという手法は最悪の種類の保護主義を促進する一方、正統な政策の自由裁量が必要な国には役に立たないものだからだ。

経済学者はこれまでも、WTOの反ダンピングルールを決して好意的に捉えてはいなかった。厳格に経済学的な観点から言うと、ダンピングを行う輸出企業が市場を独占する見込みがほとんどない限り、費用を下回る価格付けをしたところで輸入国にとってなんら問題はない。そうした理由から、国内の競争政策では対象企業が反競争的な慣習を行っている、もしくは市場の略奪に成功しそうだという証拠を求めることが一般的だ。ところがWTOのルールでは、輸出企業側に費用を下回る価格付けがあるだけで輸入関税を課すための根拠として十分なのだ。景気後退のときのように、費用を下回る価格付けをすることが競争慣行として一般的な時期であってもそれは変わらない。

こうした一部の手続き上の理由から、反ダンピングは景気の悪い時期に企業が海外の競合相手から自国市場を守るために好んで利用する手段となる。WTOにも、輸入が国内企業に「深刻な損害」を与える際に一時的に輸入関税を設けることを可能にする特有の「緊急輸入制限」の仕組みはあるが、手続き上のハードルが高く、利用国はその措置によってマイナスの影響を受ける輸出企業に対して損失を補償しなければならない。

統計を見れば実情がよくわかる。一九九五年にWTOが設立されて以降、三千回以上も反ダンピング税が課された（インド、米国、欧州が最も頻度の高い利用国だ）。一方で、緊急輸入制限措置が導入された回数はたったの百五十五回にすぎない（発展途上国が最も利用する頻度が高い）。明らかに反ダンピングが貿易問題に対応する際に選択されている手段であることがわかる。

ただ経済学的な視点にとどまらず、グローバルな貿易体制は経済効率性に加えて公平性の問題にも取り組まなければならない。例えば、国内企業が資金の潤沢な政府から金銭的支援を受けている中国企業と競争しなければならないとき、その競争環境は大半の人が容認できないほど不公平なものになる。[3] 輸出企業が有するある種の競争優位は（この例のように）輸入国に総体としては経済的利益をもたらすかもしれないときでも、国際貿易の正統性を損ねてしまう。つまり、反ダンピング制度も政治的なロジックがないわけではないのだ。

貿易政策の立案者の頭の中にはこの理屈が刷り込まれている。そのため、反ダンピング制度は現在のような形で存続し、相対的に手軽とも思える貿易保護を可能にしているのだ。ただ、彼らがこれまで一度も議論の俎上に載せなかった問題がある。それはダンピング以外にも、公平性を議論すべき領域があるということだ。国内の企業にとって、政府から補助金や支援を受けている外国企業と競争することが不公平と言うのであれば、国内の労働者にとっては、基本的な労働者の権利——団体交渉や職場での不当な扱いに対する保護など——が蔑ろにされている海外の労働者と競争するのも同様に不公平とは言えないだろうか？　自然環境を荒らし、児童労働者を雇い、危険な職場環境を提供している企業についてはどうだろうか？　そうした企業が不公平な競争を生み出しているのではないだろうか？

グローバリゼーションに反発する国民心理の根っこには、こうした不公平な貿易に対しての懸念がある。ところが、貿易問題に対して法的な救済できることは、費用を下回る価格付けという狭い商慣行以外の問題になると非常に限られている。労働組合、人権ＮＧＯ、消費者団体、環境グループなどは、企業のような保護を求める直接的な手段を持っていないのだ。

貿易の専門家はこれまでずっと、保護主義がなし崩し的に広がることを恐れて、ＷＴＯ体制が労働基準や環境基準、人権に関する問題の領域にまで介入することに対して慎重だった。ただ、こうした問題を議論の俎上に載せないことによって、より被害が大きくなるということがますます明らかになっている。経済、社会、政治のモデルが全く異なる国を相手とする貿易では、その正統性に対して疑義が生じることを認めなければ、個々の貿易関係だけではなく貿易体制全体が蝕まれることになる。

貿易が社会的、政治的な観点から問題となり得る理由に関しては、二つの異なる言い分があり、我々はそれらを区別しなければならない。一つ目は、貿易による所得の再分配効果が問題だという見方だ。基本的な事実に誤りはないが、これはほかの多くのことにも言える問題だ。市場経済で起こるほかのほぼすべての出来事も、何らかの形で所得を再分配する。テクノロジーと市場競争は経済を永遠にかき回し続ける。さらに、スキルに偏ったイノベーションや最低賃金法を含めたほかの多くのものの方が、貿易よりも所得の分配にもっと大きな影響を与える。

つまり、国際貿易だけを特別視し、労働市場全体の不平等に対応するほかの分野やアプローチ（累進課税制度、積極的な労働市場政策、雇用を守るマクロ政策など）と切り離して考えるのは、ほとんど辻褄が合わない。例えば、フランスからの輸入は市場を奪われる国内企業にマイナスの影響を与える。そうした形で被害を被る人々を、例えば、技術革新によって仕事を失う労働者と区別して扱うべき道理はない。自由貿易によって被害を被った人々に対する補償を、連帯意識や公正などの理屈で正当化する人々がいるが、そのような正当化の理屈はイノベーションによって被害を被った場合にも成り立つ。そうであれば、いずれのケースに対しても望ましい救済策は同じであるべきだ。

社会的、政治的な理由から貿易に反対する二つ目の言い分は、貿易が我々の制度上の取り決めに具現化されている規範を侵すというものだ。どういうことかというと、国内で締結し、法や規制に組込まれている社会的契約の効力を、貿易が無効にするかもしれないということだ。例えば、権威主義政権によって労働者の交渉権が著しく抑圧されている国々と競争しなければならない労働者のケースを考えてほしい。こうした労働者は実質的に、賃金や交渉に関する労働基準を引き下げることを受け入れなければ、仕事を失うと脅されているようなものだ。このようなケースでは、被害を被った人々の損失を補償するのは的外れな対応である。なぜならゲームのルールが不正に書き換えられている――間接的な方法で国内の社会的契約を無効にしている――ことが問題だからだ。貿易とは単なる市場取引ではなく、国内制度への介入であり、特定のグループに損失をもたらすよう国内の制度を再構築する手段なのだ。そうした影響が疑われる貿易に対して、直接歯止めをかけるという対抗措置を取るのは、正統な根拠のある行為と言える。国民の健康や安全にかかわる規制を侵害する輸入財を締め出すことと、本質的には同じことだからだ。これはすでに大半の国が取り組んでいることだ。

ここで再び公平な貿易の議論に戻るが、公平な貿易という考え方はそうした考え方を自己本位の保護主義が巧妙に形を変えただけのものだと見なす経済学者には、かなり冷ややかな目で見られている。ただ、企業に有利な形に歪められているとはいえ、(反ダンピングや緊急輸入制限措置といった形で)貿易法の中にはすでに組み込まれている考え方だ。

つまり、公平な貿易というコンセプトを捨て去るのではなく、貿易法の中にあるように、社会的ダンピングを含むようそのコンセプトを拡大すべきなのだ。価格が費用を下回る商品には関税をかけることができるのと同じように、明らかに国内の規制上の取り決めを損なう恐れのある輸入財には制限を設けることが容認されるべきなのだ。私は『グローバリゼーション・パラドクス』の中で、そうしたプロセスがどのようなものになるのかを論じている。現在の反ダンピングをめぐる慣習ほどには、保護主義者による乱用を可能にする貿易体制になることはないというのが私の意見だ!

不公平な貿易をこのような意味で理解することで、正統な国内の政治的取り決めを脅かす貿易と脅かさない貿易の間の線引きが明確になるというメリットがある。例えば、貿易相手国の労働者の低賃金が彼らの生産性の低さに起因する場合と労働者の権利の乱用(団体交渉ができない、組合の自由がないなど)に起因する場合には、明確な区別がある。いずれの場合も国内における所得の再分配をもたらすものかもしれないが、不公平な貿易の問題の対象となるのは後者の場合だけだ。

貿易は特定の場合においては、公平性や正統性を判断するための試験に合格できないことがあるということを、経済学者はもっと前向きに受け入れるべきだ。逆説的に思えるかもしれないが、その事実を認めることで公平性や正統性の試験を容易に合格できる多くの国際貿易のケースに関しては、経済学者はより大きな自信を持って擁護することができるようになる。そうすれば、通常の貿易に対する信頼を損なうことなく、貿易の公平性に対する国民の不安にも意見を言うことができるようになる。

国際貿易を拡大するためには、そして海外投資家にとってより魅力的になるためには、各国は政策や制度をどのように変えなければいけないのか？　グローバリゼーションの支持派はこの疑問について、ほかの国々に向かって絶えず講釈を垂れている。ただこうした考え方は、目的と手段を混同している。グローバリゼーションはあくまで、社会が求める目標である繁栄、安定、自由、質の高い生活を達成するための手段であるべきだ。グローバリゼーションが底辺への競争を誘発しようがしまいが、グローバリゼーションの支持派と反対派との間のこう着状態を打破するには、次の単純な提案を認めればいい。つまり、民主主義のプロセスを経て法律に組み込まれた国内の慣習を損なう社会的ダンピングを容認してはならないのだ。

この原則に従えば、両極端な考え方は排除される。国際貿易と国際金融が間接的に、国内で広く支持を得ている基準を損なうようなケースでは、グローバリゼーションの容認派が優位に立つことはなくなる。同様に、重大な社会の目的が危機に瀕するような場合を除いて、ほかの国民を犠牲にしながら保護主義者だけが利益を得るようなこともなくなる。異なる価値の間のトレードオフが存在する少し複雑な状況では、国内での熟議や討論を強いることになるが、これは困難な政治問題に対応する最善のやり方だ。

国内で政治討論の対象となるような問いを考えてみよう。次のような問いが候補として挙げられる。問題視されている貿易は、どれほど社会的、経済的混乱をもたらす恐れがあるのか？〔貿易によって〕損なう恐れのある慣習や規制、基準は、どれほど国内で支持されているのか？〔貿易によって〕マイナスの影響が及ぶのは、社会において特に不利な立場に置かれている人々か？〔貿易がもたらす〕経済的利益は、もしあるとすればどのくらい大きいのか？　国際貿易や国際金融を制限することなく、望ましい社会的、経済的目的を達成できるほかの手段はあるのか？　例えばこれらすべての問いに対して、経済学や科学における関連証拠は何を示唆しているのか？

もし政策立案プロセスが透明で包摂的であれば、この種の問いは利益集団間——貿易擁護派と反対派——の争いから自然と湧き上がってくるものだ。確かに、問題となっているルールが「幅広い国民の支持」を得ているのかどうか、さらに貿易によって「明らかに脅かされている」のかどうかを見極める、絶対確実な仕組みなどない。民主的な政治はゴタゴタしており、必ずしも「正しい」答えを導き出すわけではない。ただ、トレードオフのある異なる価値や利益の間で立ち位置を決めなければならないとき、頼るべきほかのやり方は存在しない。

そうした問いに対して民主的な熟議のプロセスを省いて、テクノクラートや国際機関の手に決断を委ねてしまう。それこそが最悪の解決方法だ。そうしたやり方では、正統性も経済的利益も保証されない。国際協定は重要な貢献をすることもあるものの、その役割は国内の民主的プロセスを代替することではなく、あくまでそのプロセスをより高潔なものにすることにある。

社会的ダンピングの可能性を認めることを拒否した——そしてその問題に対して対処を施さなかった——ことによって、貿易のテクノクラシー〔テクノクラートによる管理〕が貿易に反対するポピュリストやデマゴーグの台頭を許した。おそらく全体のごくわずかな割合にすぎない問題のある輸入ではなく、貿易全般が政治的な攻撃の対象となってしまったのだ。貿易純粋主義者が自分たちの主義にダメージを与えてしまった、わかりやすい事例と言える。

一部の地域貿易協定では、社会的ダンピングに対する懸念を議論の俎上に載せている。ただ、私は貿易協定によって他国の労働基準、環境基準、社会基準を「改善」しようとする試みは、一般的に効果がないと思う。また、〔労働基準などの〕より深刻な発展上の問題の解決を商業的利益に委ねるという意味で、見当違いだとも言える。国内の基準を損ねないために貿易政策を利用することと、他国に自国の基準を輸出するために貿易政策を利用すること。公平な貿易をめぐる議論では無視されがちだが、この二つの間には重要な違いがある。前者は正統だが、後者はあまりそうとは言えない。

いくら他国の人権や労働基準、環境保護対策を気にかけると言っても、これらの目標は貿易協定ではなく、これらの目標のために用意したほかの国際的な協議の場で追求するべきだ。仮にベトナムが労働問題を抱えているとしても、TPPを通じてその問題を解決できるなどと勘違いしてはならない。仮にそのベトナムの労働問題が自国の労働基準を損ねる恐れがあるのであれば、社会的ダンピングのケースとして、自国の貿易政策を通じて対処するようにするべきだ。

私のこうした考え方は、貿易について正しいと認められているあらゆる既存の考え方とは相いれないということはわかっている。ドナルド・トランプ大統領のようなポピュリストは、貿易に対して国民が感じている不安感をきちんと見抜き、それをうまく利用した。ただ、彼らは貿易の「公平性」に対する国民の不安を実際よりも大げさに取り上げ、標的を絞った対応が必要な問題をスレッジハンマー〔暴力的なやり方〕で修復しようとしているように見える。

一方、経済学者は貿易と今日の重大な経済問題――脱工業化と所得の格差――との関連性は限定的だと指摘しているが、その指摘は間違っていない。貿易が所得分配にもたらす影響は、セーフティネットなど貿易以外の救済措置で対処した方がいいという彼らの意見は正しい。ただ、経済学者は貿易が所得分配にもたらす影響を組織的にないがしろにしてきた――特に必要な補償プログラムがまだ計画段階にとどまっている時にだ。また、彼らは社会的ダンピングに対して国民が感じている不安の本質を理解できていないように思える。

最後に、米国の革新主義者や労働運動に携わっている彼らの仲間は、社会的ダンピングの可能性をしっかりと認識しているものの、彼らはグローバル・ガバナンスのやり方を改善することでそうした問題に対応したいと思っている。ところが、そうしたやり方は効果がないだけならまだしも、最悪の場合にはポピュリストによる反発の格好の餌となる。

我々の時代が直面している経済的、社会的危機に対応するために、我々は開かれたグローバル経済と国民国家の権限の間の健全なバランスを取り戻すことが求められている。そのためには、我々は貿易がもたらす影響について正直にならなければならない。特に貿易は経済的な機会をもたらす一方で、我々の社会的契約にストレスを与えるものだということを正直に認めなければならない。

民主国家は民主主義ではない国や労働者を酷使する国とは貿易すべきではないとほのめかしているわけではない。大事なポイントは、商業的ロジックが経済関係を左右する唯一の要素ではないということだ。貿易は利益をもたらすが、それは時には国内の社会的取り決めにストレスを与えるという犠牲を伴う。我々はそのジレンマから逃れることはできないため、そのジレンマと向き合わなければならない。国民の間の議論や熟議を通じて初めて、民主国家は対立する価値観やトレードオフの問題を解決できるのだ。中国やほかの国との貿易紛争は、こうした問題を公にする——包み隠すのではなく——良い機会であり、世界の貿易体制をゆくゆくは民主化するための第一歩となる。

北〔豊かな地域〕と南〔貧しい地域〕の争い？

この種の公平な貿易を追求することは、決して反貿易的ではない。むしろその逆だ。世界中どこでも、公平性の原則には貧しい国が自分たちの経済を成長させる自由裁量が含まれるべきだ。つまり、既存の地域貿易協定が一般的に課すような、知的財産や産業政策、資本勘定規制、投資家の権利などに対する抑圧的なルールをそうした国に負わせてはならないという意味だ。豊かな国における国内格差と貧しい国における貧困。その両方の問題を憂慮する革新主義者にとっては朗報だが、それらの問題を同時に改善することは可能だ。ただそのためには、貿易協定に対するアプローチを抜本的に変えなければならない。

世界の貿易体制は現在、特に重商主義のロジックに突き動かされている。つまり、私が貿易障壁を引き下げる代わりに、あなたも貿易障壁を引き下げてくださいというロジックだ。こうした「市場アクセスの交換」のロジックは、経済学的には正当性がほとんどないが、貿易の拡大を促進する上では大いに成果を上げてきた。世界経済がすでに非常に開かれている現在、そのロジックは自然な成り行きとして、解決するよりも多くの新たな問題を生み出している。

私が冒頭で提唱した原則は「市場アクセスの交換」のロジックを異なるロジック、「政策空間の交換」のロジックに代替する。貧しい国も豊かな国も、それぞれの目的を追求するためのより大きな政策空間を切り開くことが必要だ。前者にとっては自国の経済を再構築し、新たな産業を育成することが目的であり、後者にとっては格差や分配の正義に対する国民の懸念を払拭させることが目的だ。世界の貧困者の利益と豊かな国の中低所得者の利益をぶつかり合わせる、誤った非生産的なナラティブを、革新主義者は受け入れてはならない。制度に対して想像力を十分に働かせることで、両者に利益がもたらされるような形に貿易体制を変えていくことができるのだ。

国家の市民、グローバルな意識

国民国家があくまで中心であり、グローバル・ガバナンスは役には立たないという認識に立てば、時間をかけて国家の利益をよりグローバルな方向に仕向けやすくなる。そうした方向に仕向けるためには、国民が自分たちの利益が国境の内側だけにとどまらないことを認識する必要がある。少なくとも原則的には、政府は国民に対して説明責任を持っている。つまり、国民の利益の感覚がよりグローバルになれば、国の政策もより世界のことを考えたものになるということだ。

夢物語のように思えるかもしれないが、すでにこうした現象は起きている。貧しい国が抱える債務の減免を求める世界規模の運動は、非政府組織が主導している。そうした組織は豊かな国の若者たちを動員し、自国の政府に対して圧力をかけさせることに成功している。多国籍企業はそうした市民運動の有効性によく気がついており、透明性を向上させ、世界中の労働慣行を変えざるを得なくなっている。人権を侵害している海外の政治指導者を追及した政府もあり、国内では大きな国民の支持を集めた。世界開発センターの所長を務めるナンシー・バーゾールは、米国議会で証言したガーナ市民を引き合いに出している。その人物は、援助を受けたアフリカ諸国の負担金に対する考え方を改めるよう世界銀行に対して圧力をかけてほしいと米国の役人の説得を試みたのだ。

政府を「グローバル化」するそのようなボトムアップの取り組みに潜在する最大の利点を、環境政策、特に気候変動――最も対処の難しいグローバルな問題――を緩和することを目的とした政策の中に見出すことができる。興味深いことに、温室効果ガスの排出を抑制し、緑化を促進するための最も重要なイニシアチブの一部は、地方の政府に対する圧力をきっかけとして生まれた。世界資源研究所の所長であるアンドリュー・スティアーは、五十カ国以上の発展途上国が地球温暖化を抑制するために費用負担の大きな政策を実行していると指摘している。この問題のグローバル・コモンズとしての性質を考えると、国益の観点から言えば全く理屈に合わない行為だ。

中国政府によるグリーン産業に対する支援のように、これらの政策の一部は競争優位を獲得したいという意欲に突き動かされているものの、有権者が地球全体のことを考えるようになり、環境意識も高まれば、優れた地球温暖化対策を実行することが政治的にもプラスになり得るのだ。

二〇二〇年までに二酸化炭素の排出量を一九九〇年の水準まで削減することを目指すキャップ・アンド・トレード制度〔各企業に二酸化炭素の排出枠を割り当て、企業間でその枠を取引できる制度〕を二〇一二年初頭に始めたカリフォルニア州のケースを考えてほしい。排出量に上限をかけるグローバルな取り組みはあまり進展が見られないものの、同州では環境グループや関心の高い市民が産業界の反対を押し切って計画を進めることに成功し、当時の知事だった共和党出身のアーノルド・シュワルツェネガーが二〇〇六年に署名し、その制度は法制化された。もしこの取り組みが成功し、支持を継続できれば、米国全土のモデルとなるだろう。

世界価値観調査などのグローバル規模の調査によると、まだ発展の余地は大きい。グローバル市民を自称した人の割合は、国家の市民であることを自称した人の割合より十五〜二十ポイント低い傾向にある。ただ、若者、高い教育を受けている人、専門家の間では、その差は縮小する。自分のことを社会の階級構造の中で上位に属すると考えている人は、自分のことを下層階級出身だと考えている人よりもずっとグローバルマインドを持っているのだ。

すでに指摘したことだが、「グローバル市民である」という表現の仕方はこれからも下手なメタファーであり続けるだろう。世界規模の政治共同体を統治する世界政府が樹立されることなど、今後もありそうにないからだ。ただ、我々一人ひとりがグローバルマインドを持つことを意識し、自分たちの選好をありのまま政府に表現できるようになればいい。もっとそういう風になれば、我々はグローバル・ガバナンスという幻想を追いかける必要はなくなるだろう。

第十一章　将来に向けた成長政策

各国が独自に政策を立案できる余地を与えてくれるグローバル協定が締結されたところで、その余地を有益な目的に活かせる国内政策がなければ意味がない。つまり、生産性を向上させつつ、社会的包摂を改善できる経済戦略を追求しなければならないということだ。国内と国家間において、経済的にもテクノロジーの面でも深刻な二元性に特徴づけられている今のグローバル環境の中で、果たしてどういった戦略がうまくいくのだろうか？　我々は大きな不確実性に直面している。ただ朗報と言えるのは、良いアイデアには事欠かないということだ。まず最初に、発展途上国が直面している課題についての議論から始める。その後、先進国が抱える課題に話を進める。

発展途上国はこれから世界経済をリードするのか？

グローバル経済の行く末は、ますます貧困国の手にかかっている。米国と欧州は金融の肥大と政治の機能不全のあおりを受け、傷ついた巨人としてもがき苦しんでいる。良くても終わりの見えない低成長が運命づけられている状況の中で格差は拡大し、社会的対立の可能性すら逃れられないように見える。

一方、その他の多くの地域では、エネルギーと希望に満ちあふれている。中国はすでに世界最大の経済大国であり、新興国と発展途上国を合わせると世界のGDPの半分以上を占めている。長い間、経済的失敗の代名詞だったアフリカは、マッキンゼーから「ライオンが動き始めた」大陸と名付けられた。

毎度のことながら、フィクションがそうした世相の変化を最もよく反映している。ゲイリー・シュタインガートが二〇一〇年に出版したコミック小説『スーパー・サッド・トゥルー・ラブ・ストーリー』は、これから世の中で何が待ち受けているのかを知るための何より優れた教材だ。[1] 舞台は近未来で、金融破綻と一党独裁に陥り、またもや無意味で危険な対外政策——今回の相手国はベネズエラ——の泥沼にはまった米国を背景に物語は展開する。企業の実際の仕事はすべてスキルを持つ移民任せで、アイヴィーリーグの大学は生き残るためにアジアの大学の名前を借り、経済は中国の中央銀行のお世話になり、「人民元にペグ〔為替レートを連動させること〕した米ドル」が投資家が選好する安全資産として通常の通貨と置き換わっている。

発展途上国は果たして、本当に世界経済を支えられるようになるのだろうか？　発展途上国の経済見通しに関する楽観論のほとんどは、単なる推測にすぎない。世界金融危機の前の十年間は、多くの意味で発展途上国にとっての黄金期だった。少数のアジア諸国だけではなく多くの国に経済成長が広がり、一九五〇年代以降で初めて、貧困国の大半が経済学者から収斂——豊かな国との所得格差が縮小すること——と呼ばれる経験を果たした。

ただ、これは強力な追い風が吹いていた特別な期間だった。商品価格は高騰し、特にアフリカ諸国とラテンアメリカ諸国に利益をもたらした。海外から流入する資金は潤沢で、資金の調達コストも低かった。アフリカの多くの国の経済は底打ち、長期間に及んだ内乱と経済の衰退から復活を果たした。そしてもちろん、先進国の経済自体も全般的に早いペースで成長しており、世界の貿易量は史上最大の水準まで拡大していた。ところが世界金融危機が起こると状況は一変し、今ではこうした条件のすべてが継続しているわけではない。

原則的には、先進国の低成長は必ずしも貧困国の経済パフォーマンスにとって不利な条件ではない。経済成長は最終的には供給サイドの要因——新しいテクノロジーへの投資とその獲得——に左右される。先進国の経済成長が停滞したところで、貧困国が利用できる過去に蓄積されたテクノロジーが消えてなくなるわけではない。つまり、潜在的な成長力はテクノロジー先進国との差を縮める後進国の能力——先進国自体がいかに早く発展しているかではない——に左右される。

残念なことに、いつこの潜在能力が開花し、経済の収斂が起こるのかに関しては、まだ十分な理解が進んでいない。どのような政策が自立的な成長を促すのかもまだ明確にはわかっていない。明らかな成功事例をめぐっても、専門家の解釈は分かれる。アジアの奇跡に関して、市場の自由化をその成功の要因とする専門家がいれば、政府の介入のおかげだと考える専門家もいる。一時的に成長が加速しても結局は、徐々に失速してしまうケースが大半だ。

楽観的な人々は、今度こそは違うと考える。彼らは一九九〇年代の一連の改革——マクロ経済政策の改善、経済のさらなる開放、民主主義の発展——によって、発展途上国が持続的な成長の軌道に乗ったと信じている。若年人口が多く、海外から安価にテクノロジーを獲得できる貧困国にとって、経済成長は容易だと多くのアナリストが予想している。

私は様々な証拠を見た結果、より慎重な判断に傾いている。発展途上国の多くの地域でインフレ政策が追放され、全体的にガバナンスが改善されたことは確かに喜ぶべきことだ。ただ、これらは主に経済のショックからの回復力を高め、経済破綻を阻止する要因でしかない。高成長を誘発し、さらに持続させるためには、もっと必要なことがある。継続的な構造改革を奨励し、新しい経済活動——特に製造業――における雇用を促進する生産志向型の政策だ。資本の流入や商品市場の高騰に頼った成長は短命になりがちだ。本物の成長を実現するためには、民間部門に通常であればやらないような新しい産業への投資をさせる呼び水となる、飴と鞭の制度を考え出す必要がある。その際、政府側では腐敗が最小限で、適切な能力があることも肝要だ。

過去の歴史を基準に考えると、こうした政策をやり遂げられる国の数はこれからも限られるだろう。前述した早すぎる脱工業化のプロセスが強烈な逆風になる。つまり、マクロ経済運営の改善によって経済破綻する国の数は少なくなるかもしれないが、高成長はたまにしか起こらない例外的な事例であり続ける可能性が高い。平均すると、経済パフォーマンスはこれまでよりはいくらか良くなるかもしれないが、楽観主義者が期待するほど非常に素晴らしいものではないのだ。

世界経済をめぐる大きな疑問は、経済的苦境に陥っている先進国が成長率の高い発展途上国に市場の一部を明け渡すことができるのかどうかだ。発展途上国における成長の大部分は、伝統的に豊かな国が市場を支配していた製造業やサービス業に参入することによってもたらされるだろう。特に給与の高い仕事が不足するという観点から、北〔豊かな国〕の雇用にもたらされる影響は問題となる。大きな社会的対立が避けられなくなるかもしれず、開放経済に対する政治的な支持も脅かされるかもしれない。豊かな国にも貧しい国にも同じように適切な政策空間を与えるために、私が本書の中で主張した方向で世界貿易のルールを設計し直すことが、非常に重要になるだろう。

構造変革の遅れ

世界の最貧困地域であるサハラ以南のアフリカが直面する課題について考えてみよう。同地域は経済的には救いようがない地域とこれまでずっと見られてきたが、ここ十数年は独立直後の数年間以来、最良の成長パフォーマンスを経験している。天然資源ブームが追い風にはなったものの、明るいニュースが聞こえてくるのは資源が豊富な国だけにとどまらない。エチオピア、ルワンダ、ウガンダなどの国々も一九九〇年代中盤以降、東アジア諸国に匹敵するようなペースで成長している。アフリカの企業や政治指導者の間では、大陸の将来に対して楽観論に満ちあふれている。

問題はこのパフォーマンスが持続可能かどうかだ。これまでのところ、外部資源（援助、債務減免、商品市場ブーム）に加え、政策による市場の大きな歪みの一部が解消されたことによって、成長が促進されてきた。国内の財やサービス（主にサービス）に対する需要が増えたことや公共投資の増加、より効率的な資源の活用によって、国内の生産性は改善してきた。ただ難しいのは、将来の生産性の改善が何によってもたらされるのかが明確ではないということだ。

根本的な問題は、こうした国々では構造変革が不十分だということだ。今の先進国が産業革命後に成し遂げた変革を、かなり短い期間で再現したことによって、東アジア諸国は急速に成長した。農家を工場労働者に変え、経済を多様化し、輸出する製品はますます高度になっていった。アフリカではこうしたプロセスがほとんど起きていない。ガーナのアクラに本部を構えるアフリカン・センター・フォー・エコノミック・トランスフォーメーションの研究者が述べているように、アフリカ大陸は「成長は早いものの、変革は遅々としている」。

原則的には、この地域の労働集約型産業の潜在能力は高いはずだ。例えば、中国の靴メーカーはエチオピアの労働者に中国の労働者の十分の一の賃金しか払っていない。社内トレーニングによって、エチオピアの労働者の生産性を中国の労働者のレベルの半分以上まで改善できる。脆弱なインフラや非効率な行政手続きなど、アフリカでビジネスを行う上では追加的なコストが伴うものの、労働コストの節約分はそれらの追加的コストを相殺した上で十分にお釣りがもらえる大きさだ。

ただ、マクロの数字を見る限り、現状は心もとない。アフリカの労働者の中で製造業に従事している割合は十パーセントを下回り、その中でもほんの一部――たった十分の一ほど――だけが適切なテクノロジーを利用した近代的かつ組織的な企業で働いている。高い経済成長率にもかかわらず、非常に悩ましいことに、この点に関してはこれまでほとんど改善が見られていない。実際、サハラ以南のアフリカでは一九八〇年代よりも産業化が後退している。近代的な産業、特に非資源で貿易可能な財を製造する産業に対する民間投資は増えておらず、構造変革を支えるにはあまりに低い水準にとどまっている。多くの伝統的な労働集約型産業における急速なデジタル化と自動化の波が、アフリカが製造業で頭角を表すことをより困難にしている。靴が3D印刷の技術によって安く生産できるようになれば、勝者はドイツのような国であり、エチオピアではない。

あらゆる発展途上国と同じように、アフリカの農家も都市部に大量になだれ込んでいる。ただ、グローニンゲン成長開発センターの研究が明らかにしているように、農村部から都市部への移住者は東アジアと違って近代的な製造業ではなく、小売や物流などのサービス業で働くようになる。[2] そうしたサービス業は大半の農業に比べると生産性は高いものの、アフリカではテクノロジーが積極的に導入されず、世界の最先端からは遅れをとっている。

一九九五年以降、GDPが年平均で九・六パーセント（一人当たり所得は五・二パーセント）も成長し、サクセスストーリーとして名高いルワンダを見てみよう。国際食料政策研究所のシンシェン・ディアオによると、ルワンダの経済成長は非貿易サービス業、特に建設、輸送、ホテル、レストランが主導したものだ。公的部門が投資主体の中心で、その財源の多くは海外からの補助金によって賄われている。海外からの援助によって同国の実質為替レートは上昇しており、製造業など貿易財を扱う産業はさらなる苦難に直面している。

とは言っても、ルワンダにおいて貧困削減は進んでいる。医療や教育、一般的な政策環境における改善を反映したもので、これらの改善がルワンダの潜在所得を増やしてきたことに疑いの余地はない。ただ、ガバナンスや人的資本の改善が必ずしも経済のダイナミズムにはつながっていない。ルワンダやほかのアフリカ諸国に欠けているのは、近代的で貿易可能な産業なのだ。そうした産業は国内における生産性の改善のエンジンの役割を果たすことで、潜在能力を開花させることができる。

アフリカ経済の代表的な特徴とも言える非公式経済——零細企業や家内生産、非公式な活動など——が増え続ける都市部の労働力を吸収し、社会のセーフティネットとしての役割を果たしている。ただ、これまでの研究結果によると、こうした経済活動が欠けている生産性のダイナミズムを埋め合わせることはない。これまでの論文では、成長によって非公式経済から抜け出せる零細企業はほとんどいないことが明らかになっている。成功している名の知れた企業のほとんどが、非公式な零細企業として事業を始めていないことからもわかることだ。

アフリカの構造変革を伝える明るいニュースは、まだマクロ経済のデータには現れていないと言う前向きな見方の人もいる。彼らの主張が正しいのかもしれない。ただ、もし彼らが間違っていれば、これから数十年もの間、アフリカは深刻な苦難に直面するかもしれないのだ。

サハラ以南のアフリカでは、人口の半数が二十五歳以下だ。世界銀行によると、毎年五百万人が十五歳になり、「子どもから大人への敷居をまたいでいる」。ポジティブな構造変革の緩慢としたペースを考えると、今後十年間でアフリカの若者のうち四人に一人だけしか給与所得者として正規の職を得ることはないと世銀は予測している。しかもそのうちのほんの一部の若者だけしか、近代的な企業が属する公式部門で働くことができないというのだ。

サハラ以南のアフリカにおいては、二十年もの間経済が成長してきたことで、良い仕事に就けるかもしれないという期待感が若者の間で高まったが、実際にそうした種類の仕事を提供できる企業の数はそれほど増えていない。こうした実情が、社会に対する抗議行動と政治的な不安定を引き起こしやすい状況を作っている。近年の成長からの単純な推測に基づく経済計画を立てると、期待と現実の間の乖離はさらに大きくなるだろう。アフリカの政治指導者は構造変革と社会的包摂のペースを速める取り組みを進めながら、若者の間の期待をうまく下方修正しなければならないかもしれない。

発展途上国の基礎的条件に立ち返る

発展途上国にとって大切となる成長のための基礎的条件は以下の三つだ。労働人口によるスキルの習得と教育、制度とガバナンスの改善、そして（産業化に象徴される）生産性の低い経済活動から生産性の高い活動への構造変革。東アジア型の急速な成長には通常、数十年にもわたる抜本的な構造変革が必要とされる。先進国経済への収斂を長期的に下支えする、長い年月に及ぶ教育と制度の着実な進歩が必要なのだ。

早すぎる脱工業化は、次々と新たな輸出志向型の製造業に特化していく伝統的な成長の道を閉ざしてしまう。つまり、発展途上国はより長期的な成長の基礎的条件である、教育と制度の改善にますます頼らなければならないのだ。教育と制度の改善はその国に成長をもたらす、最終的には不可欠な要素だ。ただ、それだけではせいぜい二〜三パーセントの一人当たり成長しか実現できず、東アジアのような七〜八パーセントの成長は期待できない。

インドと中国を比べてみよう。中国は工場を次々と建設し、ほとんど教育を受けていない農民をそれらの工場で働かせることによって成長してきた。そうした変革は、中国の生産性を瞬く間に大きく改善した。一方、インドの比較優位は相対的に技能集約型のサービス業――ＩＴなど――にあり、ほとんどが非熟練労働者である同国の労働人口のほんの一部の雇用しか吸収できていない。経済全体の生産性を大きく改善するほどまでに労働者の平均技能水準を引き上げるには、何十年もの期間を要するだろう。つまり、インドの中期的な潜在成長力は、中国のここ数十年を大きく下回るということだ。インフラ支出の大規模な増加と政策の改革によって改善することはできるものの、それには限界がある。

成長競争においては、ウサギではなくイルカになる方が有利かもしれない。経済全体で着実にスキルを蓄積し、ガバナンスを改善することによって成長しようとする国は、それほど早くは成長しないものの、より安定的で危機にも陥りにくく、最終的には先進国に収斂する可能性が高いかもしれない。中国が成し遂げた経済的偉業は否定できないが、同国は依然として共産党が政治を独占する権威主義国家だ。つまり、政治や制度を変革しようとする際に中国が直面する課題は、インドよりもはるかに大きい。長期投資家が直面する不確実性もそれと比例して大きくなる。

過去十五年もの間、海外資金の安価な調達と潤沢な資本流入、商品市場の高騰が新興国におけるそうした欠点の多くを覆い隠しながら、経済成長を促した側面がある。今後数年間、世界経済はこれまでほどは成長の支えになってくれないだろう。一方で、経済と政治の基礎的条件を真に強化してきた国々。もう一方で、偽りのナラティブと投資家の新興国に対する投資意欲の高さを利用して楽をしてきた国々。これら二つのタイプの国を見分けるのが、これからはもっと容易になる。

世界は発展途上国に何を求めるのか

ゴールドマンサックスのジム・オニールが二〇〇一年、発展途上国の中で最も経済規模の大きい四カ国――ブラジル、ロシア、インド、中国――の頭文字をとってBRICという用語を生み出したのは有名だ。[3] それからおよそ二十年後、これら四カ国に共通している唯一の特徴は、（ドルベースの購買力で見て）世界の上位十五カ国に入るOECD非加盟国はこれら四カ国しかいないということだけだ。

四カ国はそれぞれ、非常に異なる経済構造を有している。ロシアとブラジルはコモディティ、インドはサービス業、中国は製造業にそれぞれ依存した経済だ。ブラジルとインドは民主主義だが、中国とロシアは決してそうではない。また、ジョセフ・ナイが書いているように、ロシアは衰退している超大国であり、中国と（中国ほどではないが）残りの二カ国はその影響力を拡大している。

BRICS――当初の四カ国に南アフリカが加わった――は定期的な会合を催し、政策のイニシアチブを持つ自分たち独自のグループを結成した。現実が空想〔ジム・オニールが生み出した概念〕を手本にしたという意味であまり先例のないケースと言えるだろう。これまでのところ、そのグループの最も野心的な取り組みは二〇一四年の開発銀行の創設だ。

この「新開発銀行」は、インフラの開発に焦点を当てた機関だ。BRICSの首脳たちは、発展途上国におけるインフラ投資は「長期融資と対外直接投資の不足」がボトルネックになっていると述べた。彼らは同銀行に対して、「銀行が効果的にインフラ開発に融資するために十分な」当初資本金を出資すると誓った。二〇一三年にドバイで発表された二番目のイニシアチブは、「短期的な流動性圧力[4]」に備えるための千億ドルの緊急時外貨準備金基金の創設だった。

世界で最も大きな発展途上国同士が定期的に話し合い、共通のイニシアチブを考え出すのは純粋に祝福すべきことかもしれない。ただ、最初の大きなコラボレーションとしてインフラ融資に焦点を当てたのは期待外れだった。これはまさに一九五〇年代の経済発展観を反映した取り組みであり、今では各国はそれぞれ複合的な制約――脆弱なガバナンスから市場の失敗まで――を有しており、その度合いも異なることを認識したまだら模様の見方がずいぶん前から主流になっている。今日のグローバル経済は、過小どころか過剰な国境をまたいだ融資に苛まれているという人すらいるかもしれない。

世界がＢＲＩＣＳに求めているのは新たな開発銀行の創設ではなく、現代のグローバルな問題により積極的に取り組むリーダーシップだ。ＢＲＩＣＳ諸国には世界のおよそ半数の人口が住み、未開発の潜在経済力の大部分が眠っている。世の中が直面している深刻な課題――健全なグローバル経済構造の必要性から気候変動への対応まで――にグローバル・コミュニティがしっかりと向き合わなければ、最も大きな代償を払うことになるのがＢＲＩＣＳ諸国だ。ところがＢＲＩＣＳ諸国はこれまでのところ、Ｇ20やＷＴＯなどの国際フォーラムの舞台で、想像力や決断力をそれほど発揮しているとは言えない。自己主張をする場合でも、狭い国益の追求にほぼ終始してきた。

世界経済はこれまでのところ、欧米先進国を発祥とするアイデアや制度の上に成り立ってきた。米国は自由主義的でルールに基づく多国間主義の基本原則を我々に与えたが、制度は多くの欠陥を抱えており、単にそれらの原則がいかに崇高であるのかを際立たせる結果となった。実際には、体制の運用はそれらの原則に概ね反していたのだ。民主主義の価値観や社会連帯は欧州発祥であり、さらに様々な問題を抱えているものの二十世紀で最も驚くべき制度エンジニアリングの功績と言える欧州連合もその地で生み出された。ところがこうした昔ながらの強国は、グローバルな秩序を将来にわたって維持する正統性も力も持ち合わせていない。

新たに台頭している強国は、自分たちが支持するものが何なのか、どういった価値観を主張し、普及させるつもりなのかを示さなければならない。非対称な権力構造に対してただ不満を述べるだけではなく、新たなグローバル経済に対する自分たちのビジョンを考え出さなければならない。残念なことに、これらの国々が自分たちの目の前の利害を超越して、地球全体の共通の課題に取り組む心意気があるのかどうかはまだ定かではない。

自分たちが発展してきた経験を踏まえて、中国やインド、ブラジルなどの国は市場原理主義には反対し、世界経済における制度の多様性やプラグマティックな経験主義を当然のごとく支持している。自分たちの経験に基づいて、金融よりも実体経済、政策の調和よりも多様性、外部による制約よりも各国の自由な政策の余地、テクノクラートによるエリート主義よりも社会的包摂を重視した、新しいグローバルな価値観を伝えることができる。先進国を含めて多くの国が、時にはグローバル経済よりも国内経済を優先する政策が求められる課題に直面していることを理解しながら、それらの国々は嘆願者であることを辞め、真のリーダーとして振る舞わなければならない。そして過去六十年間、世界経済に見事に仕えてきた世界経済の土台となる原則——無差別と多国間主義——を支えるために、それらの国々も汗をかかなければならないのだ。

ただ最終的には、BRICS諸国はそうした価値観を自ら体現する必要がある。中国とロシアは自国において人権の軽視と政敵の抑圧を続けていては、グローバルなリーダーシップなど発揮できるはずがない。もし海外で道義的な主張をするのであれば、権威主義体制の国々はまず自国を改めなければならない。

公共投資の復活

インフラ――道路、ダム、発電所――への公共投資が経済成長を促す上で不可欠な要素であるというアイデアは、貧困国の政策立案者の考え方に常に大きな影響を与えてきた。第二次世界大戦後の初期の開発援助プログラムの背後にはそうしたアイデアがあり、世界銀行や支援国は巨大なインフラプロジェクトに融資する目的で、新たに独立した国々に資金を提供した。また、アジア地域の八兆ドルとも言われるインフラプロジェクトの資金不足を穴埋めすることを目的として中国主導で立ち上げた、アジアインフラ投資銀行（ＡＩＩＢ）の設立の動機となった考え方でもある。中国の巨大な一帯一路構想は、自国の成長力を印象づけると同時に、高い経済成長率を維持するための試みでもある。

この種の公共投資主導の成長モデル――嘲りを込めて「資本原理主義」と呼ばれることが多かった――は、開発経済学の専門家の間では長い間時代遅れになっていた。一九七〇年代以降、経済学者は政策立案者に対して公的部門、物的資本、インフラを重視するのではなく、民間市場、人的資本（スキルや訓練）、ガバナンスと制度の改革を優先するようアドバイスしてきた。その結果、経済発展の戦略は抜本的に変わったように見えた。

ところが近年のグローバル経済の逆風の中でも非常に早いペースで成長している国を見ると、公共投資が大きな役割を果たしていることに気がつくだろう。

アフリカにおいて過去十年で最も驚くような成功を果たしている国はエチオピアだ。二〇〇四年以降、平均で十パーセント以上の年間成長率を継続し、国民の貧困と健康状態は大きく改善している。多くのアフリカ諸国とは違い、天然資源には恵まれていないため、商品市場の高騰による恩恵は受けていない。また、世銀やほかの援助国・機関が奨励する経済の自由化や構造改革も、エチオピアではそれほど大きな役割を果たしていない。

同国の高成長を支える主な立役者は公共投資の大幅な増加であり、GDPに占める割合は一九九〇年代初頭の五パーセントから二〇一一年には十九パーセント――世銀によると、世界で三番目に高い水準――まで拡大した。エチオピア政府は大盤振る舞いを続け、道路、鉄道、発電所を次々と建設し、貧困層の大半が住む農村地域の生産性を大きく改善した農業改良普及事業にもお金を出した。そのための歳出の一部は海外援助で、残る一部は民間貯蓄の資金を政府に回す（金融抑圧などの）非伝統的政策によって賄った。

インドの急速な経済成長も、GDPのおよそ三分の一を占める民間と政府を合わせた投資の大規模な拡大によって支えられている。一九八〇年代初頭から徐々に民間部門における規制が緩和される中、投資額の増加分のほとんどは民間部門によるものだが、それでも公的部門は引き続き重要な役割を果たしている。ここ数年、民間投資と全要素生産性（TFP）の伸びがいずれも鈍化しており、政府による介入が必要だった。近年のインドの成長モメンタムを維持してきた立役者はインフラへの公共投資だ。インド政府のチーフ・エコノミック・アドバイザーを務めるアーヴィンド・サブラマニアンは、「経済全体の足を引っ張っている二つの部門は、民間投資と輸出だと思います。そのため……公共投資がその穴を埋めるのです」と語っている。(5)

ラテンアメリカに目を向けると、ボリビアは直近の商品市場の下落局面において、他国が陥った運命を首尾よく回避した稀有な資源輸出国の一つだ。ほとんど成長していないこの地域において、同国の成長率は四パーセント超を維持すると予想されている。ボリビアの成長のほとんどが公共投資に関連したものだ。大統領のエボ・モラレスは、公共投資をボリビア経済のエンジンと見なしている。二〇〇六年以降、公共投資の総額は国民所得の割合で見ると二〇〇五年の六パーセントから二〇一四年には十三パーセントと倍以上に増えた。政府は今後数年でその割合をさらに高めるつもりだ。

我々は公共投資の増加が商品市場のバブルのように、悲惨な結末を迎えることがよくあることを知っている。経済的・社会的リターンが低下し、資金が底をつく。債務危機への舞台が整うのだ。IMFの研究によると、公共投資の大半は当初はプラスの影響をもたらすものの、いずれ経済を頓挫させることがわかっている。[6] ただ、どういった結末になるのかは各国特有の状況に左右される。エチオピアでは明らかにそうであったように、公共投資がかなりの期間（十年かそれ以上）、経済の生産性を高めることもあり得る。民間投資の呼び水となることもあり、インドではここ数年、そうした現象が見られたという証拠も出てきている。[7]

公共投資がもたらす潜在的な利益は、発展途上国に限った話ではない。実際、今では公共投資の増加によって最も大きな利益を得る立場にあるのは、北米や西欧の先進国かもしれないのだ。グレート・リセッションを受けて、需要と雇用を増やす、壊れているインフラを復旧する、特にグリーンテクノロジーにおいて研究開発を促すなど、これらの先進国がさらなる公共投資を有効活用する方法はたくさんある。

政策討議の場においては、そうした主張は財政均衡とマクロ経済の安定という観点から反対されることが少なくない。ただ、公共投資は政府職員の賃金や社会的移転のようなほかの公的支出とは性質が異なっている。資産を消費するのではなく、資産を蓄積するのに一役買っているのだ。そうした資産から生まれるリターンが資金調達コストを上回る限り、公共投資は政府のバランスシートを改善する。

我々はエチオピアやインド、ボリビアにおける実験が、どのような結末を迎えるのかを完全に熟知しているわけではない。これらの国から得た教訓をほかのケースに当てはめて推定する前には注意が必要だ。それでも、他国にとっては役に立つ前例であり、ますます激しくなる恐れのあるグローバル経済の荒波の中で成長戦略を模索する先進国にも有益な教訓を与えてくれる。

先進国の包摂的成長

包摂的な経済成長〔幅広い国民が等しく恩恵に与る経済成長〕の軌道に乗るためには、先進国には――おそらく過去の成功を模倣できる立場にある発展途上国以上に――新たなアイデアが必要だ。ドナルド・トランプの米国大統領就任は、我々に政策に対する斬新な視座を提供してくれている。ただ私がこの文章を書いている時点では、彼は我々を誤った方向に導き、問題をこれまで以上に悪化させるという兆候しかない。

ドナルド・トランプが提唱する欠陥だらけの経済戦略は、彼が大統領に就任する以前から包み隠さず明らかだった。選挙が始まってから数週間で、彼はすでに勝利を宣言していた。飴と鞭を巧みに使い分け、空調メーカーのキャリアにインディアナ州の工場の一部を閉鎖しないよう説得することに成功し、およそ千人の米国人の雇用を「救った」。その後トランプはキャリアの工場を見学しながら、ほかの米国企業に対しても工場を海外移転して海外で作った製品を米国に逆輸入すれば、厳しい関税をかけると警告した。

彼のツイッターのアカウントには、同様の趣旨の言葉が並ぶ。フォードがリンカーンの工場をメキシコに移転せず、ケンタッキー州にとどめておくと決断したのは自分のおかげだとした。さらにゼネラル・モーターズに対しても、シボレー・クルーズを米国で生産するのではなくメキシコから逆輸入し続ければ、輸入関税をかけると脅した。トランプはまた、国防契約企業による費用の予算超過についても追及しており、特に航空機の価格があまりに高額すぎるとして航空大手のボーイングとロッキード・マーチンをそれぞれ個別に叱責した。

トランプの政策スタイルは、明らかに前任者とは大きく異なっている。特定の個人や組織を攻撃し、感情の起伏が激しく、自国中心主義的な側面が強い。また、脅しや嫌がらせ行為に頼っており、実際の成功事例を自慢して大げさに言う傾向にある。ツイッターを舞台にした公開スペクタクルの様相を呈しているのだ。また、民主主義の規範を大きく侵している。

経済学者は、政府と経済界の関係については一定の距離を置いたアプローチを支持する傾向にある。官僚は賄賂を渡されたり、特定の企業をえこひいきするようになるといけないため、民間企業とはかかわりを持たないものだと考えられている。これは米国では非常に重んじられている原則だ――ところが実際は、この原則は遵守するより違反する方が高く評価されるのだ。一番わかりやすい例だけを挙げると、過去三十年の間、金融業界の重鎮が連邦政府の政策策定に影響力を行使してきたことは誰も否定できない。

ただ、まさにそうした類の経済界と政府の蜜月関係が、米国における数多の成功の背景にあったというのも事実だ。米国経済の発展の歴史は、公的部門と民間部門の間のプラグマティックなパートナーシップと緊密な協力の歴史でもある。一定の距離を置いた関係や厳格なルールの歴史ではないのだ。スティーヴン・コーエンやブラッド・デ・ロング、マイケル・リンドなどの歴史に精通した経済学者や政策アナリストが改めて認識させてくれたように、米国は連邦政府が民間企業が必要としている投資やインフラ、金融などのサポートを提供するという〔アレクサンダー・〕ハミルトンの伝統を受け継いでいる国だ。(8)

米国における技術革新はアントレプレナーや発明家自身の才能と同じくらい、有償資金援助や政府購入などの具体的な政府プログラムによるところが大きい。ハーヴァード・ビジネス・スクールのジョシュ・ラーナー教授が述べているように、アップルやインテルなど米国で最もダイナミックなテクノロジー企業の一部は、上場する以前には政府から金融支援を受けていた。[9] 電気自動車メーカーのテスラは、壮大な倒産劇を繰り広げた太陽電池企業のソリンドラと同じ融資保証プログラムの受給者だった。

ソリンドラの例を見ればわかるように、政府のイニシアチブの多くは失敗に終わる。ただ最終的な審判は、成功したケースと失敗したケースをひとまとめにしたポートフォリオ全体の社会的リターンがプラスになるかどうかで下される。そのような包括的な評価がなされることはめったにないが、省エネの促進を目的とした米国のプログラムは正味でプラスの利益をもたらしたという分析がある。興味深いことに、その利益の大部分は相対的に規模の小さい三つのプロジェクトがもたらしたものだった。[10]

社会学者のフレッド・ブロックとマシュー・ケラーの二人は、米国の「発展志向型国家」に関するおそらく最良の分析を提供した。彼らによると、市場原理主義者のイデオロギーの席捲の裏に隠れて、公の議論の場では見えずらくなっていた現実だ。彼らはいかに「政府から資金の提供を受けている研究室の分権的なネットワーク」や中小企業技術革新研究（SBIR）プログラムといった「種々雑多な」資金援助イニシアチブが民間企業と手を取り合い、企業による製品の商品化を実現してきたのかを説明している。[11] 二人やほかの研究者たちは、バイオテクノロジー、グリーンテクノロジー、ナノテクノロジーなどの分野のイノベーションの源泉となる協働ネットワークを支える上で、連邦政府や州政府が果たした幅広い役割を立証してきた。[12]

公的部門と民間部門の間の緊密な協力と協調に基づくそうした産業政策は、当然のことながら東アジア諸国における経済政策の策定においても見られた特徴だ。政府による支援と指導なしで、中国が製造大国に変貌を遂げること――そしてそれに伴う輸出志向モデルの成功――を想像するのは困難だ。皮肉にも、中国がグローバリゼーションから得ている利益を称賛する同じ人々が、米国政府が中国のアプローチを模倣し、あからさまに産業政策を支持するかもしれないと恐れているのだ。

もちろん中国とは異なり、米国は民主主義の国だと思われている。民主主義における産業政策には透明性、説明責任、制度化が求められる。政府と民間企業の間の関係性は注意深く調整されなければならない。各省庁はテクノロジーや市場の実態に関する必要な情報を聞き出すためには、民間企業との距離を十分に縮めなければならない。製造業の現場（例えば自動車業界）で仕事がなくなっている根本的な原因は何なのか？　もし何かできるとすれば、政府はどういった形で手を差し伸べることができるのか？　例えばそういった情報だ。ただ、あまり民間企業に近づきすぎるのも駄目で、彼らに懐柔された末に支配下に置かれ、極端なケースでは顎で使われるようになってしまうからだ。

この点において、トランプ流の産業政策は試験に落第している。経済にかかわる重要ポストに任命されたメンツを見る限り、トランプはウォール街や大手金融と政府とのつながりを断ち切る意志はほとんどないようだ。一方で、ツイッター上のつぶやきを主要な場とする政策立案のやり方を見る限り、彼は必要なあらゆる安全対策を講じている制度化された意見交換の場を設けることにあまり関心がないようだ。健全な産業政策には、そうした意見交換の場が必要とされている。

つまり、トランプ政権の産業政策は身内びいきと嫌がらせの間で揺れ動くものであることが予想され、米国人労働者や経済全体にはほとんどプラスになることはないだろう。

グリーン産業政策

我々の住む地球の未来は、世界経済がクリーンテクノロジーに基づく「グリーンな〔環境に配慮した〕成長」――地球温暖化ガスの排出量が著しく少ない生産方式――にすぐに移行できるかどうかにかかっている。ところが、化石燃料に対する補助金と地球温暖化の外部性に取り組むために必要な税の不在により、二酸化炭素は依然として非常に不適切な価格付けがなされたままだ。

こうした状況の中、グリーンテクノロジー――風力、太陽光、バイオエネルギー、地熱、水力、燃料電池テクノロジーなど――の開発を促す補助金はますます必要とされている。まず第一に、そうした補助金は先駆者たちが不確実性があり、リスクのあるベンチャー企業に投資する後押しとなる。そうしたベンチャー企業における研究開発の取り組みは、大きな価値のある社会的学習をもたらすものだ。二番目に、二酸化炭素の不適切な価格付けによってテクノロジーの進化の方向が歪められる効果を打ち消してくれる。政府がグリーンテクノロジーを育成し支えることで、世界が全体としていっそう豊かになるというのはこれら二つの相互に補強し合う理由からだ。

政府によるグリーン産業の支援は、先進国と発展途上国、いずれの地域においても多くの国に広がっている。どの国を見渡しても、再生可能エネルギーの利用やグリーンテクノロジーへの投資を促すことを目的とする多様な政府のイニシアチブを驚くほど垣間見ることができる。二酸化酸素の排出に適正な価格付けをすることが、気候変動に対処するためのより効果的な方策ではあるものの、ほとんどの政府は再生可能エネルギーへの投資のリターンをかさ上げする補助金や規制によって気候変動の問題に対処しようとしているように見える。国内産業を国際競争の場で優位にするという不純な動機に突き動かされているように見えることも少なくない。

通常であれば、我々はこうした競争力を高めることを目的とした動機には、近隣窮乏化の性質があると考えている。伝統的な産業において、市場シェアという考え方はグローバルな観点から見るとゼロサムであり、ある国が利益を得るためにリソースを投下すると、ほかの国には損失をもたらす。ところがグリーンな成長の文脈では、国内のグリーン産業を育成しようとする一国の取り組みは、たとえその動機が偏狭かつ商業的であっても、グローバルに見て望ましい行為だ。国境を越えた波及効果は、二酸化炭素の排出に対する課税やクリーン産業の技術開発への補助金を思いとどまらせる方向に作用する。そうした時には、競争力を高めることを目的としてグリーン産業を育成しようとすることは良いことであり、悪いことではない。

産業政策の反対派は根拠として二つの理由を挙げる。第一に、どの企業や産業を支援するべきかについて、政府は正しい選択をするために必要な情報を持ち合わせていない。第二に、いったん政府がある産業の支援にかかわると、政府とのパイプが太い企業やロビイストによるレントシーキングと政治工作を招いてしまう。米国では、ソリンドラ——五億ドル以上の融資に対する政府保証を受けた後に破綻した太陽電池メーカー——のケースがこれら二つの失敗が明らかにかかわっていた直近の事例だ。

実際は、一番目の根拠——政府は全知全能ではない——は概ね見当違いのものであり、二番目の根拠——政治的な影響力——は適切な制度設計をすることによって克服できる問題だ。優れた産業政策というのは、政府の全知全能性や勝者を選ぶ能力には依存しない。失敗は避けられないものであり、きちんと設計された産業政策プログラムには必要な要素だ。

まだあまりに期間が短いため、米国の融資保証プログラムに対して最終的な審判を下すことはできないものの、少なくともソリンドラのケースに関しても同プログラムが生み出した多くの成功事例を考慮に入れずして、適切な評価を下すことはできないということは明らかだ。二〇〇九年に四億六千五百万ドルもの政府保証を受けたテスラ・モーターズは株価が急騰し、今では模範的な企業だ。二〇〇一年に米エネルギー省が実施した省エネプログラムの初期の評価によると、正味の便益は三百億ドル（一九九九年の物価に換算）――およそ七十億ドルの投資に対する二十二年間の累計としては素晴らしいリターンだ――にも達したという。[13] 興味深いことに、建設業における三つの相対的に小さなプロジェクトから大半のリターンが生まれた。

誤りを認識して、その都度政策を見直す仕組みが導入されている政策こそ賢明な産業政策だ。明確な目標、測定可能な達成目標、緊密な監視、適切な評価、きちんと設計されたルール、そしてプロフェッショナリズム。これらの要素が制度の安全性を担保する。実践するとなると難しいかもしれないが、勝者となる企業や産業を選ぶことに比べると、手に負えないタスクではない。

きちんと目的意識を持って運用され、誤りがあることを前提に設計されている明確な産業政策の方が、（よくあるケースだが）こっそりと誰からも注目されずに運用されている産業政策よりも、情報や政治にかかわる典型的な障害を乗り越える可能性が高い。

グリーン産業政策が損なわれるのは、政府の戦略が国内産業への補助金ではなく、海外のグリーン産業へのアクセスに対する制限や課税の形を取るときだ。太陽光発電パネルのケースはまさにそうした教訓を与えてくれた。太陽光発電パネルをめぐっては、中国と欧米との間の貿易紛争が大きな注目を集めた。幸運なことに、これはよくあることではなくあくまで例外的な出来事だ。貿易に対する制限はこれまでのところ、国内産業への補助金に比べると小さな役割しか果たしていない。

実際には、競争や商業、雇用、重商主義的な動機ではなく、グリーンテクノロジーの発展と普及だけに焦点を合わせた純粋なグリーン産業政策が採用される可能性は高くはない。「グリーンな仕事」のような間接的だが政治的に重要な目標の方が、代替エネルギーやクリーンテクノロジーよりも、産業政策を促す上ではより魅力的な政府綱領であり続けるだろう。

グローバルな観点から言えば、国の競争上の懸念は関税競争ではなく補助金競争につながってくれた方がはるかにましだ。後者はグローバルな規模でクリーンテクノロジーの供給を増やすもので、前者はそれを制限するものだ。これまでのところ、各国の政策は概ね補助金が中心だが、この傾向が将来も続くと推測できる保証はない。

福祉国家からイノベーション国家へ

世界経済はある亡霊に取り憑かれている。雇用を奪うテクノロジーという亡霊だ。十九世紀後半から二十世紀初頭にかけて巻き起こった社会主義運動に対する欧州の対応がその後の歴史の行く末を決定づけたように、この難題をいかに対処するかによって世界の市場経済と民主主義政治の命運が左右されるだろう。

政府は過去に、国民の政治的・社会的権利を拡大し、市場を規制し、幅広い国民に所得移転と社会保険を提供する社会保障制度を構築し、マクロ経済の変動を均すことによって、カール・マルクスが予言した革命の脅威を鎮めた。各国の政府は資本主義をより包摂的なものにし、労働者にシステムの恩恵を受けさせるよう資本主義を再発明したのだ。

今日のテクノロジー革命は、同程度のインパクトを有する資本主義の再発明を要求している。ロボット技術やバイオテクノロジー、デジタル技術などの分野において足元で花開いている発見や応用の潜在的な利益はすでに我々の生活の隅々に行き渡り、この目で簡単に見ることができる。さらに、多くの人は世界経済は新しいテクノロジーが爆発する新時代に突入していると信じている。問題は、そうした新しいテクノロジーの大半は労働力を節約する方向で作用するということだ。中低技能労働者を、機械と非常に技能の高い労働者に置き換えるのだ。

もちろん、容易には自動化できない単純作業の一部は残る。ありきたりな例を挙げれば、清掃作業員は――少なくとも今のところは――ロボットでは代替できない。ただ、技術革新の影響から全くの無傷でいられる仕事はほとんどない。清掃作業員の例えを引き続き使わせてもらうと、職場がデジタル化し、会社の運営のために必要な労働者の数が少なくなると、片付ける必要のある人が出したゴミの量も少なくなる。

ロボットと機械が人間の仕事をする世界というのは、必ずしも多くの失業が発生する世界である必要はない。ただ、生産性の改善によってもたらされる利益の大半が、新たなテクノロジーとそれが組み込まれた機械の所有者のものになる世界であることは間違いない。労働者の大半は職を失うか、低賃金に喘ぐ運命にあるのだ。

実際、先進国ではこのような変化が少なくとも過去四十年間続いている。スキルと資本集約型のテクノロジーが、一九七〇年代以降の格差拡大をもたらした最大の戦犯だ。あらゆる兆候から判断して、このトレンドは今後も続く可能性が高く、過去に先例のない水準の格差の拡大をもたらし、深刻な社会的・政治的対立を生み出す恐れがある。

ただ、必ずしもそうなると決まったわけではない。創造力を駆使し、優れた制度を構築できれば、我々は資本主義を――再び――窮地から救い出すことができる。

大切なことは、破壊的な新テクノロジーは社会全体に大きな利益をもたらすと同時に、一部の個人に対しては損失をもたらすということを認識しておくことだ。国民全員に利益が行き渡るよう、新しいテクノロジーがもたらす利益と損失を国民の間で配分し直せばいいのだ。過去に資本主義を再発明したときのように、今回も政府が果たすべき役割は大きい。

新しいテクノロジーがいかにして開発されるのかを考えてみよう。個々の潜在的なイノベーターには大きなアップサイド〔儲かる可能性〕があるものの、彼らは同時に大きなリスクも抱える。イノベーションが成功すれば、イノベーターは巨額の利益を得て、社会全体も大きな利益を得ることになる。ただもし失敗すれば、イノベーターの命運は尽きてしまう。彼らが追い求めるあらゆる新しいアイデアの中で、商業的に成功に終わるのはほんの少しのアイデアだけだ。

新たなイノベーションの時代の黎明期には、こうしたリスクが特に高くなる。社会的に望ましい水準のイノベーションへの取り組みを実現させるには、無謀なアントレプレナー——進んで高いリスクを取る人々——か、もしくは十分な規模のリスク資本を得られることが求められる。

先進国の金融市場は多種多様なチャンネル——ベンチャー・ファンド、株式市場、プライベート・エクイティなど——を通してリスク資金を供給する。政府がもっと大きな規模でこうした役割を果たしてはならないという理屈はない。より多くの技術革新が可能になるだけではなく、利益を直接社会全体に還元できる。マリアナ・マッツカートが指摘するように、政府はすでに新しいテクノロジーの開発資金を供給する上で大きな役割を果たしている。[14] インターネットやアイフォンで利用されている重要なテクノロジーの多くは、政府が補助金を出した研究・開発プログラムと米国防総省のプロジェクトから派生したものだ。ただ通常は、政府は成功したテクノロジーの商業化には出資せず、利益はすべて企業や民間の資金提供者の懐に入る。

新しいテクノロジーの開発に政府がかかわることを擁護するさらにもっと大きな根拠がある。直接補助金を受けているかどうかにかかわらず、民間のイノベーションは広範囲にわたる政府の支え——高速道路などの公共インフラ、公教育や大学、知的財産ルール、契約を履行させる法制度、マクロ経済や金融の安定など——に依存している。シリコンバレーにいる最も賢い人々を南スーダンで働かせても、シリコンバレーにいる時ほど生産性は発揮できない——そしてお金持ちにもならない——だろう。

政府が専門家によって運営される複数の政府系ベンチャー・ファンドを立ち上げ、様々な新しいテクノロジーに投資して、株式を保有することを想像してほしい。必要な資金は金融市場で債券を発行することで集められるだろう。これらのファンドは市場の原則に則って運営され、（特にポートフォリオ全体のリターンが一定の水準を下回ったとき）政治権力者に定期的に運用状況を報告しなければならないが、それ以外の面では自由な裁量が与えられる。

政府系ベンチャー・キャピタルの正しい制度を設計するのは難しい作業になるかもしれない。そうしたファンドが日々の政治圧力から独立して運営されるモデルとして、中央銀行が参考になるだろう。社会全体がエージェント——政府——を通して、新たな時代のテクノロジーと機械の共同所有者になる。新しいテクノロジーの商業化に伴う利益の政府系ベンチャー・ファンドの取り分は、社会的イノベーション配当という形で一般国民に還元されることになる。この収入は労働市場から得る労働者の所得を補完する役割を果たす。また、労働者は労働時間を短縮できるようになるだろう——最終的にはテクノロジーの進歩によって、個人が「朝は狩りをし、昼は釣りをし、夕方は家畜を育て、夕食後には批評する」というマルクスが夢見た社会に近づくのだ。

福祉国家は二十世紀において資本主義を民主化したイノベーションだった。二十一世紀には同じように、「イノベーション国家」への移行が求められている。福祉国家の唯一の弱点は、重い税負担が求められるにもかかわらず、それを補完する形でイノベーションを生み出す開発能力への投資を誘発しないということだ。イノベーション国家ではこれまで説明したような形で、国民の間の公平性とイノベーションに対するインセンティブを両立できるのだ。

民主主義を再考する

欧米先進国からその他の地域へ民主主義の規範がグローバルに拡大したことは、おそらくグローバリゼーションがもたらした最大の恩恵だった。ただ、民主主義ではすべてがうまくいくわけではない。今日の民主国家の政府のパフォーマンスは不調で、この先どうなるのかも非常に不確実だ。先進国では、成長と社会的包摂を実現する効果的な経済政策を運営する政府の能力のなさに対して、不満が渦巻いている。発展途上国における新たな民主国家では、市民的自由や政治的自由を守ることができないことが、新たな不満の種になっている。

真の民主主義、多数者支配とマイノリティの権利の尊重を併せ持った民主主義には二つの制度が必要とされる。一つは、政党や議会、選挙のルールなど、国民の選好を引き出して、それを政策によって実行に移す代表の制度。もう一つは、言論の自由など基本的な権利を擁護し、政府による権力の乱用を防ぐ司法制度やメディアなど抑制の制度だ。法の支配のない選挙は、まさに多数者の専制の温床となる。

この意味での民主主義——一般的には「自由民主主義」と呼ばれる——は、国民国家の誕生と産業革命がもたらす大衆の動員と激動を経て初めて花開くものだ。つまり、古くからの民主国家における民主主義の危機は、国民国家が経験しているストレスの大きさを反映していると言っても驚くべきことではないはずだ。

国民国家に対する攻撃は下と上、両方向から来る。経済のグローバリゼーションの力は国家の経済政策の手段の効き目を弱くし、所得移転と所得の再分配を通じた伝統的な社会的包摂のメカニズムを綻ばせた。政策立案者は大衆の要求に応えられない自分たちを正当化するために、グローバル経済からの競争圧力（本物もあれば、空想のものもある）という言い訳を隠れ蓑に使っている。また、財政緊縮策など国民に不人気な政策を実行しなければならないときも、全く同じ圧力を言い訳として使っている。その結果、欧州における過激主義グループやドナルド・トランプのようなポピュリストの政治家が台頭したのだ。

同時に、〔スペインの〕カタルーニャや〔英国の〕スコットランドなどにおける地域の独立運動が、現状の国民国家のあり方の正統性に異議を申し立て、国民国家の解体を求めている。中央政府は国民を代表し過ぎていようがし足りなかろうが、代表の危機に直面しているのだ。

多くの発展途上国でうまく機能していないのは、抑制の制度だ。投票箱を通じて権力の座についた政府は腐敗し、権力に対して貪欲になるケースが少なくない。自分たちが引きずり降ろしたエリート主義の体制の慣習をそのまま模倣し、マスメディアや市民の自由を取り締まり、司法制度を骨抜きにする（もしくは掌握する）。「非自由主義的民主主義」、もしくは「競争的権威主義」と呼ばれる体制だ。[15] ベネズエラやトルコ、エジプト、タイなどが近年ではよく知られているケースだ。

民主主義が経済的、もしくは政治的に期待に沿う成果を上げなければ、多くの国民が権威主義的な解決法にすがるようになるのはおそらく驚くべきことではない。「大衆の愚」から隔絶するために、経済政策をテクノクラート的な組織に委ねるのは多くの経済学者が好むアプローチだ。独立した中央銀行と財政ルールを有するＥＵはすでにこの方針をかなり推し進めてきている。インドではビジネスマンが中国を羨望の眼差しで眺め、自国の指導者たちも改革の課題に取り組むために、同じくらい大胆に果断に――もっと独裁的に――振る舞えばいいのではないかと思っている。エジプトやタイなどの国では、軍事介入は選挙で選ばれたリーダーの無責任な行為を終わらせるために、一時的には必要なことだと見られている。

ところがこのような独裁的な対応は、結局は身を滅ぼすことになる。民主主義の後退をいっそう進めるからだ。欧州における経済政策には（より少なくではなく）より多くの民主的な正統性が必要だ。これは民主的な熟議や説明責任を欧州連合のレベルで大きく強化する、もしくは個々の加盟国の政策の自由裁量を高めることで成し遂げられる。つまり、欧州はさらに政治統合を進めるか、経済統合を後退させるかの岐路に立たされているのだ。決断を先送りにする限り、民主主義は弱体化するだろう。

発展途上国では、軍事介入が長期的に民主主義が発展する可能性を損なっている。軍事介入は民主主義的な「文化」――競合する市民グループの間の節度と妥協の習慣――の発展を阻害するものだからだ。軍が最終的な政治権力を握る限り、それぞれの市民グループは戦略の焦点をお互いではなく、軍に合わせるようになる。

効果的な抑制の制度というのは、一朝一夕で構築されるものではない。権力の座にいる者たちは、そうした制度を決して構築したがらないと思えるかもしれない。ただ、選挙で自分が権力の座から引きずり降ろされ、野党がその座につく可能性があれば、抑制の制度は明日は他人による酷使から我が身を守ってくれるものだ――まさに今日、私による酷使から他人の身を守ってくれているように。非自由主義的民主主義がやがて自由民主主義になるための一つの必要条件は、激しい政治競争がいつまでも繰り広げられることだ。

新しいテクノロジーとガバナンスの手法が、国民国家を中心とした民主主義を馬車のようにアルカイックな〔古めかしい〕ものにしていく中で、これらの問題すべてが解決すると楽観主義者は信じている。一方、グローバルな舞台で現実主義政治のルールに則って振る舞う中国やロシアのような非自由主義的国家が突きつける外からの挑戦との比較で、民主主義は徐々にその魅力を失うと悲観主義者は考えている。いずれにしても、民主主義が将来にわたって存続するためには、再びその活力を取り戻さなければならない。

第十二章　政治こそが重要なのだ、愚か者！

　ブレグジットやトランプの勝利などのショックを受けて世界が揺れ動く中、いまのグローバリゼーションのあり方が政治的にいかに足場が脆いものであるのかを過小評価していたことに、経済学者や政策立案者は気づき始めている。地域や国家のアイデンティティの復興、民主的な制御や説明責任の強化を求める声、中道派政党の拒絶、そしてエリートや専門家に対する不信など、このところ繰り広げられている大衆の反乱は多様でありつつも、各国で共通した形をとっているように見える。

　こうした反発は予測可能なものだった。市場の規制や安定化、正統化を担う制度の境界を越える経済のグローバリゼーションを推し進めると何が起こり得るのかに関して、私を含めて一部の経済学者は警告を発していた。過度な国際経済の統合は国家の解体につながるリスクがあると、私は二十年も前にすでに書いていた。[1] 実際、シームレスに統合された世界市場の創設を意図している貿易や金融の分野でのハイパーグローバリゼーションの推進は、国内社会を分断した。このグローバル化の時代の不安定と不平等に対して何らかの手立てを打とうとしない主流派の政治家の姿勢は、容易な解決策を携えているデマゴーグに政治的に付け入る隙を与えてしまう。二十年前でさえ、そうした展開は容易にわかることだった。当時を代表するデマゴーグはロス・ペロット、パトリック・ブキャナンであり、今日ではドナルド・トランプ、マリーヌ・ルペン、その他大勢だ。

左派の退場

最も驚いたことは、政治的な反応が大きく右に偏ったことだ。欧州では、大きな人気を集めたのはナショナリストや排外主義的なポピュリストであり、左派が台頭したのはギリシャやスペインなど限られた国だけだった。米国では右派のデマゴーグであるドナルド・トランプが共和党のエスタブリッシュメントを押しのけることに成功した一方、左派のバーニー・サンダースは中道派のヒラリー・クリントンの人気を上回ることができなかった。

出現している新たなエスタブリッシュメントが総意として認めざるを得ないように、グローバリゼーションはグローバル市場を活用できるスキルやリソースを持つ人々と、持たざる人々との間の階級区分を広げる作用を持っている。人種や民族、宗教に基づいたアイデンティティの分断とは対照的に、所得や階級による分断は伝統的に政治的左派を勢いづかせてきた。ではなぜ、左派はこれまでグローバリゼーションに対してしっかりとした政治的な挑戦を突きつけることができなかったのか？

一つの答えは、移民のインパクトが大きすぎるあまり、ほかのグローバリゼーションの「ショック」があまり目立ってこなかったということだ。全く異なる文化的伝統を持った移民や難民の大規模な流入が国民の間で脅威と受け取られ、アイデンティティの分断を広げた。まさに極右の政治家が利用する絶好の立場にいる状況変化だ。トランプやマリーヌ・ルペンといった右派の政治家が発する国家再建のメッセージが多くの反イスラム象徴主義で彩られているのは特段、驚くべきことではない。

ラテンアメリカの民主国家がわかりやすい比較対象になってくれる。これらの国々は移民ショックというよりは、概ね貿易ショック、対外投資ショックとしてグローバリゼーションを経験する。つまりグローバリゼーションがいわゆるワシントン・コンセンサスの政策や金融の自由化と同義語になるのだ。中東やアフリカからの移民の流入は限られており、政治的にはほとんど目立った問題ではない。つまり、ラテンアメリカ――ブラジル、ボリビア、エクアドル、そして最も問題が深刻なベネズエラ――におけるポピュリストの反発は、左派の形を取っている。

欧州で右派の復活に巻き込まれなかった代表国であるギリシャとスペインも似たような話だ。ギリシャにおいて主要な政治的断層を形成したのは、欧州機関とＩＭＦによって課された緊縮財政策だった。スペインでは最近まで、移民の大半は文化的に近いラテンアメリカ諸国から来ていた。いずれの国でも、ほかの国とは違って右派が力を蓄える温床がなかったのだ。

ただラテンアメリカと南欧の経験は、おそらく左派が抱えるより深刻な弱みを明らかにしている。彼らは二十一世紀に向けて資本主義とグローバリゼーションを再構築するための明確なプログラムを持っていないのだ。ギリシャの急進左派連合（ＳＹＲＩＺＡ）からブラジルの労働者党まで、左派は所得移転などの改善策を超えた、経済的に健全でかつ政治的に人気を集めるアイデアを考え出すことができなかった。

その責任の大半は、左派の経済学者とテクノクラートにある。そのようなプログラムを考え出すことに貢献するどころか、あまりにも容易に市場原理主義に主役の席を譲り、彼らの中心的な信条を受け入れた。さらに悪いことに、極めて重要な時期にハイパーグローバリゼーション運動を主導したのも彼らだった。

おそらくここ数十年間のグローバル経済の命運を最も大きく左右することになった決断は、自由な資本移動――特に短期の移動――を主要な国際機関（ＥＵやＯＥＣＤ、ＩＭＦ）の政策ノルマに加えたことだ。ラウィ・アブデラルが明らかにしたように、一九八〇年代後半と一九九〇年代前半には自由市場イデオロギーの信奉者ではなく、フランスの社会党と緊密に連携していた（欧州委員会の）ジャック・ドロールや（OECDの）ヘンリー・シャブランスキといったフランスのテクノクラートがその取り組みの陣頭指揮を執っていた。[2]同様に米国でも、金融の規制緩和を主導したのはケインジアン寄りで民主党との関係が深かったローレンス・サマーズなどのテクノクラートだった。

フランスの社会党のテクノクラートは、一九八〇年代初頭のミッテラン大統領のケインズ主義の実験の失敗を受けて、政府による国内の経済運営はもはや不可能であり、金融のグローバル化に代わる道はないと結論づけたようだ。でき得る最善のことはドイツや米国などの強国が自分たちのルールを押し付けるのを黙認せずに、欧州全体のルールやグローバルなルールを策定することだというわけだ。

明るいニュースは、今では左派の知の空白は埋められ、「代替策はない」という横暴を信じる理由はもはやない。左派の政治家は経済学の「立派な」学術的援護を日に日に頼ることができるようになっている。

いくつかの例を見てみよう。アナット・アドマティとサイモン・ジョンソンは抜本的な銀行業の改革を主張し、同業界が抱える「大きすぎて潰せない」という問題が起こるのを防ぐような中身となっている。トマ・ピケティとトニー・アトキンソンは、国内の格差に対応するためのありとあらゆる政策を提案した。その中には、資産課税や技術革新をより労働者に優しいものにするためのルールなどが含まれている。マリアナ・マッツカートとハジュン・チャンが書いた論文では、社会的包摂を考慮したイノベーションを促進するために公的部門が果たせる役割について、洞察力に満ちた提案がなされている。ブラッド・デ・ロングとジェフリー・サックス、ローレンス・サマーズ（金融の規制緩和を主導したのと同じサマーズだ！）の三人は、インフラやグリーン・エコノミーに対する長期的な公共投資を支持する主張を展開した。ジョセフ・スティグリッツとホセ・アントニオ・オカンポは、発展途上国の影響力を高めるためにどのようにグローバル経済を改革すべきかを提案しており、本書の提案を補足する中身となっている。左派から計画的な経済対策を策定するための十分な中身が今ではそろっているのだ。(3)

右派と左派との間には決定的な違いがある。右派は社会における分断――「我々」対「彼ら」――の拡大を栄養源にして成長する。一方で、左派はそうした分断の間の橋渡しをする改革を通じて、分断を克服する(成功した場合の話だが)。ここでパラドクスが生じる。つまり、左派を発信源とした過去の改革の波――ケインズ主義、社会民主主義、福祉国家――は資本主義を窮地から救ったと同時に、実質的に自分たちを社会にとって不要なものにしてしまった。ただ左派が新たな対応策を発信しなければ、ポピュリストや極右グループが勢いを増すための大きな隙が残ることになる。彼らが――いつもそうしてきたように――世界をさらなる分断とさらに頻繁な争いへと導くことになるのだ。

怒りの政治

歴史は繰り返さないが、それでも歴史の教訓は重要だ。第一次世界大戦の数十年前がそのピークだったグローバリゼーションの第一時代は、最終的には今よりも深刻な政治的反発をもたらしたことを忘れてはならない。

ジェフリー・フリードマンによると、金本位制の最盛期には主流派の政治家や官僚は国際的な経済連携を優先していたため、社会改革と国家のアイデンティティを後回しにしなければならなかった。(4)戦間期には、そうした政府のやり方に対して国内の対応は二つに分かれたが、いずれも破滅的なものだった。社会主義者と共産主義者は社会改革を選択し、ファシストは国家の再興を選んだ。いずれの道もグローバリゼーションから距離を置き、経済的な閉塞（もしくはさらに悪い方向）へと突き進むものだった。

今回の反発は、おそらくそこまで極端な状況には至らないだろう。グレート・リセッションとユーロ危機に伴う経済の混乱は大きな被害をもたらしたが、世界恐慌に比べるとそこまで深刻なものではなかった。先進国の民主国家は失業保険、退職年金、家族手当などの形で広範囲に及ぶ社会のセーフティネットを構築し、（近年は後退しているものの）今でも維持している。また、世界経済には第二次世界大戦前には存在していなかった大きな役割を果たせる国際機関――ＩＭＦやＷＴＯなど――も待機している。グローバルな規模のバリューチェーンが構築されたことで、経済の統合の継続を求める強力な財界のロビー活動はしっかりと確立され、ドナルド・トランプのような本能的な保護主義者ですらその壁を打ち破るのは難しいだろう。大事なことを言い忘れていたが、ファシズムや共産主義などの真の過激主義的な政治運動はすでに国民からの信頼を概ね失っている。

それでも、ハイパーグローバル化した経済と社会の結束との間の衝突はリアルなものであり、その衝突を無視している主流派の政治エリートは大きな危険を冒している。財やサービス、資本の市場が国際化したことで、そうした国際化を活用できるコスモポリタンで専門性があり、かつスキルのあるグループとそうではない人々との間に鋭い楔が打ち込まれている。その過程において、二つの異なる種類の政治的分断がその溝を深めている。国籍や民族、宗教を軸としたアイデンティティによる分断と社会階級を軸とした所得による分断だ。ポピュリストはいずれかの分断を利用することで人気を集めているのだ。トランプなど右派のポピュリストはアイデンティティの政治を繰り広げている。バーニー・サンダースなど左派のポピュリストは富裕層と貧困層との間の分断を重視している。

いずれのケースにおいても、怒りの矛先となる明確な「他者」の存在がある。家計をやりくりするだけでも精一杯？　あなたの仕事を奪ってきたのは中国人です。犯罪に腹を立てている？　ギャングの抗争を米国に持ち込んでいるのはメキシコ人などの移民です。テロリズム？　もちろんイスラム教徒が原因です。政治の腐敗？　大手銀行が我々の政治の資金源になっているこの時代に何を期待しているのですか？　主流派の政治エリートとは違い、ポピュリストは大衆の病理の原因となる容疑者をすぐに名指しできるのだ。

もちろん、この間ずっと政権の舵取りをしてきただけに、エスタブリッシュメントの政治家は面目を失っている。彼らの中心的なナラティブからは無為や無力の心情が見え隠れし、彼らはそれに縛られて身動きが取れなくなっている。彼らのナラティブは、賃金の低迷と格差の拡大を制御不能なテクノロジーの力の責任にし、グローバリゼーションとそれを支えるルールを変えられない不可避なものとして捉えているのだ。そのナラティブが提供する教育やスキルへの投資といった処方箋も、即効的な効き目はほとんど見込まれず、せいぜい実を結ぶのはこれから数年後だ。

実際、今の世界経済の形は各国の政府が過去に下してきた明確な決断が生み出したものだと言える。GATTでは立ち止まらず、さらに野心的――で介入的――なWTOを創設するというのがその決断の一つだった。同様に、我々がTPPやTTIPなどの巨大な貿易協定を締結するのかどうかが将来のそうした選択になる。

金融の規制緩和をし、国境を越えた資本移動の完全な自由化を目指したのも政府の選択だった。そして同じように、大規模な世界金融危機を経験したにもかかわらず、これらの政策にほとんど手を加えないと決めたのも政府の選択だ。故アンソニー・アトキンソンが不平等を題材とした彼の名著で改めて気づかせてくれたように、テクノロジーの変化さえも政府機関の影響を免れない。テクノロジーの変化の方向性に影響を与え、テクノロジーの変化が雇用の拡大や公平性の改善をきちんともたらす

よう、政策立案者は様々な手を打つことができるのだ。(5)

ポピュリストの魅力は、排除された人々の怒りを代弁してくれることだ。そして具体的な解決策(国民を間違った方向に導き、危険であることも少なくないが)と壮大なナラティブを提供してくれる。主流派の政治家も希望を与えてくれるまっとうな解決策を提示しない限り、失地を回復することはできないだろう。テクノロジーや拡大を続けるグローバリゼーションをもはや言い訳にするべきではない。勇気を持って、国内とグローバル経済の運営のあり方を抜本的に改革するよう突き進むべきだ。

グローバリゼーションが暴走することの危険性が歴史から学べる教訓の一つであれば、資本主義の可鍛性はもう一つの教訓だ。最終的に市場志向の社会に新しい息吹を吹き込んで戦後の好況を実現したのは、ニューディール政策であり社会保障制度であり(ブレトンウッズ体制の下で)管理されたグローバリゼーションだった。これらの偉業をもたらしたのは抜本的な新しい制度の構築であり、既存の政策をいじくりまわしたり、微修正することでは決してなかった。より大胆でより壮大なアイデアがなければ、現在のコンセンサスによって生み出された良いもの——特に自由で民主的な秩序——が、その行き過ぎから来る反発によって台無しになる事態に直面する可能性すらあるのだ。

あらゆる党派の政治家にぜひ留意してもらいたい。

謝辞

オリジナルの原稿を本書のために利用することを許可してくれた各出版社にまず感謝を申し上げたい。ケネス・マーフィーには特に心から感謝を伝えたい。彼はプロジェクト・シンジケート（ＰＳ）の編集長として、私が本書のために利用させてもらったＰＳのコラムを編集し、その作業の過程で大きく中身を改良してくれた。

ワイリー・エージェンシーのアンドリュー・ワイリーとジャクリーン・コーの二人は、原稿の方向性を正しい方向に巧みに効率よく導いてくれた。プリンストン大学出版のジョー・ジャクソンは模範と言える編集者だった。彼は私が当初予定していたよりも原稿に手を加えるよう優しく煽動してくれた——私は彼がそうしてくれたことに感謝している。彼の努力と提案によって、本書はより良いものに仕上がった。ケネディ・スクールの私の助手であるジェシカ・ド・シモーヌには、計り知れないほど原稿の準備作業を手助けしてもらった。

私はハーヴァード・ケネディ・スクールのような刺激的な環境に身を置けて本当に幸運に思っている。学生は常に活力を与えてくれ、教授陣のおかげで私は常に気を抜かないでいられる。ケネディ・スクールの前学部長であるデイヴィット・エルウッドには特別な感謝の言葉を伝えたい。私をケネディ・スクールに復帰させることを諦めず、それが実現したのは彼のおかげだった。

いつものように、一番恩義を感じているのは妻のプナルだ。いつもどういうわけか一番よくわかっているのが彼女だ。

訳者あとがき

本書はDani Rodrik, *Straight Talk on Trade*, 2017の全訳である。著者は言わずと知れた世界を代表するグローバリゼーションの論客であり、本書を手にしている読者の中にも代表作『グローバリゼーション・パラドクス（*The Globalization Paradox*）』（柴山桂太・大川良文訳、白水社、二〇一三年）を既に読んでいる方が少なくないだろう。本書はここ数年の間に起きた国際社会の大きな変化を踏まえながら、国際貿易を中心に著者の考察をさらに拡張・深化させた内容となっている。

近年の国際社会における最大の事件は、なんと言っても米国におけるトランプ政権の誕生だろう。トランプ大統領は経済のグローバル化、つまり輸入拡大や生産拠点の国外移転、移民流入などによる被害を受けた国内の労働者の不満を巧みにすくい上げることで支持基盤を拡大し、選挙において事前の予想を覆す歴史的な勝利を収めた。つまりトランプ政権の誕生自体が、一九八〇年代以降に加速した経済のグローバル化に対する大衆の反発の大きさを物語る現象の一つと解釈することができる。

結果的には、デマゴーグを体現するトランプ大統領のような人物が支持を集めてしまうほど、米国社会は既存のグローバル化の流れに対して不満を溜め込んでいたと言うことができる。違う視点から見ると、過去の政権は大衆のそうした不満にきちんと向き合わず、誠実に対処してこなかったということだ。著者はかねてからグローバリゼーションと国内政治（有権者）が対立した場合、「最後に勝つのは政治の方だ」と言っていた。トランプ政権の誕生をグローバリゼーションの進展に対する有権者の拒絶と捉えると、まさに著者の予言が的中したのだ。

もちろん、既存のグローバリゼーションの流れを見直そうという国民レベルの動きは米国だけにはとどまらない。欧州連合（EU）からの離脱を決めた英国は、国民投票という民意によってEUの権限拡大と移民の流入にノーを突きつけた。フランスの各地に広がっている黄色ベスト運動も、グローバル化の波に取り残された中間層が鬱積した不満と怒りを吐き出しているという見方ができる。

二〇一九年一月の英誌エコノミストの表紙には、「slowbalisation」という言葉が踊った。文字通り、グローバリゼーションの減速を意味する造語だ。過去三十年間、拡大を続けていたモノと資本の国境をまたいだ移動が減速し始めていることが多くの指標にすでに現れており、グローバリゼーションが逆回転を始めているという内容の特集が組まれている。グローバリゼーションを数十年スパンの大きなうねりとして捉えると、時代はすでに後退期に突入している可能性があるのだ。

トランプ政権の誕生は（自由貿易をいたずらに擁護した）経済学者に責任があるのか？　本書は冒頭でそう問いかけている。著者はそれ自体は否定しているものの、経済学者が経済学の教えにもっと忠実であれば、公の議論や政策立案の場でもっとポジティブな影響力を持つことができ、いまのような国民からの過剰な反発を回避できたはずだという問題意識を持っている。

貿易が両国の経済にとってプラスであるというのは経済学者のコンセンサスだ。自由貿易に反対の立場を取る経済学者はいない。ただ国際貿易の理論をつぶさに見ると、自由貿易が国民全体の厚生を高めるには様々な前提条件を満たさなければならず、所得の再分配効果もあるため受益者（輸出企業など）の利益を被害者（失業者など）に還元する仕組みが必要であることもきちんと示唆されている。ところが経済学者は公の場ではそうしたまわりくどい説明を避け、自由貿易の美点だけを強調する傾向にあった。貿易の負の側面を含めた丁寧な説明を疎かにしたことで誤解が生まれやすい土壌が敷かれ、性急な自由貿易の拡大を助長することにもなり、国民からの過剰な反発を招いてしまったというわけだ。

世界の二大経済大国である米国と中国の間の貿易戦争は、世界経済やマーケットを揺るがす事態にまで発展している。一見すると、トランプ政権による国益重視の行き過ぎた対応に見えなくもないが、必ずしも米国の自国中心主義では片付けられない背景があった。本書によると、中国の対米貿易赤字が米国経済に大きな負の影響をもたらしていることは、実証研究でも裏付けられていたという。中国の輸出拡大によって米国では非常に大きな調整コストと富の分配への影響がもたらされたことは立証されており、一部の産業では十年以上も雇用が低迷して失業率が高止まりした一方、他の産業ではその失業を相殺する雇用の拡大が見られなかったというのだ。

また、中国との貿易には公正にかかわる問題もあった。中国は米国の貿易赤字のおよそ半分を占めるが、トランプ政権は補助金を使った輸出促進や意図的な通貨安政策など中国政府による不公正な貿易慣行が背景にあると訴えている。著者の言葉を借りれば、「グローバリゼーションに反発する国民心理の根っこには、こうした不公平な貿易に対しての懸念がある」(二六一頁)のだ。トランプ大統領は中国やメキシコとの貿易に対して国民が感じている不公平感をきちんと見抜き、それを巧みに利用しているというわけだ。

興味深いのは、著者が現状を自由主義と重商主義の対立という構図で捉えているということだ。自由主義的アプローチのロジックでは、貿易に伴う経済的利益は輸入から生じる。仮に貿易赤字に陥り、国内企業の利益や雇用にマイナスの影響があったとしても、輸入品が安ければ消費者の利益が拡大することになるため歓迎すべきだという、経済学者が自由貿易を擁護する際に用いるロジックだ。一方、重商主義は貿易を国内の生産と雇用を支える手段とみなし、輸入よりも輸出の促進を好むという。

著者によると、これまでは米英を中心とした自由主義陣営と中国を中心とした重商主義陣営が世界経済でお互いに共存できた時代だった。ただ、欧米諸国における格差の拡大や中間層の苦境によって、自由主義は深い傷を負ってしまった。先進国において雇用がより重視されるようになったことで、自由主義陣営と重商主義陣営との間には緊張関係が生まれるというのだ。先進国においても重商主義の圧力は強まることが予想され、それは自由主義陣営の中心だった米国が重商主義に改宗しようとしていることからもよくわかる。外交によって力づくで貿易赤字を解消しようとしているトランプ政権の手法は、まさに重商主義路線そのものだ。

先進国を中心に、グローバリゼーションの進展には明確な拒否反応が広がっている。それでは今後、グローバリゼーションはどういった方向に行き着くべきなのか。著者が提示する答えは、国内の民主主義をより重視した、緩やかなグローバリゼーションだ。

グローバリゼーションを擁護するエリートの間では、敗者への補償とグローバル・ガバナンスの強化によって問題を克服しようという考え方が根強いものの、著者はそうしたやり方はうまくいかないと一蹴している。国民の間の民主的熟議を軽視し、国際機関の職員や官僚などのテクノクラートに解決を委ねてしまうと、現在のように民主主義の機能不全とポピュリストの台頭につながるという問題意識を持っているからだ。また、グローバル・ガバナンスの強化は国際機関の権限の強化につながるが、国際機関は容易に特定の利益（輸出を拡大したい多国籍企業、特許を守りたい大手製薬業者など）に利用されるという。

英国の経済学者ジョン・メイナード・ケインズは、資本主義には国家による経済運営が必要であることを認識していた。「資本主義は一国の中でのみうまく機能するものであり、国同士の経済交流は国内の社会的、経済的契約を過度に侵害しないよう規制しなければならない」（六五頁）。著者のグローバリゼーションに対するスタンスは、この一言に集約される。各国の状況の多様性と政策の自由裁量を求める需要を認識した緩やかなルールこそが現実的なアプローチであり、国内の民主的手続きにより大きな権限を与えれば、グローバリゼーションの効率性と正統性を高めることができると著者は訴えている。

本書は国際貿易以外にも、幅広いテーマ——金融のグローバル化、発展途上国の経済発展、ユーロ圏の問題など——を扱っており、政治学と経済学の立場からいまの世の中を解読する上で格好の良書となっている。いずれの分野にも共通するのは、経済学者が経済学の知見を正しく生かせておらず、結果的に自分たちや経済学の信用を貶める結果を招いているということだ。そのあたりの議論については、『エコノミクス・ルール——憂鬱な科学の功罪（*Economics Eules: The Rights and Wrongs of Dismal Science*）』（柴山桂太・大川良文訳、白水社、二〇一八年）にも詳しく書かれているので、ぜひ読者には手に取っていただきたい。また、国際貿易に特に関心を持たれている読者は、第一章、二章、五章、九章、十章を重点的に読んでいただきたい。

最後に、本書は白水社の竹園公一朗氏の強い熱意に促されて、私が翻訳する運びとなった。竹園氏には企画から校閲に至るまで、すべての作業でお世話になった。改めて感謝申し上げたい。

二〇一九年二月

岩本正明

白水社の本

■スコット・A・シェーン　谷口功一、中野剛志、柴山桂太 訳
[新版]〈起業〉という幻想
アメリカン・ドリームの現実

失業率やGDPはじめ各種統計から浮かび上がる起業大国アメリカの実像。

■根井雅弘
ケインズを読み直す
入門 現代経済思想

当代を代表する経済学史家が初歩からケインズを解説する入門書。経済学入門の決定版。

■根井雅弘
ガルブレイス
異端派経済学者の肖像

経済危機の深まりと没後十年で再注目。新概念で資本主義の本質に迫ろうとした異端派の肖像。

■ジョン・K・ガルブレイス　新川健三郎 訳
アメリカの資本主義

巨大かつ強力な市場支配にいかに対峙すべきか？　異端派経済学者の輝やける出発点。

■ダニ・ロドリック　柴山桂太、大川良文 訳
エコノミクス・ルール
憂鬱な科学の功罪

あらゆる学説をモデルと捉え、経済学とは何かを明解に説いた経済学入門の決定版。

■ダニ・ロドリック　柴山桂太、大川良文 訳
グローバリゼーション・パラドクス
世界経済の未来を決める三つの道

世界的権威が診断する資本主義の過去・現在・未来。

■ジョージ・ボージャス　岩本正明 訳
移民の政治経済学

労働市場に与えるインパクトから財政への影響まで、移民をめぐる通説を根底から覆す記念碑。

■ジョン・プレンダー　岩本正明 訳
金融危機はまた起こる
歴史に学ぶ資本主義

英フィナンシャル・タイムズ紙の名物コラムニストが語る資本主義の過去・現在・未来！

訳者略歴

岩本正明（いわもと・まさあき）
一九七九年生まれ。大阪大学経済学部卒業後、時事通信社に入社。経済部を経て、ニューヨーク州立大院で経済学修士号を取得。通信社ブルームバーグに転じて独立。訳書にプレンダー『金融危機はまた起こる』、ボージャス『移民の政治経済学』（以上、白水社）、アーノルド『ウォーレン・バフェットはこうして最初の1億ドルを稼いだ』（ダイヤモンド社）。

貿易戦争の政治経済学
資本主義を再構築する

二〇一九年四月一〇日 第一刷発行
二〇二〇年一月一五日 第二刷発行

著者 ダニ・ロドリック
訳者© 岩本正明
発行者 及川直志
印刷所 株式会社三陽社
発行所 株式会社白水社

東京都千代田区神田小川町三の二四
電話 営業部〇三（三二九一）七八一一
　　 編集部〇三（三二九一）七八二一
振替 〇〇一九〇・五・三三二二八
郵便番号 一〇一・〇〇五二
www.hakusuisha.co.jp

乱丁・落丁本は、送料小社負担にてお取り替えいたします。

誠製本株式会社

ISBN978-4-560-09688-8

Printed in Japan

索 引

さ行

た行

な行

は行

ま行

ら行

註

第一章　より良いバランスを取り戻す

(1)　NAFTA については以下参照。Shushanik Hakobyan and John McLaren, "Looking for Local Labor-Market Effects of NAFTA," *Review of Economics and Statistics*, vol. 98(4), October 2016: 728–741. 中国の貿易が与えた影響については以下参照。David H. Autor, David Dorn, and Gordon H. Hanson, "The China Shock: Learning from Labor-Market Adjustment to Large Changes in Trade," *Annual Review of Economics*, vol. 8, October 2016: 205–240. ハコビアンとマクラーレンは、NAFTA によって最も影響を受けた産業における賃金上昇率が、ほかの産業との相対比で 17 ポイント低下したことを突き止めた。オーターおよびその他の研究者は、最も被害の大きかったグループでは賃金と雇用の面で大きな影響が継続した一方、ほかのグループではそれらの面でプラスの影響は特に見られなかったことを立証している。

(2)　あらゆる現代の貿易理論を駆使した近年の学術研究によると、NAFTA は米国の「厚生」を合計で〇・〇八パーセント改善させたと推計されている。貿易量に与えた影響の方がずいぶん大きく、米国のメキシコからの輸入量は二倍になった。(Lorenzo Caliendo and Fernando Parro, "Estimates of the Trade and Welfare Effects of NAFTA," *Review of Economic Studies*, vol. 82(1), 2015: 1–44.) 同様に興味深いことは、このわずかな〇・〇八パーセントという米国の利益の半分が効率性の改善ではなく、交易条件の改善によってもたらされた。つまり、カリエンドとパルロは米国が輸入する商品の世界価格が輸出する商品との相対比較で下落したと推定している。これは効率性の改善ではなく（主にメキシコやカナダなど）他国からの所得移転であり、利益は他国を犠牲にして得られたものにすぎないのだ。

(3)　Christina Starmans, Mark Sheskin, and Paul Bloom, "Why People Prefer Unequal Societies," *Nature: Human Behaviour*, vol. 1, April 2017: 82.

(4)　Zack Beauchamp, "If You're Poor in Another Country, This Is the Scariest Thing Bernie Sanders Has Said," *Vox*, April 5, 2016, http://www.vox.com/2016/3/1/11139718/bernie-sanders-trade-global-poverty.

(5)　Dani Rodrik, "Growth Strategies," in *Handbook of Economic Growth*, P. Aghion and S. Durlauf, eds., vol. 1A, North-Holland, 2005: 967–1014.

(6)　Dani Rodrik, "Mexico's Growth Problem," *Project Syndicate*, November 13, 2014,

https://www.project-syndicate.org/commentary/mexico-growth-problem-by-dani-rodrik-2014-11?barrier=accessreg.

(7) Dani Rodrik, *The Globalization Paradox: Democracy and the Future of the World Economy*, W. W. Norton, New York, 2011.

(8) 「世界経済の政治的トリレンマ」については、以下において初めて論じた。Dani Rodrik, "How Far Will International Economic Integration Go?" *Journal of Economic Perspectives*, Winter 2000. また、拙著『グローバリゼーション・パラドクス』において歴史的な観点からこの概念を詳しく論じている。

(9) Jeffry A. Frieden, *Global Capitalism: Its Rise and Fall in the Twentieth Century*, W. W. Norton, New York, 2007.

(10) Dani Rodrik, "Premature Deindustrialization," *Journal of Economic Growth*, vol. 21, 2015: 1–33.

(11) Carl J. Green, "The New Protectionism," *Northwestern Journal of International Law & Business*, vol. 3, 1981: 1.

(12) John Gerard Ruggie, "International Regimes, Transactions, and Change: Embedded Liberalism in the Postwar Economic Order," *International Organization*, vol. 36(2), Spring 1982: 379–415.

(13) "IMF Sees Subdued Global Growth, Warns Economic Stagnation Could Fuel Protectionist Calls," IMF News, October 4, 2016, http://www.imf.org/en/News/Articles/2016/10/03/AM2016-NA100416-WEO.

第二章　国家の仕組み

(1) John Rentoul, "Theresa May's conference speech: What she said... and what she really meant," *The Independent*, October 5, 2016, http://www.independent.co.uk/voices/theresa-may-conference-speech-what-she-said-what-she-meant-john-rentoul-a7346456.html; Roger Cohen, "Theresa May's 'Global Britain' Is Baloney," *New York Times*, January 20, 2017, https://www.nytimes.com/2017/01/20/opinion/theresa-mays-global-britain-is-baloney.html?_r=0; Bagehot, "May's revolutionary conservatism," *Economist*, October 8, 2016, http://www.economist.com/news/britain/21708223-britains-new-prime-minister-signals-new-illiberal-direction-country; Philip Murphy, "Theresa May's rejection of Enlightenment values," Letters Section, *The Guardian*, October 9, 2016, https://www.theguardian.com/politics/2016/oct/09/theresa-may-rejection-of-enlightenment-values.

(2) Leon Trotsky, "Nationalism and Economic Life," *Foreign Affairs*, vol. 12, 1933: 395.

(3) Peter Singer, *One World: The Ethics of Globalization*, Yale University Press, New Haven, CT, 2002, p. 12.

(4) Amartya Sen, *The Idea of Justice*, Harvard University Press, Cambridge, MA, 2009, p. 143.

(5) James A. Anderson and Eric van Wincoop, "Trade Costs," *Journal of Economic Literature*, vol. 42, 2004: 691–751.
(6) Stanley Hoffman, "Obstinate or Obsolete? The Fate of the Nation-State and the Case of Western Europe," *Daedalus*, vol. 95(3), 1966: 862–915.
(7) Raymond Vernon, "Sovereignty at Bay: The Multinational Spread of US Enterprises," *Thunderbird International Business Review*, vol. 13(4), 1971: 1–3.
(8) Dani Rodrik, "Is Global Equality the Enemy of National Equality?" HKS Working Paper, January 2017.
(9) François Bourguignon and Christian Morrisson, "Inequality Among World Citizens: 1820–1992," *American Economic Review*, vol. 92, 2002: 727–744.
(10) Charles Tilly, *Coercion, Capital, and European States, AD 990–1992*, Blackwell, Cambridge, MA, 1992; Ernest Gellner, *Nations and Nationalism*, Cornell University Press, Ithaca, New York, 1983; Steven Pinker, *The Better Angels of our Nature: Why Violence Has Declined*, Viking, New York, 2011; Elie Kedourie, *Nationalism*, 4th ed., Blackwell, New York, 1993; Benedict Anderson, *Imagined Communities: Reflections on the Origin and Spread of Nationalism*, revised ed., Verso, London, 2006.
(11) 引用は以下。Elie Kedourie, *Nationalism*, 7.
(12) John Agnew, "Putting Politics into Economic Geography," in *The Wiley-Blackwell Companion to Economic Geography*, T. J. Barnes, J. Peck, and E. Sheppard, eds., Wiley-Blackwell, Malden, MA, 2012.
(13) Dani Rodrik, *The Globalization Paradox: Democracy and the Future of the World Economy*, W. W. Norton, New York, 2011.
(14) Anne Marie Slaughter, *A New World Order*, Princeton University Press, Princeton, NJ, 2004.
(15) John Ruggie, "Reconstituting the Global Public Domain—Issues, Actors, and Practices," *European Journal of International Relations*, vol. 10, 2004: 499–531; Frederick Mayer and Gary Gereffi, "Regulation and Economic Globalization: Prospects and Limits of Private Governance," *Business and Politics*, vol. 12(3), 2010: 1–25.
(16) Joshua Cohen and Charles F. Sabel, "Global Democracy?" *International Law and Politics*, vol. 37, 2005: 779.
(17) Peter A. Hall and David Soskice, *Varieties of Capitalism: The Institutional Foundations of Comparative Advantage*, Oxford University Press, Oxford, UK, 2001.
(18) Roberto Mangabeira Unger, *Democracy Realized: The Progressive Alternative*, Verso, New York, 1998.
(19) Richard Freeman, "Labor Market Institutions Around the World," Discussion Paper No. 844, London School of Economics, Centre for Economic Performance, London, January 2008.
(20) Elie Kedourie, *Nationalism*, 46.
(21) Alexander Gerschenkron, *Economic Backwardness in Historical Perspective*, Belknap

Press of Harvard University Press, Cambridge, MA, 1962.

(22) Alberto Alesina and Enrico Spolaore, *The Size of Nations*, MIT Press, Cambridge, MA, 2003.

(23) Anne-Célia Disdier and Keith Head, "The Puzzling Persistence of the Distance Effect on Bilateral Trade," *Review of Economics and Statistics*, vol. 90(1), 2008: 37–48.

(24) Matias Berthelon and Caroline Freund, "On the Conservation of Distance in International Trade," *Journal of International Economics*, vol. 75(2), July 2008: 311.

(25) Keith Hampton, "Netville: Community on and Offline in a Wired Suburb," in *The Cybercities Reader*, S. Graham Routledge, ed., London, 2004: 256–262 以上に基づく以下の記述は、拙著『グローバリゼーション・パラドクス』から借用している。

(26) Bernardo S. Blum and Avi Goldfarb, "Does the Internet Defy the Law of Gravity?" *Journal of International Economics*, vol. 70(2), 2006: 384–405.

(27) Charles Duhigg and Keith Bradsher, "How the U.S. Lost Out on iPhone Work," *New York Times*, January 21, 2012, http://www.nytimes.com/2012/01/22/business/apple-america-and-a-squeezed-middle-class.html?pagewanted=all.

(28) Edward Leamer, "A Flat World, a Level Playing Field, a Small World After All, or None of the Above? A Review of Thomas L. Friedman's *The World is Flat*," *Journal of Economic Literature*, vol. 45(1), 2007: 83–126.

(29) Kevin Morgan, "The Exaggerated Death of Geography: Learning, Proximity, and Territorial Innovation Systems," *Journal of Economic Geography*, vol. 4, 2004: 3–21.

(30) Josiah Ober, "Wealthy Hellas," Presidential Address, Transactions of the American Philological Association, vol. 140, 2010: 241–286.

(31) Elie Kedourie, *Nationalism*, 47.

(32) Kelvin Lancaster, *Consumer Demand: A New Approach*, Columbia University Press, New York, 1971; Avinash K. Dixit and Joseph E. Stiglitz, "Monopolistic Competition and Optimum Product Diversity," *American Economic Review*, vol. 27, 1977: 217–238.

(33) Michael P. Devereux, Ben Lockwood, and Michela Redoano, "Do Countries Compete Over Corporate Tax Rates?" *Journal of Public Economics*, vol. 92(5), June 2008: 1210–1235. また、以下を参照。 S. M. Ali Abbas and Alexander Klemm, with Sukhmani Bedi and Junhyung Park, "A Partial Race to the Bottom: Corporate Tax Developments in Emerging and Developing Economies," IMF Working Paper WP/12/28, Washington, DC, January 2012, on developing economies.

(34) Dani Rodrik, "Is Global Equality the Enemy of National Equality?" HKS Working Paper, January 2017.

(35) "'Mrs. May, We Are All Citizens of the World,' Says Philosopher," BBC News, October 29, 2016.

第三章　欧州の苦闘

(1) Olivier Blanchard and Daniel Leigh, "Growth Forecast Errors and Fiscal Multipliers," IMF Working Paper, January 2013.
(2) Olivier Blanchard, "Greece: Past Critiques and the Path Forward," IMF Blog, July 9, 2015, https://blog-imfdirect.imf.org/2015/07/09/greece-past-critiques-and-the-path-forward/.
(3) Jan Babecký and Nauro F. Campos, "Does Reform Work? An Econometric Survey of the Reform-Growth Puzzle," *Journal of Comparative Economics*, vol. 39(2), 2011: 140–158. 類似した結果を得たより最近の研究としては、以下を参照してほしい。Pasquale Marco Marrazzo and Alessio Terzi, "Wide-Reaching Structural Reforms and Growth: A Cross-Country Synthetic Control Approach," unpublished paper, Harvard, CID, April 2017.
(4) Steven N. Durlauf, Paul A. Johnson, and Jonathan R. W. Temple, "Growth Econometrics," Working Paper no. 61, Vassar College Economics, October 2004, https://economics.vassar.edu/docs/working-papers/VCEWP61.pdf.
(5) Zsolt Darvars, "Is Greece Destined to Grow?" *Bruegel*, June 15, 2015, http://bruegel.org/2015/06/is-greece-destined-to-grow/.
(6) Ricardo Hausmann, Lant Pritchett, and Dani Rodrik, "Growth Accelerations," *Journal of Economic Growth*, vol. 10(4), 2005: 303–329.
(7) この議論は以下で展開されたもので、本段落の残りの内容もその論考に基づいている。Arvind Subramanian and Dani Rodrik, "From 'Hindu Growth' to Productivity Surge: The Mystery of the Indian Growth Transition," *IMF Staff Papers*, vol. 52(2), 2005.
(8) Ricardo Hausmann, Dani Rodrik, and Andrés Velasco, "Growth Diagnostics," in *The Washington Consensus Reconsidered: Towards a New Global Governance*, J. E. Stiglitz and N. Serra, eds., Oxford University Press, New York, 2008.
(9) Theodore Pelagidis, "Why Internal Devaluation is Not Leading to Export-Led Growth in Greece," *Brookings Online*, September 12, 2014, http://www.brookings.edu/blogs/up-front/posts/2014/09/12-internal-devaluation-export-growth-greece-pelagidis.
(10) "Pour l'économiste Thomas Piketty: Macron, c'est 'l'Europe d'hier'," *Le Point*, February 20, 2017, http://www.lepoint.fr/presidentielle/pour-l-economiste-thomas-piketty-macron-c-est-l-europe-d-hier-19-02-2017-2105950_3121.php#section-commentaires.
(11) "Emmanuel Macron proposes Nordic economic model for France," *Financial Times*, February 23, 2017, https://www.ft.com/content/3691a448-fa1d-11e6-9516-2d969e0d3b65.
(12) "Merkel rules out eased eurozone spending rules to help Macron," *Financial Times*, May 8, 2017, https://www.ft.com/content/2d3004a2-33ee-11e7-bce4-9023f8c0fd2e.

(13) "Macron calls for radical reform to save euro," *Financial Times*, September 24, 2015, https://www.ft.com/content/6d327720-62c5-11e5-a28b-50226830d644.

(14) Peter Foster, "Jean-Claude Juncker Faces Dissent Over EU's 'Five Pathways to Unity' Survival Blueprint after Brexit," *The Telegraph*, March 1, 2017, http://www.telegraph.co.uk/news/2017/02/28/jean-claude-juncker-faces-dissent-eu-survival-blueprint/.

第四章　仕事、産業化、民主主義

(1) Dani Rodrik, "Unconditional Convergence in Manufacturing," *Quarterly Journal of Economics*, vol. 128(1), February 2013: 165–204.

(2) Jaana Remes and Luis Rubio, "The Two Mexicos," *Project Syndicate*, April 1, 2014, https://www.project-syndicate.org/commentary/jaana-remes-and-luis-rubio-take-issue-with-flattering-headlines-heralding-a-new-emerging-market-success-story.

(3) Dani Rodrik, "Premature Deindustrialization," *Journal of Economic Growth*, vol. 21, November 2015: 1–33.

(4) James C. Scott, *Two Cheers for Anarchism*, Princeton University Press, Princeton, NJ, and Oxford, 2012: 91–92.

(5) Dani Rodrik, "Institutions for High-Quality Growth: What They Are and How to Acquire Them," *Studies in Comparative International Development*, vol. 35(3), Fall 2000.

(6) Dani Rodrik, *One Economics, Many Recipes*, Princeton University Press, Princeton, NJ, 2007.

(7) 民主主義が成長率の改善をもたらすことを示す証拠は一般的には弱いと考えられている。ただ、以下の論文は実際に民主主義が成長率を改善させることを示す説得力のある証拠を提示している。Daron Acemoglu, Suresh Naidu, Pascual Restrepo, and James A. Robinson, "Democracy Does Cause Growth," NBER Working Paper No. 20004, March 2014.

(8) Sharun Mukand and Dani Rodrik, "The Political Economy of Liberal Democracy," Harvard Kennedy School, March 2017, Figure 1.

(9) Larry Diamond, "Facing Up to the Democratic Recession," *Journal of Democracy*, vol. 26(1), January 2015: 141–155.

(10) Fareed Zakaria, "The Rise of Illiberal Democracy," *Foreign Affairs*, November/December 1997.

(11) Mukand and Rodrik, "Political Economy of Liberal Democracy."

(12) 例えば、以下参照 Carles Boix, *Democracy and Redistribution*, Cambridge University Press, New York, 2003; Daron Acemoglu and James A. Robinson, "Foundations of Societal Inequality," *Science*, vol. 326(5953), 2009: 678–679; and Ben W. Ansell and David J. Samuels, *Inequality and Democratization: An Elite-Competition Approach*, Cambridge University Press, 2014.

(13) T. H. Marshall, "Citizenship and Social Class," in Jeff Manza and Michael Sauder, eds., *Inequality and Society*, W. W. Norton, New York, 2009 [originally published in 1949].
(14) Richard J. Goldstone, "The South African Bill of Rights," *Texas International Law Journal*, vol. 32(3), Summer 1997.
(15) Edmund Fawcett, *Liberalism: The Life of an Idea*, Princeton University Press, Princeton, NJ, and London, 2014, p. 144.
(16) Gerhard Lehmbruch, "A Non-Competitive Pattern of Conflict Management in Liberal Democracies: The Case of Switzerland, Austria and Lebanon," International Political Science Association, Seventh World Congress, Brussels, September 18–23, 1967.
(17) *Report on Tunisia*, Freedom House, 2011, https://freedomhouse.org/report/freedom-world/2011/tunisia.
(18) Samuel P. Huntington, *Political Order in Changing Societies*, Yale University Press, New Haven, CT, 1968, p. 5.
(19) Lehmbruch, "Non-Competitive Pattern."
(20) Paul Collier, *Wars, Guns and Votes*, HarperCollins, New York, 2009, chapter 9.

第五章　経済学者と経済モデル

(1) これは拙著『エコノミクス・ルール：憂鬱な科学の功罪』のテーマでもある。
(2) Dani Rodrik, *The Globalization Paradox: Democracy and the Future of the World Economy*, W. W. Norton, New York, 2011.
(3) Peter A. Petri and Michael G. Plummer, "The Economic Effects of the Trans-Pacific Partnership: New Estimates," PIIE Working Paper 16-2, January 2016.
(4) Jeronim Capaldo and Alex Izurieta, with Jomo Kwame Sundaram, "Trading Down: Unemployment, Inequality and Other Risks of the Trans-Pacific Partnership Agreement," Global Development and Environment Institute Working Paper no. 16-01, Tufts University, Medford, MA, January 2016.
(5) *Market Access and Sectoral Issues*, in *Assessing the Trans-Pacific Partnership*, PIIE Briefing 16-1, vol. 1, February 2016: 3.
(6) David H. Autor, David Dorn, and Gordon H. Hanson, "The China Shock: Learning from Labor-Market Adjustment to Large Changes in Trade," *Annual Review of Economics*, vol. 8, 2016: 205–240.
(7) スティーヴ・ラットナーのピーターソン研究所における論評に対する反応を参照してほしい。Steven Rattner "What's Our Duty to the People Globalization Leaves Behind?" *New York Times*, Opinion Pages, January 26, 2016, https://www.nytimes.com/2016/01/26/opinion/whats-our-duty-to-the-people-globalization-leaves-behind.html?_r=2.
(8) Fabrice Defever and Alejandro Riaño, "China's Pure Exporter Subsidies," Centre for Economic Performance Discussion Paper No. 1182, London School of

Economics and Political Science, December 2012.

(9) 原論文は以下。Carmen M. Reinhart and Kenneth S. Rogoff, "Growth in the Time of Debt," NBER Working Paper No. 15639, January 2010.

(10) Thomas Herndon, Michael Ash, and Robert Pollin, "Does High Public Debt Consistently Stifle Economic Growth? A Critique of Reinhart and Rogoff," *Cambridge Journal of Economics*, vol. 38(2), 2014: 257–279.

(11) Alberto F. Alesina and Silvia Ardagna, "Large Changes in Fiscal Policy: Taxes Versus Spending," NBER Working Paper No. 15438, October 2009.

(12) ポール・クルーグマンは緊縮財政学派を一貫して批判してきた。アレシナ＝アーダーニャの論文をめぐる彼の論考である以下を参照してほしい。Paul Krugman, "Night of the Living Alesina," *New York Times*, Opinion Pages, March 13, 2013, https://krugman.blogs.nytimes.com/2013/03/13/night-of-the-living-alesina/.

第六章　経済学上のコンセンサスの危機

(1) Justin Wolfers, "What Debate? Economists Agree the Stimulus Lifted the Economy," *New York Times*, July 29, 2014, https://www.nytimes.com/2014/07/30/upshot/what-debate-economists-agree-the-stimulus-lifted-the-economy.html?_r=0.

(2) Greg Mankiw, "News Flash: Economists Agree," Greg Mankiw's Blog, February 14, 2009, http://gregmankiw.blogspot.com/2009/02/news-flash-economists-agree.html.

(3) Dani Rodrik, *One Economics, Many Recipes: Globalization, Institutions, and Economic Growth*, Princeton University Press, Princeton, NJ, and New York, 2007.

(4) Dani Rodrik, "Diagnostics Before Prescription," *Journal of Economic Perspectives*, vol. 24(3), Summer 2010: 33–44.

(5) Kaushik Basu, "Two Policy Prescription for the Global Crisis," *Project Syndicate*, April 23, 2013, https://www.project-syndicate.org/commentary/lessons-from-the-world-bank-imf-spring-meetings-by-kaushik-basu.

(6) Paul Krugman, "How Did Economists Get It So Wrong?" *New York Times*, September 2, 2009, http://www.nytimes.com/2009/09/06/magazine/06Economic-t.html.

(7) Paul Romer, "My Paper 'Mathiness in the Theory of Economic Growth,'" May 15, 2015, https://paulromer.net/mathiness/.

(8) Carol Tavris, "How Homo Economicus Went Extinct," *Wall Street Journal*, May 15, 2015, https://www.wsj.com/articles/how-homo-economicus-went-extinct-1431721255.

(9) Luigi Zingales, "Does Finance Benefit Society?" *Journal of Finance*, vol. 70(4), 2015: 1327–1363.

(10) Jorge Luis Borges, "On Exactitude in Science, A Universal History of Infamy," 1946.

(11) Rob Wile, "The Greatest Graduation Speech Ever Given Is This Bullet-Point List of 12 Economic Concepts," *Business Insider*, April 17, 2014, http://www.businessinsider.com/thomas-sargent-shortest-graduation-speech-2014-4.
(12) Jonathan D. Ostry, Andrew Berg, and Charalambos G. Tsangarides, "Redistribution, Inequality, and Growth," International Monetary Fund Discussion Note, February 2014.
(13) Nora Lustig, Luis F. Lopez-Calva, and Eduardo Ortiz-Juarez, "Deconstructing the Decline in Inequality in Latin America," Tulane Economics Working Paper Series, Working Paper 1314, April 2013.
(14) James Manyika, et al., *Digital America: A Tale of the Haves and Have-Mores*, McKinsey Global Institute Report, December 2015.
(15) Robert J. Gordon, *The Rise and Fall of American Growth: The U.S. Standard of Living since the Civil War*, Princeton University Press, Princeton, NJ, 2016.
(16) Tyler Cowen, "Economic Development in an 'Average is Over' World," Working Paper, April 8, 2016.
(17) Margaret McMillan, Dani Rodrik, and Íñigo Verduzco-Gallo, "Globalization, Structural Change, and Productivity Growth, with an Update on Africa," *World Development*, vol. 63, 2014: 11–32.
(18) Dietrich Vollrath, "More on Decomposing US Productivity Growth," Blog, May 11, 2016, https://growthecon.com/blog/More-Decomp/.
(19) Ricardo Hausmann, Dani Rodrik, and Andres Velasco, "Growth Diagnostics," in *The Washington Consensus Reconsidered: Towards a New Global Governance*, J. Stiglitz and N. Serra, eds., Oxford University Press, New York, 2008.
(20) Isaiah Berlin, *The Hedgehog and the Fox: An Essay on Tolstoy's View of History*, Weidenfeld & Nicolson, London, 1953.
(21) Daniel Drezner, *The Ideas Industry*, Oxford University Press, New York, 2017.

第七章　経済学者、政治、アイデア

(1) George J. Stigler, "The Theory of Economic Regulation," *Bell Journal of Economics and Management Science*, vol. 2(1), Spring 1971: 3–21; Sam Peltzman, "Toward a More General Theory of Regulation," *Journal of Law and Economics*, vol. 19(2), 1976: 211–240; Jean-Jacques Laffont and Jean Tirole "The Politics of Government Decision Making: A Theory of Regulatory Capture," *Quarterly Journal of Economics*, vol. 106, 1991: 1089–1127.
(2) Anne O. Krueger, "The Political Economy of the Rent-Seeking Society," *American Economic Review*, vol. 64(3), June 1974: 291–303; Gene Grossman and Elhanan Helpman, "Protection for Sale," *American Economic Review*, vol. 84(4), 1994: 833; Dani Rodrik, "The Political Economy of Trade Policy," in *Handbook of International Economics*, G. Grossman and K. Rogoff, eds., Amsterdam, North-Holland, 1995.

(3) Robert H. Bates, *Markets and States in Tropical Africa*, University of California Press, Berkley, CA, 1981; Daron Acemoglu and James A. Robinson, "Economic Backwardness in Political Perspective," *American Political Science Review*, vol. 100(1), 2006: 115–131; Daron Acemoglu and James A. Robinson, *Why Nations Fail: The Origins of Power, Prosperity, and Poverty*, Crown, New York, 2012.

(4) Charles W. Calomiris and Stephen H. Haber, *Fragile by Design: The Political Origins of Banking Crises and Scarce Credit*, Princeton University Press, Princeton, NJ, 2014; Simon Johnson and James Kwak, *13 Bankers: The Wall Street Takeover and the Next Financial Meltdown*, Pantheon Books, New York, 2012; Luigi Zingales, "Presidential Address: Does Finance Benefit Society?" *Journal of Finance*, vol. 70(4), August 2015: 1327–1363.

(5) Grossman and Elhanan Helpman, "Protection for Sale," *American Economic Review*, vol. 84(4), 1994.

(6) Mancur Olson, "Dictatorship, Democracy, and Development," *American Political Science Review*, vol. 87(3), September 1993: 567–576; Daron Acemoglu and James A. Robinson, "Economic Backwardness in Political Perspective."

(7) Jon Elster, "Rational Choice History: A Case of Excessive Ambition," *American Political Science Review*, vol. 94(3), 2000: 685–695.

(8) Scott Atran and Jeremy Ginges, "Religious and Sacred Imperatives in Human Conflict," *Science*, vol. 336, 2012: 855.

(9) Amartya Sen, *Identity and Violence: The Illusion of Destiny*, W. W. Norton, New York, 2007.

(10) Alexander Wendt, *Social Theory of International Politics*, Cambridge University Press, 1999; John Gerard Ruggie, "What Makes the World Hang Together? Neo-Utilitarianism and the Social Constructivist Challenge," *International Organization*, vol. 52(4), October 1, 1998: 855–885; Mark Blyth, *Great Transformations: Economic Ideas and Institutional Change in the Twentieth Century*, Cambridge University Press, 2002; Colin Hay, "Ideas and the Construction of Interests," in *Ideas and Politics in Social Science Research*, D. Béland and R. H. Cox, eds., Oxford University Press, 2011.

(11) Daniel Béland and Robert Henry Cox, *Ideas and Politics in Social Science Research*, 10.

(12) Robert Howse, "Thucydides and Just War: How to Begin to Read Walzer's Just and Unjust Wars," *European Journal of International Law*, vol. 24, 2013; Jack L. Goldsmith and Eric A. Posner, *The Limits of International Law*, Oxford University Press, Oxford and New York, 2005.

(13) Alberto Alesina and Howard Rosenthal, *Partisan Politics, Divided Government, and the Economy*, Cambridge University Press, 1995.

(14) 例えば、以下参照。Alberto Alesina, Guido Cozzi, and Noemi Mantovan, "The Evolution of Ideology, Fairness and Redistribution," *Economic Journal*, vol. 122(565), 2012: 1244–1261; Stefano Della Vigna and Ethan Kaplan, "The Fox News Effect: Media Bias and Voting," *Quarterly Journal of Economics*, vol.

122(3), 2007: 1187–1234; and David Yanagizawa-Drott, “Propaganda and Conflict: Theory and Evidence from the Rwandan Genocide,” *Quarterly Journal of Economics*, vol. 129(4), November 2014.

(15) George Akerlof and Rachel Kranton, “Economics and Identity,” *Quarterly Journal of Economics*, vol. 115(3), 2000: 715–753; George Akerlof and Rachel Kranton, “Identity and the Economics of Organizations,” *Journal of Economic Perspectives*, vol. 19(1), 2005: 9–32.

(16) Martin Gilens and Benjamin I. Page, “Testing Theories of American Politics: Elites, Interest Groups, and Average Citizens,” Perspective on Politics, vol. 12(3), September 2014: 564–581.

(17) 以下はルイジアナ州に住む貧しい保守系の白人の観念的世界を見事に描いている。Arlie Russell Hochschild, *Strangers in Their Own Land: Anger and Mourning on the American Right* (New Press, New York, 2016).

(18) Pratap Bhanu Mehta and Michael Walton, “India's Political Settlement and Development Path,” unpublished paper, 2012: 17–18.

(19) Theodore W. Schultz, *Transforming Traditional Agriculture*, Yale University Press, New Haven, CT, 1964; Anne O. Krueger, “Trade Policy and Economic Development: How We Learn,” American Economic Review, vol. 87(1), March 1997: 1–22.

(20) この例えはアヴィナッシュ・ディキシットとヨーゲン・ウェイブルの二人が提示したものだ。彼らは事前に持つ信念が異なるとき、合理的なベイズ更新を行っても、共通の信号が事後の信念の隔たりをより大きくする——両極化がさらに進む——かもしれないということを明らかにした。以下を参照してほしい。Dixit and Weibull, “Political Polarization,” *Proceedings of the National Academy of Sciences of the United States*, vol. 104(18), 2007: United States 7353.

(21) ダロン・アシモグルと共著者は受け取った信号の解釈（つまり情報性）をめぐって意見がわかれているとき、信念の違いは漸次的にすら必ずしもなくならないことを明らかにした。以下を参照してほしい。Daron Acemoglu, Victor Chernozhukov, and Muhamet Yildiz, “Fragility of Asymptotic Agreement under Bayesian Learning,” unpublished paper, February 2009.

(22) 例えば、以下参照。Arthur T. Denzau and Douglass C. North, “Shared Mental Models: Ideologies and Institutions.” *Kyklos*, vol. 47(1), 1994: 3–31; Mark Blyth, “Ideas, Uncertainty, and Evolution,” in *Ideas and Politics in Social Science Research*, D. Béland and R. H. Cox, eds., Oxford University Press, New York, 2010.

(23) Rohini Pande, “Can Informed Voters Enforce Better Governance? Experiments in Low-Income Democracies,” *Annual Review of Economics*, vol. 3, September 2011: 215–237.

(24) Johnson and Kwak, *13 Bankers*.

(25) Calomiris and Haber, *Fragile by Design*.

(26) Mark S. Mizruchi, *The Fracturing of the American Corporate Elite*, Harvard University Press, Cambridge, MA, 2013.

(27) James Surowiecki, “Moaning Moguls,” *The New Yorker*, July 7, 2014, http://www

.newyorker.com/magazine/2014/07/07/moaning-moguls.

(28) 経済学のアイデアがいかに政治を方向付けし得るのかがわかる優れた論考としては、以下を参照してほしい。Edward López and Wayne Leighton, *Madmen, Intellectuals, and Academic Scribblers: The Economic Engine of Political Change*, Stanford University Press, Stanford, CA, 2012.

第八章　政策イノベーションとしての経済学

(1) Dani Rodrik, "The Political Economy of Trade Policy," in *Handbook of International Economics*, G. Grossman and K. Rogoff, eds., vol. 3, Amsterdam, North-Holland, 1995.

(2) Daron Acemoglu and James A. Robinson, "Economic Backwardness in Political Perspective," *American Political Science Review*, vol. 100(1), 2006: 115–131. また、以下参照。Daron Acemoglu, "Why Not a Political Coase Theorem? Social Conflict, Commitment, and Politics," *Journal of Comparative Economics*, vol. 31(4), 2003: 620–652.

(3) Raquel Fernandez and Dani Rodrik, "Resistance to Reform: Status Quo Bias in the Presence of Individual-Specific Uncertainty," *American Economic Review*, vol. 81(5), December 1991.

(4) Acemoglu and Robinson, "Economic Backwardness," 126–128.

(5) Lawrence J. Lau, Yingyi Qian, and Gerard Roland, "Reform Without Losers: An Interpretation of China's Dual-Track Approach to Transition," *Journal of Political Economy*, vol. 108(1), 2000: 120–143.

(6) 以下に引用。Robert P. Inman and Daniel L. Rubinfeld, "Federal Institutions and the Democratic Transition: Learning from South Africa," *Journal of Law, Economics, & Organization*, vol. 28(4), 2011: 784.

(7) Inman and Rubinfeld.

(8) Dani Rodrik, "The Rush to Free Trade in the Developing World: Why So Late? Why Now? Will It Last?" in *Voting for Reform: Democracy, Political Liberalization, and Economic Adjustment*, S. Haggard and S. Webb, eds., Oxford University Press, New York, 1994.

(9) I. M. Destler, American Trade Politics, 4th ed., Peterson Institute, Washington, DC, 2005.

(10) Wayne Leighton and Edward López, *Madmen, Intellectuals, and Academic Scribblers: The Economic Engine of Political Change*, Stanford University Press, Stanford, CA, 2013, p. 147.

(11) Michael Walzer, "The Problem of Dirty Hands," *Philosophy & Public Affairs*, vol. 2(2), Winter 1973: 174.

(12) Paul S. Segerstrom, T. C. A. Anant, and Elias Dinopoulos, "A Schumpeterian Model of the Product Life," *American Economic Review*, vol. 80(5), December 1990: 1077–1091; Philippe Aghion and Peter Howitt, *Endogenous Growth Theory*,

MIT Press, Cambridge, MA, 1998.
(13) Daron Acemoglu and James A. Robinson, "Economics versus Politics: Pitfalls of Policy Advice," NBER Working Paper 18921, March 2013.
(14) Leighton and López, *Madmen*.
(15) Leighton and López, *Madmen*: 134.
(16) Leighton and López, *Madmen*: 178.
(17) Jesper B.Sørensen and Toby E. Stuart, "Aging, Obsolescence, and Organizational Innovation," *Administrative Science Quarterly*, vol. 45(1), March 2000: 81–112.
(18) Richard R. Nelson and Sidney G. Winter, "Evolutionary Theorizing in Economics," *Journal of Economic Perspectives*, vol. 16(2), Spring 2002: 23–46.
(19) Leighton and López, *Madmen*: 155–56.
(20) James Leitzel, *The Political Economy of Rule Evasion and Policy Reform*, Routledge, London and New York, 2003.
(21) Leitzel, *Political Economy of Rule Evasion:* 23.
(22) Mark Blyth, "Powering, Puzzling, or Presuading? The Mechanisms of Building Institutional Orders," *International Studies Quarterly*, vol. 51, 2007: 762.
(23) Franklin D. Roosevelt, "Address at Oglethorpe University," May 22, 1932.
(24) Kurt Weyland, "Toward a New Theory of Institutional Change," *World Politics*, vol. 60(2), 2008: 281–314.
(25) Paul J. DiMaggio and Walter W. Powell, "The Iron Cage Revisited: Institutional Isomorphism and Collective Rationality in Organizational Fields," *American Sociological Review*, vol. 48(2), 1983: 147–160.
(26) Matt Andrews, *The Limits of Institutional Reform in Development*, Cambridge University Press, 2013.
(27) Sharun Mukand and Dani Rodrik, "In Search of the Holy Grail: Policy Convergence, Experimentation, and Economic Performance," *American Economic Review*, vol. 95(1), March 2005: 374–383.
(28) Acemoglu and Robinson, "Economics vs. Politics."
(29) Acemoglu and Robinson, "Economics vs. Politics": 174.

第九章　何がうまくいかないのか

(1) Nouriel Roubini, "Globalization's Political Fault Lines," *Project Syndicate*, July 4, 2016, https://www.project-syndicate.org/commentary/globalization-political-fault-lines-by-nouriel-roubini-2016-07?barrier=accessreg.
(2) Harold James, "Rethinking Labor Mobility," *Project Syndicate*, January 3, 2017, https://www.project-syndicate.org/commentary/displaced-workers-globalization-mobility-by-harold-james-2017-01?barrier=accessreg.
(3) Dani Rodrik, "Why Do More Open Economies Have Bigger Governments?" *Journal of Political Economy*, vol. 106(5), October 1998: 997–1032.
(4) Stefanie Walter, "Globalization and the Welfare State: Testing the Microfoundations

of the Compensation Hypothesis," *International Studies Quarterly*, vol. 54(2), June 2010: 403–426.

(5) Lawrence Mishel, "Tired of Economists' Misdirection on Trade," Economic Policy Institute, April 26, 2016, http://www.epi.org/blog/tired-of-economists-misdirection-on-globalization/.

(6) Kenneth F. Scheve and Matthew J. Slaughter, "A New Deal for Globalization," *Foreign Affairs*, July/August 2007: 35.

(7) 次のような仕組みだ。貿易の自由化によって、その国の世界への輸出量は増え、結果的にその国が輸出する商品の世界価格を引き下げる。これは類似した商品を輸出している国の交易条件には不利に働く。

第十章　グローバル経済の新たなルール

(1) Dani Rodrik, *The Globalization Paradox: Democracy and the Future of the World Economy*, W. W. Norton, New York, 2011.

(2) 二〇一六年末に期限が切れ、米国とEUはいずれも中国を「市場経済」と言明することを拒否した。

(3) 最近の例としては以下参照。Stanley Reed and Keith Bradsher, "China's Steel Makers Undercut Rivals as Trade Debate Intensifies," *New York Times*, May 3, 2016, https://mobile.nytimes.com/2016/05/04/business/international/chinas-steel-makers-undercut-rivals-as-economy-slows.html? referer=https://t.co/uUtRw9xuEt.

第十一章　将来に向けた成長政策

(1) Gary Shteyngart, *Super Sad True Love Story: A Novel*, Random House, New York, 2011.

(2) Gaaitzen de Vries, Marcel Timmer, and Klaas de Vries, "Structural Transformation in Africa: Static Gains, Dynamic Losses," University of Groningen Growth and Development Centre, GGDC Research Memorandum 136, http://www.ggdc.net/publications/memorandum/gd136.pdf. また、以下参照。Xinshen Diao, Margaret McMillan, and Dani Rodrik, "The Recent Growth Boom in Developing Economies: A Structural-Change Perspective," Harvard University, unpublished paper, January 2017.

(3) Jim O'Neill, "The World Needs Better Economic BRICs," *Global Economic Paper Series*, November 30, 2001.

(4) "Statement by BRICS Leaders on the Establishment of the BRICS-Led Development Bank," Durban, South Africa, March 27, 2013.

(5) "Arvind Subramanian on what is holding back investments in India," *Rediff Business*, October 1, 2015, http://www.rediff.com/business/report/arvind-subramanian-on-what-is-holding-back-investments-in-india/20151001.htm.

(6) Andrew M. Warner, "Public Investment as an Engine of Growth," International Monetary Fund Working Paper, August 2014, https://www.imf.org/external/pubs/ft/wp/2014/wp14148.pdf.
(7) Girish Bahal, Mehdi Raissi, and Volodymyr Tulin, "Crowding-Out or Crowding-In? Public and Private Investment in India," International Monetary Fund Working Paper, December 2015, https://www.imf.org/external/pubs/ft/wp/2015/wp15264.pdf.
(8) Stephen S. Cohen and J. Bradford DeLong, *Concrete Economics: The Hamilton Approach to Economic Growth and Policy*, Harvard Business Review Press, Boston, MA, 2016; and Michael Lind, *Land of Promise: An Economic History of the United States*, HarperCollins, New York, 2012.
(9) Josh Lerner, *The Boulevard of Broken Dreams*, Princeton University Press, Princeton and Oxford, 2009.
(10) National Research Council, *Energy Research at DOE: Was It Worth It? Energy Efficiency and Fossil Energy Research 1978 to 2000*, Committee on Benefits of DOE R&D on Energy Efficiency and Fossil Energy, Board on Energy and Environmental Systems, Division on Engineering and Physical Sciences, 2001, http://www.nap.edu/catalog/10165.html.
(11) Fred Block and Matthew R. Keller, "Where Do Innovations Come From? Transformations in the U.S. Economy, 1970–2006," in *Knowledge Governance: Reasserting the Public Interest*, L. Burlamaqui, A. C. Castro, and R. Kattel, eds., Anthem Press, 2011.
(12) Fred Block and Matthew R. Keller, *State of Innovation: The U.S. Government's Role in Technology Development*, Paradigm Publishers, New York, 2011.
(13) National Research Council, *Energy Research at DOE*.
(14) Mariana Mazzucato, *The Entrepreneurial State: Debunking Public vs. Private Sector Myths*, Public Affairs Press, New York, 2015.
(15) Fareed Zakaria, "The Rise of Illiberal Democracy," *Foreign Affairs*, November/December 1997; and Steven Levitsky and Lucan A. Way, *Competitive Authoritarianism: Hybrid Regimes After the Cold War*, Cambridge University Press, Cambridge and New York, 2010.

第十二章　政治こそが重要なのだ、愚か者！

(1) Dani Rodrik, *Has Globalization Gone Too Far?* Institute for International Economics, Washington, DC, 1997.
(2) Rawi Abdelal, "Writing the Rules of Global Finance: France, Europe, and Capital Liberalization," *Review of International Political Economy*, vol. 13(1), February 2006: 1–27.
(3) Anat Admati and Martin Hellwig, *The Bankers' New Clothes: What's Wrong with Banking and What to Do about It*, Princeton University Press, Princeton and

Oxford, 2013; Simon Johnson and James Kwak, *White House Burning: The Founding Fathers, Our National Debt, and Why It Matters to You*, Vintage Books, New York, 2012; Thomas Piketty, *Capital in the Twenty-First Century*, Harvard University Press, Cambridge, MA, 2014; Anthony B. Atkinson, *Inequality: What Can be Done?* Harvard University Press, Cambridge, MA, 2015; Mariana Mazzucato, *The Entrepreneurial State: Debunking Public vs. Private Sector Myths*, Public Affairs Press, New York, 2015; Ha-Joon Chang, *Economics: The User's Guide*, Penguin, London, 2014; J. Bradford DeLong and Lawrence H. Summers, "Fiscal Policy in a Depressed Economy," *Brookings Papers on Economic Activity*, Spring 2012; Jeffrey D. Sachs, *Building the New American Economy: Smart, Fair, and Sustainable*, Columbia University Press, New York, 2017; José Antonio Ocampo, *Development Cooperation in Times of Crisis*, Columbia University Press, New York, 2012; Joseph E. Stiglitz, *The Stiglitz Report: Reforming the International Monetary and Financial Systems in the Wake of the Global Crisis*, New Press, New York, 2010.

(4) Jeffry Frieden, "Will Global Capitalism Fail Again?" Bruegel Essay and Lecture Series, Brussels, n.d. http://scholar.harvard.edu/files/jfrieden/files/GlobalCapFallAgainWebversion.pdf?m=1360041998.

(5) Anthony B. Atkinson, *Inequality*.

出 典

Project Syndicate のコラムは以下。"New Rules for the Global Economy" (*PS*, January 10, 2011), https://www.project-syndicate.org/commentary/new-rules-for-the-global-economy?barrier=accessreg; "National Governments, Global Citizens" (*PS*, March 12, 2013), https://www.project-syndicate.org/commentary/how-to-globalize-a-national-authority-by-dani-rodrik?barrier=accessreg; "The False Economic Promise of Global Governance" (*PS*, August 11, 2016), https://www.project-syndicate.org/commentary/global-governance-false-economic-promise-by-dani-rodrik-2016-08?barrier=accessreg; "What the World Needs from the BRICS" (*PS*, April 10, 2013), https://www.project-syndicate.org/commentary/the-brics-and-global-economic-leadership-by-dani-rodrik?barrier=accessreg; "Global Capital Rules" (*PS*, December 13, 2012), https://www.project-syndicate.org/commentary/the-imf-s-timid-embrace-of-capital-controls-by-dani-rodrik?barrier=accessreg; "The Muddled Case for Trade Agreements" (*PS*, June 11, 2015), https://www.project-syndicate.org/commentary/regional-trade-agreement-corporate-capture-by-dani-rodrik-2015-06?barrier=accessreg; "Fairness and Free Trade" (*PS*, May 12, 2016), https://www.project-syndicate.org/commentary/china-market-economy-status-debate-by-dani-rodrik-2016-05?barrier=accessreg; "No Time for Trade Fundamentalism" (*PS*, October 14, 2016), https://www.project-syndicate.org/commentary/protectionism-for-global-openness-by-dani-rodrik-2016-10?barrier=accessreg; "Don't Cry over Dead Trade Agreements" (*PS*, December 8, 2016), https://www.project-syndicate.org/commentary/no-mourning-dead-trade-agreements-by-dani-rodrik-2016-12?barrier=accessreg; "Will Greece Make It?" (*PS*, June 10, 2011), https://www.project-syndicate.org/commentary/will-greece-make-it?barrier=accessreg; "Europe's Next Nightmare" (*PS*, November 9, 2011), https://www.project-syndicate.org/commentary/europe-s-next-nightmare?barrier=accessreg; "The Truth About Sovereignty" (*PS*, October 8, 2012), https://www.project-syndicate.org/commentary/why-economic-integration-implies-political-unification-by-dani-rodrik?barrier=accessreg; "Europe's Way Out" (*PS*, June 12, 2013), https://www.project-syndicate.org/commentary/saving-the-long-run-in-the-eurozone-by-dani-rodrik?barrier=accessreg; "Reforming Greek Reform" (*PS*, February 13, 2015), https://www.project-syndicate.org/commentary/greek-exports-reform-by-dani-rodrik-2015-02? barrier=accessreg; "Greece's Vote for Sovereignty" (*PS*, July 7, 2015), https://www.project-syndicate.org/commentary/greece

-referendum-nationalism-democracy-by-dani-rodrik-2015-07?barrier=accessreg; "The Poverty of Dictatorship" (*PS*, February 9, 2011), https://www.project-syndicate.org/commentary/the-poverty-of-dictatorship? barrier=accessreg; "No More Growth Miracles" (*PS*, August 8, 2012), https://www.project-syndicate.org/commentary/no-more-growth-miracles-by-dani-rodrik?barrier=accessreg; "The Growing Divide Within Developing Economies" (*PS*, April 11, 2014), https://www.project-syndicate.org/commentary/dani-rodrik-examines-why-informal-and-traditional-sectors-are-expanding--rather-than-shrinking?barrier=accessreg; "Back to Fundamentals in Emerging Markets" (*PS*, August 13, 2015), https://www.project-syndicate.org/commentary/emerging-market-growth-by-dani-rodrik-2015-08?barrier=accessreg; "Economists and Democracy" (*PS*, May 11, 2011), https://www.project-syndicate.org/commentary/economists-and-democracy?barrier=accessreg; "Saif Qaddafi and Me" (*PS*, April 12, 2011), https://www.project-syndicate.org/commentary/saif-qaddafi-and-me?barrier=accessreg; "Milton Friedman's Magical Thinking" (*PS*, October 11, 2011), https://www.project-syndicate.org/commentary/milton-friedman-s-magical-thinking?barrier=accessreg; "Free Trade Blinders" (*PS*, May 9, 2012), https://www.project-syndicate.org/commentary/free-trade-blinders? barrier=accessreg; "The New Mercantilist Challenge" (*PS*, January 9, 2013), https://www.project-syndicate.org/commentary/the-return-of-mercantilism-by-dani-rodrik?barrier=accessreg; "The Tyranny of Political Economy" (*PS*, February 8, 2013), https://www.project-syndicate.org/commentary/how-economists-killed-policy-analysis-by-dani-rodrik?barrier=accessreg; "In Praise of Foxy Scholars" (*PS*, March 10, 2014), https://www.project-syndicate.org/commentary/dani-rodrik-on-the-promise-and-peril-of-social-science-models?barrier=accessreg; "The Perils of Economic Consensus" (*PS*, August 14, 2014), https://www.project-syndicate.org/commentary/dani-rodrik-warns-that-agreement-among-economists-can-create-an-illusion-of-certain-knowledge?barrier=accessreg; "Good and Bad Inequality" (*PS*, December 11, 2014), https://www.project-syndicate.org/commentary/equality-economic-growth-tradeoff-by-dani-rodrik-2014-12?barrier=accessreg; "Economists vs. Economics" (*PS*, September 10, 2015), https://www.project-syndicate.org/commentary/economists-versus-economics-by-dani-rodrik-2015-09?barrier=accessreg; "Straight Talk on Trade" (*PS*, November 15, 2016), https://www.project-syndicate.org/commentary/trump-win-economists-responsible-by-dani-rodrik-2016-11?barrier=accessreg; "Ideas over Interests" (*PS*, April 26, 2012), https://www.project-syndicate.org/commentary/ideas-over-interests?barrier=accessreg; "The Right Green Industrial Policies" (*PS*, July 11, 2013), https://www.project-syndicate.org/commentary/the-right-green-industrial-policies-by-dani-rodrik?barrier=accessreg; "Rethinking Democracy" (*PS*, June 11, 2014), https://www.project-syndicate.org/commentary/dani-rodrik-examines-the-root-causes-of-political-malaise-in-advanced-and-developing-countries?barrier=accessreg; "A Class of Its Own" (*PS*, July 10, 2014), https://www.project-syndicate.org/commentary/dani-rodrik-explains-why-the-super-rich-are-mistaken-to-believe-that-they-can-dispense-with-government?barrier=accessreg; "How the Rich Rule" (*PS*, September 10, 2014), https://www.project-syndicate.org/commentary/dani-rodrik-says-that-widening

-inequality-drives-economic-elites-toward-sectarian-politics?barrier=accessreg; "From Welfare State to Innovation State" (*PS*, January 14, 2015), https://www.project-syndicate.org/commentary/labor-saving-technology-by-dani-rodrik-2015-01?barrier=accessreg; "The Return of Public Investment" (*PS*, January 13, 2016), https://www.project-syndicate.org/commentary/public-infrastructure-investment-sustained-growth-by-dani-rodrik-2016-01; "The Politics of Anger" (*PS*, March 9, 2016), https://www.project-syndicate.org/commentary/the-politics-of-anger-by-dani-rodrik-2016-03; "A Progressive Logic of Trade" (*PS*, April 13, 2016), https://www.project-syndicate.org/commentary/progressive-trade-logic-by-dani-rodrik-2016-04?barrier=accessreg; "Innovation Is Not Enough" (*PS*, June 9, 2016), https://www.project-syndicate.org/commentary/innovation-impact-on-productivity-by-dani-rodrik-2016-06?barrier=accessreg; "The Abdication of the Left" (*PS*, July 11, 2016), https://www.project-syndicate.org/commentary/anti-globalization-backlash-from-right-by-dani-rodrik-2016-07; "How Much Europe Can Europe Tolerate?" (*PS*, March 14, 2017), https://www.project-syndicate.org/commentary/juncker-white-paper-wrong-question-by-dani-rodrik-2017-03?barrier=accessreg; "The Myth of Authoritarian Growth" (*PS*, August 2010), https://www.project-syndicate.org/commentary/the-myth-of-authoritarian-growth?barrier=accessreg; "It's Too Late for Compensation" (*PS*, April 2017), https://www.project-syndicate.org/commentary/free-trade-losers-compensation-too-late-by-dani-rodrik-2017-04; "The Trade Numbers Game" (*PS*, February 2016), https://www.project-syndicate.org/commentary/tpp-debate-economic-benefits-by-dani-rodrik-2016-02?barrier=accessreg; "Can Macron Pull It Off?" (*PS*, May 2017), https://www.project-syndicate.org/commentary/macron-germany-eurozone-fiscal-union-by-dani-rodrik-2017-05.

それ以外のものは以下。"Who Needs the Nation State?" (*Economic Geography* 89[1], January 2013: 1–19); "The Future of Democracy in Europe" (in Luuk van Middelaar and Philippe Van Parijs, eds, *After the Storm: How to Save Democracy in Europe*, Tielt (Belgium): Lannoo, 2015); "The Elusive Promise of Structural Reform" (first published in *The Milken Institute Review*, Second Quarter, 2016); "Is Liberal Democracy Feasible in Developing Countries?" (first published in *Studies in Comparative International Development*, 50th Anniversary Issue, 2016. Courtesy of Springer.); "Work and Human Development in a Deindustrializing World" (originally an occasional paper for the Human Development Report 2015 "Work for Human Development" published by United Nations Development Programme in December 2015. More information at: hdr.undp.org); "Economics: Science, Craft, or Snake Oil?" (first published in *The Institute Letter*, Institute for Advanced Study, Fall 2013); "When Ideas Trump Interests: Preferences, World Views, and Policy Innovations" (first published in *The Journal of Economic Perspectives* 28[1], Winter 2014: 189–208); "It's Time to Think for Yourself on Free Trade" (*Foreign Policy*, January 27, 2017), http://foreignpolicy.com/2017/01/27/its-time-to-think-for-yourself-on-free-trade/.